입시전문가 최승후쌤의

간호대학 진로 진학 특강

일반대학편

입시전문가 최승후쌤의
간호대학 진로 진학 특강 — 일반대학편

1판 1쇄 2022년 12월 20일

지 은 이 최승후

발 행 인 주정관
발 행 처 북스토리㈜
주   소 서울특별시 마포구 양화로 7길 6-16 서교제일빌딩 201호
대표전화 02-332-5281
팩시밀리 02-332-5283
출판등록 1999년 8월 18일 (제22-1610호)
홈페이지 www.ebookstory.co.kr
이 메 일 bookstory@naver.com

ISBN 979-11-5564-283-2 03370

입시전문가 최승후쌤의

간호대학
진로 진학 특강

일반대학편

최승후 지음

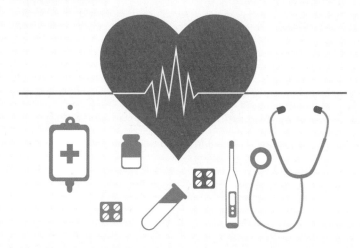

북스토리

머리말

코로나 창궐과 맞물려 간호학과 인기가 매우 높습니다. 하지만 직업적 안정성만으로 간호사를 선택하지 않았으면 합니다. 너무 거창한 이야기 같지만 생명에 봉사하는 소명의식이 먼저니까요. 환자의 질병을 치료하는 것을 넘어 환자의 마음까지 살필 수 있는 인간애와 박애정신을 가진 인재들이 간호학과를 선택하기를 바라는 마음으로 이 책을 집필했습니다.

다른 의학계열 학과가 병을 다루는 학문이라면 간호학과는 휴먼케어에 더 초점이 맞춰져 있다는 사실이 참 매력적이었습니다. 간호학의 비전을 말해보고 싶은 이유입니다. 아울러 간호학과 진로·진학 자료와 정보를 저만의 안목으로 옷을 입혀 일목요연하게 정리하고 싶은 개인적 성장욕구도 한몫했습니다. 이 책은 제게도 간호학에 관한 흩어져 있던 생각의 편린을 하나로 모은 값진 결과물입니다.

책의 체재는 간단합니다. 파트1은 간호학과에 대한 '진로'를, 파트2, 3은 간호학과장님과 재학생 '인터뷰'를 파트4는 '면접', 파트5는 '입학 결과' 이야기입니다. 이 위계에 맞게 읽으셔도 되지만 순서가 무슨 대수겠습니까.

자문해주신 신미경(배화여고) 선생님, 제자 김소연, 박영서, 송정하, 양수정, 유지영 그리고 기꺼이 인터뷰에 응해주신 가톨릭대, 강서대, 경동대, 대구가톨릭대, 대진대, 동명대, 동서대, 동양대, 삼육대, 수원대, 신한대, 우석대, 우송대, 원광대, 중부대, 청운대 재학생·간호학과장님께 감사드립니다. 이분들이 아니었다면 이 책은 세상에 빛을 볼 수 없었습니다.

모쪼록 이 책 한 권을 들고 간호학과 진로·진학 둘레길을 산책할 수 있기를 희망합니다.

끝으로 독자 분께 한 마디.

"진로 없는 진학은 맹목이며, 진학 없는 진로는 공허합니다."

2022년 12월

저자 최승후

CONTENTS

02 간호학과 슈퍼비전 (간호학과장 인터뷰)

03 간호학과 슈퍼비전 (재학생 인터뷰)

04 간호학과 면접

05 간호학과 입학결과

부록

01

간호학과
톺아보기

총론

가 │ 간호학과 비전

■ 다가오는 AI시대, 간호학과 비전은 무엇인가

간호학과는 실제 필요한 간호 지식을 가르쳐 환자를 잘 돌볼 수 있는 역량을 기르는 학과다. 간호학은 인간의 건강과 안녕을 목적으로 하는 실천학문이다. 다양한 직종의 사람들과 협업할 기회가 많고 특히 다양한 환자 및 그 가족, 의료진을 많이 만나게 된다. 그래서 대인관계 능력, 의사소통 능력, 이해심, 책임감, 높은 수준의 도덕성이 필요하다. 과거에는 여성들만 진학하는 학과라는 편견이 있었지만, 남성들도 점차 많이 진학하고 있다. 의학과가 질병 중심 학과라면, 간호학과는 사람을 다루는 직업이다.[1]

코로나 창궐과 맞물려 간호학과 인기가 매우 높다. 간호학은 과거에 비해 많이 발전했지만, 의료 선진국에서 간호의 역할이 다양화, 전문화된 것에 비하면 아직도 부족한 점이 많다. 학과 출신자 대부분이 간호사로 진출하지만, 보건복지부, 전문대학원, 사회복지 분야, 제약회사, 보건교사 등 진출 폭도 넓어지고 있다. 간호사가 되려는 학생이라면, 간호사가 돌보는 사람은 빈부귀천과 남녀노소를 가리지 않고 사람을 중요하게 생각하는 마음이 우선이다. 희생과 봉사정신이 없다면 지속할 수 없는 직업이기 때문이다.

---

1   커리어넷 학과 정보에서 인용

간호학과에 관심 있는 학생은 간호사 경험이 있는 보건교사, 현직 간호사, 간호학과 재학 중인 선배 등과 상담을 꼭 권하고 싶다. 그리고 체력과 위기 대처 능력이 필요한 직업인 만큼 건강관리를 위해 운동도 꾸준히 해야 한다. 간호사의 직업 현장을 다룬 다큐멘터리를 찾아보거나, 인터넷에 간호 또는 질병·의료 관련 기사를 꾸준히 검색하는 것도 좋다. 의료 박람회도 참석하면 새로운 정보를 얻을 수 있다. 다양한 질병을 접할 수 있는 투병 환자의 에세이를 읽는 것도 도움이 된다. 학년이 올라갈수록 의료 관련 심화독서는 의료 환경과 환자를 이해하는 데 지침서가 된다. 동아리 활동으로 간호사가 필요한 기본소양과 지식, 의사소통능력, 전공적합성 등을 함양할 것을 꼭 권하고 싶다. 생명과학, 화학, 수학 등 간호학과와 밀접한 관련이 있는 전공 동아리 활동을 통해서도 자신의 흥미와 적성을 찾을 수 있다. 코로나 확산이 완화되었을 때 의료봉사활동 경험을 통해 환자들과 교감하는 마음을 배운다면 금상첨화다.

고등학교 때는 기본 교과목을 두루 학습해야 한다. 교과 수업 및 학업 영역을 구체적으로 살펴보면, 가급적 전 과목 또는 국·영·수·사 과 내신은 3등급 이내로 유지하길 권한다. 유난히 소홀하게 보이는 과목 없이 성실성 유지가 필요하다. 특히 수학, 과학 교과목(특히 생명과학, 화학)에서 가급적 높은 성취도를 얻는 게 중요하다. 간호학과에 진학 후 의학용어와 간호영어 과목이 있으므로 기본적인 영어실력이 있으면 좋다. 영어 공부는 다양한 의료 용어를 익히는 데 필요할 뿐만 아니라 다문화 시대에 외국인 환자를 돌보거나 해외 병원에 진출할 때도 유용하다.

전공에 관한 기본 소양을 쌓을 수 있도록 교육과정 선택(확률과 통계, 생명과학Ⅰ, 생명과학Ⅱ, 화학Ⅰ, 화학Ⅱ, 과학사, 생활과 과학, 융합과학, 기술·가정, 가정과학, 보건, 심리학, 환경 등)에 신중해야 한다. 전공과 관련된 과목 수업에서 수업 내용을 이해하기 위한 노력, 지식의 폭을 확장하기 위한 시도, 적극성, 다른 친구들과의 의사소통 및 협업 등의 모습이 드러나도록 참여하면 학생부종합전형(이하 종합전형)에서 좋은 결과를 얻을 수 있다. 아울러 수학·과학 교내 행사에 꾸준히 참여하는 것도 잊지 말자.

창의적 체험활동 영역은 지속적인 봉사활동 참여(가급적 보건·의료 영역의 봉사활동)를 통해 다른 사람에 관한 이해와 존중, 배려, 공감, 소통, 나눔, 봉사, 협업 역량 함양을 위해 노력하자. 학급 내, 학교 내에서 자신의 역할에 최선을 다하는 성실하고 책임감 있는 모습이 학교생활기록부(이하 학생부)에 드러나야 하며, 전공 관련 수학, 과학(생명과학, 화학), 인성 관련 프로그램에 적극적으로 참여하자. 수학·과학 관련 탐구활동을 실시하고 그 결과물을 가지고 수학·과학 학술제, 주제탐구대회, 탐구보고서대회, 토론대회 등에 참여한다면 수상하지 못하더라도 보고서 제출과 발표 내용은 학생부에 기재될 수 있다.

독서 영역은 다양한 분야 책을 많이 읽되, 간호학 전공과 관련 분야의 심화독서가 이루어지면 좋다. 전공 관련 교과목 중 자신이 실제 선택하지 못한 과목 영역에 대한 독서도 함께 병행할 것도 권하고 싶다. 인문학적 소양 독서까지 한다면 더할 나위가 없다.

끝으로, 의학계열 열풍에 편승해서 직업적 안정성 때문에 간호사를 선택하지 않았으면 한다. 너무 거창한 이야기 같지만 생명에 봉사하는 소명의식이 먼저다. 환자의 질병을 치료하는 것을 넘어 환자의 마음까지 살필 수 있는 인간애와 박애정신을 가진 인재들이 간호학과를 선택하기를 간절히 바란다. AI가 아무리 발전해도 해결해줄 수 없는 부분이기 때문이다.

나 | 개설 대학

■ 간호학과 개설 4년제 일반대학

지역	대학명
서울 (12개교)	1. 가톨릭대학교(성의)
	2. 경희대학교
	3. 고려대학교
	4. 삼육대학교
	5. 서울대학교
	6. 성신여자대학교
	7. 연세대학교
	8. 이화여자대학교
	9. 중앙대학교
	10. 강서대학교
	11. 한국성서대학교
	12. 한양대학교
부산 (10개교)	13. 경성대학교
	14. 고신대학교
	15. 동명대학교
	16. 동서대학교
	17. 동아대학교
	18. 동의대학교
	19. 부경대학교
	20. 부산가톨릭대학교
	21. 부산대학교
	22. 신라대학교

지역	대학명
인천 (3개교)	23. 가천대학교(메디컬캠퍼스)
	24. 인천가톨릭대학교
	25. 인하대학교
대전 (6개교)	26. 건양대학교(대전)
	27. 대전대학교
	28. 배재대학교
	29. 우송대학교
	30. 충남대학교
	31. 한남대학교
대구 (2개교)	32. 경북대학교
	33. 계명대학교
울산 (1개교)	34. 울산대학교
광주 (7개교)	35. 광주대학교
	36. 광주여자대학교
	37. 남부대학교
	38. 송원대학교
	39. 전남대학교
	40. 조선대학교
	41. 호남대학교
경기 (8개교)	42. 대진대학교
	43. 수원대학교
	44. 화성의과학대학교
	45. 신한대학교
	46. 아주대학교
	47. 을지대학교(의정부, 성남)
	48. 차의과학대학교
	49. 한세대학교

지역	대학명
강원 (7개교)	50. 가톨릭관동대학교
	51. 강릉원주대학교
	52. 강원대학교(춘천, 도계)
	53. 경동대학교(원주문막메디컬캠퍼스)
	54. 상지대학교
	55. 연세대학교(미래캠퍼스)
	56. 한림대학교
충북 (9개교)	57. 건국대학교(글로컬)
	58. 극동대학교
	59. 가톨릭꽃동네대학교
	60. 세명대학교
	61. 유원대학교
	62. 중원대학교
	63. 청주대학교
	64. 충북대학교
	65. 국립한국교통대학교
충남 (12개교)	66. 공주대학교
	67. 나사렛대학교
	68. 남서울대학교
	69. 단국대학교(천안)
	70. 백석대학교
	71. 상명대학교(천안)
	72. 선문대학교
	73. 순천향대학교
	74. 중부대학교
	75. 청운대학교
	76. 한서대학교
	77. 호서대학교

지역	대학명
전북 (8개교)	78. 국립군산대학교
	79. 예수대학교
	80. 우석대학교
	81. 원광대학교
	82. 전북대학교
	83. 전주대학교
	84. 한일장신대학교
	85. 호원대학교
전남 (6개교)	86. 동신대학교
	87. 목포가톨릭대학교
	88. 국립목포대학교
	89. 세한대학교
	90. 국립순천대학교
	91. 초당대학교
경북 (11개교)	92. 경운대학교
	93. 경일대학교
	94. 경주대학교
	95. 김천대학교
	96. 대구가톨릭대학교
	97. 대구대학교
	98. 대구한의대학교
	99. 동국대학교(WISE)
	100. 동양대학교
	101. 국립안동대
	102. 위덕대학교
경남 (7개교)	103. 가야대학교
	104. 경남대학교
	105. 경상국립대학교

지역	대학명
	106. 영산대학교
	107. 인제대학교
	108. 창신대학교
	109. 창원대학교
제주도 (1개교)	110. 제주대학교

■ 일반대학 부설 및 협력 병원

대학명	병원명
서울대	서울대학교병원
연세대	세브란스병원
성균관대	삼성의료원
가톨릭대(성의)	가톨릭대학교 서울성모병원
울산대	서울아산병원
고려대	고려대학교안암병원
한양대	한양대학교병원
중앙대	중앙대학교병원
경희대	경희대학교병원
이화여대	이대목동병원
삼육대	삼육서울병원
아주대	아주대학교병원
인하대	인하대학교병원
가천대	가천대학교 길병원
차의과학대	차병원
을지대	을지대학교병원
대진대	분당재생병원
강원대	강원대학교병원
가톨릭관동대	가톨릭관동대학교 국제성모병원
한림대	한림대학교 성심병원
충남대	충남대학교병원
충북대	충북대학교병원
순천향대	순천향대학교 서울병원
단국대(천안)	단국대학교 의과대학 부속병원

대학명	병원명
건국대(글로컬)	건국대학교병원
세명대	세명대부속한방병원(제천, 충주)
강원대	강원대학교병원
가톨릭관동대	가톨릭관동대학교 국제성모병원
한림대	한림대학교 성심병원
경북대	경북대학교병원
계명대	계명대학교 동산병원
대구가톨릭대	대구가톨릭대학교병원
동국대(WISE)	경기, 경주 동국대병원
부산대	부산대학교병원
고신대	고신대학교 복음병원
인제대	인제대학교 백병원
울산대	울산대학교병원
경상대	경상국립대학교병원
전북대	전북대학교병원
전남대	전남대학교병원
원광대	원광대학교병원, 산본병원
조선대	조선대학교병원
우석대	우석대부속한방병원
제주대	제주대학교병원

■ 2022년 국내 병원 순위 [출처: 뉴스위크 2022 국내병원 순위]

순위	병원명	구분	분류	관련의대	소재지
1	서울 아산병원	협력병원	사립	울산대	서울시
2	삼성 서울병원	협력병원	사립	성균관대	서울시
3	서울대병원	대학병원	국립	서울대	서울시
4	신촌 세브란스병원	대학병원	사립	연세대	서울시
5	가톨릭대 서울성모병원	대학병원	사립	가톨릭대	서울시
6	분당 서울대병원	대학병원	사립	서울대	성남시
7	아주대병원	대학병원	사립	아주대	수원시
8	고려대안암병원	대학병원	사립	고려대	서울시
9	강남 세브란스병원	대학병원	사립	연세대	서울시
10	중앙대학교	대학병원	사립	중앙대	서울시
11	가톨릭대 여의도성모병원	대학병원	사립	가톨릭대	서울시
12	강북삼성병원	협력병원	사립	성균관대	서울시
13	이화여대의료원	대학병원	사립	이화여대	서울시
14	인하대병원	대학병원	사립	인하대	인천시
15	충남대병원	대학병원	사립	충남대	대전시
16	건국대병원	대학병원	사립	건국대	서울시
17	대구가톨릭대병원	대학병원	사립	대구가톨릭대	대구시
18	경희대병원	대학병원	사립	경희대	서울시
19	전남대병원	대학병원	국립	전남대	광주시
20	영남대병원	대학병원	사립	영남대	대구시
21	가톨릭대 인천성모병원	대학병원	사립	가톨릭대	인천시
22	부산대병원	대학병원	사립	부산대	부산시
23	한림대평촌성심병원	대학병원	사립	한림대	안양시
24	동아대병원	대학병원	사립	동아대	부산시
25	한림대성심병원	대학병원	사립	한림대	화성시
26	고려대안산병원	대학병원	사립	고려대	안산시
27	강동경희대병원	대학병원	사립	경희대	서울시

순위	병원명	구분	분류	관련의대	소재지
28	계명대 동산의료원	대학병원	사립	계명대	대구시
29	인제대해운대백병원	대학병원	사립	인제대	부산시
30	순천향대부속서울병원	대학병원	사립	순천향대	서울시
31	경북대병원	대학병원	국립	경북대	대구시
32	가천대길병원	협력병원	사립	가천대	인천시
33	보라매병원	위탁병원	사립	서울대	서울시
34	순천향대부속천안병원	대학병원	사립	순천향대	천안시
35	칠곡경북대병원	대학병원	사립	경북대	대구시
36	고려대구로병원	대학병원	사립	고려대	서울시
37	울산대병원	대학병원	사립	울산대	울산시
38	양산부산대병원	대학병원	국립	부산대	양산시
39	전북대병원	대학병원	국립	전북대	전주시
40	전남대병원	대학병원	국립	전남대	화순군
41	국민건강보험일산병원	공공병원	사립	–	고양시
42	인제대일산백병원	대학병원	사립	인제대	고양시
43	한양대구리병원	대학병원	사립	한양대	구리시
44	충북대병원	대학병원	국립	충북대	청주시
45	인제대부산백병원	대학병원	사립	인제대	부산시
46	경상국립대병원	대학병원	국립	경상국립대	진주시
47	한림대강남성심병원	대학병원	사립	한림대	서울시
48	단국대병원	대학병원	사립	단국대	천안시
49	가톨릭대관동 국제성모병원	대학병원	사립	가톨릭관동대	인천시
50	제주대병원	대학병원	국립	제주대	제주시
51	한양대병원	대학병원	사립	한양대	서울시
52	창원경상국립대병원	대학병원	국립	경상국립대	창원시
53	분당차병원	협력병원	사립	차의과학대	성남시
54	원주세브란스기독병원	대학병원	사립	연세대(미래)	원주시
55	조선대병원	대학병원	사립	조선대	광주시

순위	병원명	구분	분류	관련의대	소재지
56	고신대복음병원	대학병원	사립	고신대	부산시
57	인제대상계백병원	대학병원	사립	인제대	고양시
58	노원을지대병원	대학병원	사립	을지대	서울시
59	가톨릭대 부천성모병원	대학병원	사립	가톨릭대	부천시
60	강원대병원	대학병원	국립	강원대	춘천시
61	가톨릭대 성빈센트병원	대학병원	사립	가톨릭대	수원시
62	대전 을지대병원	대학병원	사립	을지대	대전시
63	한림대한강성심병원	대학병원	사립	한림대	서울시
64	인천세종병원	종합병원	-	-	인천시
65	원광대병원	대학병원	사립	원광대	익산시
66	한림대춘천성심병원	대학병원	사립	한림대	춘천시
67	강릉아산병원	대학병원	-	-	강릉시
68	가톨릭대 의정부성모병원	대학병원	사립	가톨릭대	의정부시
69	동국대일산병원	대학병원	사립	동국대(WISE)	고양시
70	순천향대부속부천병원	대학병원	사립	순천향대	부천시
71	전주예수병원	국립병원	-	-	전주시
72	국립중앙의료원	대학병원	-	-	서울시
73	인제대서울백병원	종합병원	사립	인제대	서울시
74	분당제생병원	대학병원	-	-	성남시
75	가톨릭대 대전성모병원	대학병원	사립	가톨릭대	대전시
76	삼성창원병원	대학병원	사립	성균관대	창원시
77	세종병원	종합병원	-	-	부천시
78	대구파티마병원	종합병원	-	-	대구시
79	건양대병원	대학병원	사립	건양대	대전시
80	김포우리병원	종합병원	-	-	김포시
81	에이치플러스양지병원	종합병원	-	-	서울시
82	서울의료원	공공병원	-	-	서울시
83	창원파티마병원	종합병원	-	-	창원시

순위	병원명	구분	분류	관련의대	소재지
84	포항성모병원	종합병원	–	–	포항시
85	지샘병원	종합병원	–	–	경기도
86	삼육서울병원	종합병원	–	–	서울시
87	한림병원	종합병원	–	–	인천시
88	원광대산본병원	종합병원	–	–	군포시
89	서울부민병원	종합병원	–	–	서울시
90	가톨릭대 은평성모병원	종합병원	–	–	서울시
91	청주의료원	종합병원	–	–	청주시
92	한도병원	종합병원	–	–	경기도
93	근로복지공단인천병원	공공병원	–	–	인천시
94	인천사랑병원	종합병원	–	–	인천시
95	대전선병원	종합병원	–	–	대전시
96	성가롤로병원	종합병원	–	–	순천시
97	제주한라병원	종합병원	–	–	제주시
98	인천나은병원	종합병원	–	–	인천시
99	청주성모병원	종합병원	–	–	청주시
100	성애병원	종합병원	–	–	서울시
101	대림성모병원	종합병원	–	–	서울시
102	광명성애병원	종합병원	–	–	광명시
103	동아병원	종합병원	–	–	광주시
104	검탄탑종합병원	종합병원	–	–	인천시
105	부산성모병원	종합병원	–	–	부산시
106	안동성소병원	종합병원	–	–	안동시
107	부산의료원	공공병원	–	–	부산시
108	동국대경주병원	대학병원	사립	동국대(WISE)	경주시
109	목포기독병원	종합병원	–	–	목포시
110	광주기독병원	종합병원	–	–	광주시
111	한일병원	종합병원	–	–	서울시

순위	병원명	구분	분류	관련의대	소재지
112	좋은강안병원	종합병원	-	-	부산시
113	안동병원	종합병원	-	-	안동시
114	굿모닝병원	종합병원	-	-	평택시
115	유성선병원	종합병원	-	-	대전시
116	명지성모병원	종합병원	-	-	서울시
117	명지병원	종합병원	-	-	고양시
118	구미차병원	종합병원	-	-	구미시
119	좋은문화병원	종합병원	-	-	부산시
120	부산부민병원	종합병원	-	-	부산시
121	동강병원	종합병원	-	-	울산시
122	좋은삼선병원	종합병원	-	-	부산시
123	안양샘병원	종합병원	-	-	안양시
124	청주한국병원	종합병원	-	-	청주시
125	남원의료원	종합병원	-	-	남원시
126	나사렛국제병원	종합병원	-	-	인천시
127	해운대부민병원	종합병원	-	-	부산시
128	하나병원	종합병원	-	-	청주시
129	천주성삼병원	종합병원	-	-	대구시
130	에스포항병원	종합병원	-	-	포항시
131	동의병원	대학병원	사립	동의대	부산시
132	천안충무병원	종합병원	-	-	천안시

간호대학 진로 진학 특강

추천 도서

간호학과 진로·진학 설계를 위한 독서 분야는 생명과학, 화학, 수학이 큰 줄기다. 간호는 인간에 관한 이해를 기반으로 대상자를 질병으로 보는 것이 아닌 질병을 가진 한 인간으로 보면서 전인간호를 실천하는 것인 만큼 철학과 심리학, 윤리학, 논리학 등의 도서도 도움이 된다. 그렇다고 대학 전공 수준의 어려운 책을 읽으라는 뜻이 결코 아니다. 자신의 수준에 맞는 책을 통해 호기심을 연계하고 확장·심화하는 작업이 더 중요하다. 간호학과 추천도서는 '학과 홈페이지'나 '학과 가이드북'에 자세히 안내가 되어 있다. 간호학과에 대한 전반적인 내용을 소개하는 책을 한두 권 읽는 것도 도움이 된다. 간호학과에 대한 장밋빛 비전만을 좇기보다는 자신만의 장점과 소명의식을 갖춘 슈퍼비전이 있다면 금상첨화다.

2017년부터 학생부 '독서활동상황'란에는 읽은 책의 제목과 저자만 적기 때문에 독서가 약화됐다는 의견이 많았다. 아쉽긴 하지만 독서역량은 학생부 다른 영역과 자기소개서(이하 자소서)[2], 면접에도 드러나기 마련이다. 평가자는 지원자의 독서역량을 통해 학업역량, 공동체역량, 진로역량을 들여다보기 때문에 매우 중요한 영역이다. 독서는 교과수업과 연계하는 것이 기본이다. 교과시간에 생긴 지적 호기심을 독서를 통해 심화된 학습경험으로 연계하는 방식이다. 학교에서 내주는 필독서는 큰 의미가 없지만, 학생이 의미를 제대로 부여해 독서를 했다면 의미 있는 기록이 될 수 있다. 학년별로 도서의 위계를 맞추면 좋고, 진로와 연계해 확장한 독서 경험도 괜찮다. 학년별로 열 권 이상의 책읽기를 권하고 싶다.

---

2   고등교육법에 의해 설치된 일반대학은 2024학년도 대입부터 자소서를 전형요소로 반영하지 않는다.

독서활동상황의 평가는 첫째, 스스로 도서를 선별하여 읽었는지를 평가한다. 예컨대 세계사 시간에 터키에 대해서 배운 후 터키 역사를 알아보고자 터키 역사책을 읽었다면 '자기주도적 도서선별능력'이 우수한 것이다. 둘째, '도서 위계수준'도 독서 역량 중 하나다. 1학년 때 읽어야 할 책을 3학년 때 읽고, 3학년 때 읽어야 할 책을 1학년 때 읽었다면 위계수준이 안 맞는 독서를 한 것이다. 『하리하라의 생물학 카페』를 읽은 후 생물학과로 진로를 결정한 후 『Campbell의 Biology』를 통해 호기심과 역량을 확장하는 책읽기를 했다면 도서 위계를 지킨 것이다. 셋째, 4차 산업혁명시대의 핵심역량은 협업이다. 자신의 전공뿐만 아니라 파트너의 전공에 대한 이해가 협업의 전제 조건이다. 전공에 대한 깊이 있는 독서도 중요하지만 인문학적 상상력을 펼칠 수 있는 '창의 · 융합적인 독서 경험'이 중요한 이유다.

독서활동은 특정 주제에 대한 지속적인 관심을 드러내는 것이 좋다. 독서기록장에 책의 내용과 읽으면서 느낀 점을 기록해두면 자소서와 면접을 준비할 때 유용하다. 과목별 독서기록이 부족하면 공통란을 활용하면 좋다. 교과수업시간과 연계한 독서활동은 '교고세부능력 및 특기사항'에 반드시 기재해주기를 권한다. 또한, 진로와 연계한 관심 분야의 인물, 사상, 주제, 쟁점 등을 비교 · 대조한 독서 심화탐구활동을 자율활동, 동아리활동, 진로활동 특기사항에 기재해주면 좋다.

학생부에 입력 가능한 도서 범위는 ISBN에 기재된 도서로 제한한다. ISBN에 기재된 도서라면 논문 역시 입력이 가능하다. 다만, 정기 간행물은 입력할 수 없다. 원서와 한국어 번역본을 모두 읽은 경우 중복하여 입력 금지한다. 2024학년도 대입(졸업생 포함)부터 상급학교 진학 시 '독서활동상황'은 제공되지 않는다.

일부 대학에서는 학생들이 독서활동상황에 베스트셀러와 흔한 책만 기록하는 것을 지적하지만 베스트셀러를 읽는 학생이 베스트셀러마저 읽지 않는 학생보다 낫다는 평범한 사실을 알았으면 한다. 대학에서 독서를 소홀히 여기는 것은 난센스다. 또한 교육부가 독서활동을 강화하기는커녕 2024학년도 독서활동을 대입자료로 반영하지 않는 것은 시대착오적인 발상이다. 사교육유발효과를 막기 위한 고육책이라고 하나 빈대 잡으려다 독서교육을 잃는 격이다.

대입자료로 미제공되기 때문에 왕성한 독서활동 동기가 한풀 꺾인 건 사실이지만, 2024학년도 대입 이후에도 독서활동의 도서명과 내용을 '교과세특, 창의적 체험활동'에 입력할 수 있다는 점을 절대 놓쳐서는 안 된다. 독서 기록 학생부 항목이 미반영(미제공) 될 뿐이지 풍선효과처럼 학생부 다른 항목에 녹아 들어가 예전보다 더 눈에 띄는 기록이 될 것이다.

조선시대에는 인재를 양성하기 위해 젊은 문신들에게 휴가를 주어 책을 읽게 했던 '사가독서(賜暇讀書)' 제도가 있었다. 중국 송나라의 구양수는 글쓰기를 잘하기 위해선 삼다(三多), 즉 다독(多讀), 다작(多作), 다상량(多商量)이 필요하다고 했다. 많이 읽고, 많이 쓰고, 많이 생각하라는 뜻이다. 미국 시카고대학은 2학년 때까지 인문학 고전 100권을 읽어야 하는 시카고 플랜으로 유명하다.

AI와 경쟁해야 하는 시대, 우리의 무기는 사고력, 창의력이다. 그 자양분은 독서다. 인간은 독서를 통해 닿을 수 없을 것 같은 우리의 깊은 내면에 도달하기 때문이다. 그렇다면, 제도적으로라도 책읽기를 유도하는 것이 뭐가 그리 문제인지 되묻고 싶다.

■ 학생부 독서활동 기재 변화

학생부 항목	2023학년도	2024학년도 이후
독서활동상황	도서명과 저자	미반영(미제공)

■ 간호학 분야 추천 도서

연번	도서명	저자	출판사
1	약대 진로 진학 특강	최승후	북스토리
2	간호학과 다니면 어때요?	이경민, 서준원, 정문정, 김혜원 공저	대학내일
3	간호사라서 다행이야	김리연	원더박스
4	간호사가 사는 세상	정현선	포널스출판사
5	안녕, 간호사	류민지	랄라북스
6	간호사, 프로를 꿈꿔라	도나 윌크 카르딜로	한언
7	미스터 나이팅게일(남자라고 간호사 되지 말란 법이 있나요?)	문광기	김영사
8	돌봄의 미학 인문간호	박명희	푸른사상
9	나이팅게일은 죽었다	김민경	에레르니
10	국제간호사: 두바이편	송원경	포널스출판사
11	국제 간호사: 미국편	정해빛나	포널스출판사
12	간호사라서 고맙다	박민지	미다스북스
13	리얼 간호사 월드	최원진	북샵
14	프셉마음 기초편 (신규 간호사를 위한 진짜 실무 팁)	드림널스 편집부	드림널스
15	도시에서 죽는다는 것	김형숙	뜨인돌
16	좋은 간호사 더 좋은 간호	엄영란, 송경자, 박미현 공저	학지사메디컬
17	간호사가 말하는 간호사	권혜림	부키
18	간호사, 너 자신이 되어라	한화순	한언
19	완벽한 보건의료제도를 찾아서	마크 브릿넬	청년의사
20	죽음의 수용소에서	빅터 프랭클	청아출판사
21	나는 간호사, 사람입니다	김현아	쌤앤파커스
22	그렇게 우리는 간호사가 되어간다	김혜선	유심
23	플로렌스 나이팅게일	김창희	맑은샘
24	코로나 미스터리	김상수	에디터
25	나는 꿈꾸는 간호사입니다	김리연	허밍버드

연번	도서명	저자	출판사
26	소록도의 마리안느와 마가렛	성기영	위즈덤하우스
27	만약은 없다	남궁인	문학동네
28	골든아워	이국종	흐름출판
29	간호사라서 다행이야	김리연	원더박스
30	죽음과 죽어감	엘리자베스 퀴블러 로스	청미
31	무너지지 말고 무뎌지지도 말고	이라윤	문학동네
32	처음부터 간호사가 꿈이었나요	안아름	원더박스
33	간호사를 간호하는 간호사	오성훈	경향비피
34	모리와 함께한 화요일	미치 앨봄	살림출판사
35	그래도, 당신이 살았으면 좋겠다	전지은	라곰
36	사랑으로 세상을 바꾼 간호사 나이팅게일	샘 월만	상상북스
37	사막을 달리는 간호사	김보준	포널스출판사
38	거기 사람 있어요	박도순	윤진
39	아픔이 길이 되려면	김승섭	동아시아
40	드림원탑 세트	정소연, 이혜리, 조지수, 김하은, 손해선, 오세나 공저	드림널스
41	돌봄간호철학	남미순, 송광일 공저	현문사
42	신규 간호사 안내서	노은지	포널스 출판사
43	콜더 미드와이프	제니퍼 워스	북극곰
44	간호사 김영미	김영미	에듀팩토리

■ 생명과학 분야 추천 도서

연번	도서명	저자	출판사
1	HIGH TOP 하이탑 고등학교 생명과학1, 2	배미정, 손희도, 나광석, 오선 공저	동아출판
2	캠벨 생명과학	닐 캠벨	(주)바이오사이언스출판
3	캠벨 생명과학 포커스	Lisa A. Urry 등 공저	(주)바이오사이언스출판
4	생활 속의 생명과학	콜린 벨크, 버지니아 보든 마이어 공저	(주)바이오사이언스출판
5	생물학 이야기	김웅진	행성B이오스
6	하리하라의 생물학 카페	이은희	궁리
7	텔로미어	마이클 포셀 등 공저	쌤앤파커스
8	이것이 생명과학이다	에른스트 마이어	바다출판사
9	MT 생명공학	최강열	청어람(장서가)
10	자산어보	정약전	서해문집
11	아주 특별한 생물학 수업	장수철, 이재성 공저	휴머니스트
12	호모 심비우스: 이기적인 인간은 살아남을 수 있는가?	최재천	이음
13	생명의 떠오름: 세포는 어떻게 생명이 되는가?	존 메이너드 스미스	이음
14	생명과학 교과서는 살아있다	유영제, 김은기 공저	동아시아
15	이기적 유전자	리처드 도킨스	을유문화사
16	이타적 유전자	매트 리들리	사이언스북스
17	이타적 인간의 출현	최정규	뿌리와이파리
18	생물과 무생물 사이	후쿠오카 신이치	은행나무
19	동적 평형	후쿠오카 신이치	은행나무
20	모자란 남자들	후쿠오카 신이치	은행나무
21	나누고 쪼개도 알 수 없는 세상	후쿠오카 신이치	은행나무
22	마이크로코스모스	린 마굴리스	김영사
23	공생자 행성	린 마굴리스	사이언스 북스

연번	도서명	저자	출판사
24	풀하우스	스티븐 제이 굴드	사이언스 북스
25	플라밍고의 미소	스티븐 제이 굴드	현암사
26	눈의 탄생	앤드루 파커	뿌리와 이파리
27	라마찬드란 박사의 두뇌 실험실	V.S. 라마찬드란	바다출판사

■ 화학 분야 추천 도서

연번	도서명	저자	출판사
1	HIGH TOP 하이탑 고등학교 화학1, 2	김봉래, 강응규, 전호균 공저	동아출판
2	줌달의 일반화학	줌달(Steven S. Zumdahl)	센게이지러닝 (Cengage Learning)
3	줌달의 대학 기초화학	줌달(Steven S. Zumdahl)	사이플러스
4	멘델레예프의 영재들을 위한 화학 강의	강성주, 백성혜 공저	이치사이언스
5	화학으로 이루어진 세상	K. 메데페셀헤르만, F. 하머어, H-J. 크바드베크제거 공저	에코리브르
6	화학 교과서는 살아있다	문상흡, 박태현 공저	동아시아
7	화학, 알아두면 사는 데 도움이 됩니다	씨에지에양	지식너머
8	화학에서 인생을 배우다	황영애	더숲
9	미술관에 간 화학자	전창림	어바웃어북
10	재밌어서 밤새 읽는 화학이야기	사마키 다케오	더숲
11	역사를 바꾼 17가지 화학이야기 1, 2	제이 버레슨, 페니 카메론 르 쿠터 공저	사이언스북스
12	가볍게 읽는 유기화학	사이토 가츠히로	북스힐
13	가볍게 읽는 기초화학	사마키 다케오, 테라다 미츠히 오, 야마다 요이치 공저	북스힐
14	사라진 스푼	샘 킨	해나무
15	크레이지 호르몬	랜디 허터 엡스타인	동녘사이언스
16	같기도 하고 아니 같기도 하고	로얼드 호프만	까치
17	MT 화학	이익모	청어람(장서가)

■ 물리 분야 추천 도서

연번	도서명	저자	출판사
1	엔트로피	제레미 리프킨	세종연구원
2	물리학이란 무엇인가	도모나가 신이치로	사이언스북스
3	파인만의 여섯가지 물리 이야기	리처드 파인만	송산
4	최무영 교수의 물리학 강의	최무영	책갈피
5	물리의 언어로 세상을 읽다	로빈 애리앤로드	해냄
6	1,2,3 그리고 무한	조지 가모프	김영사
7	미지의 세계로의 여행 톰킨스 씨의 물리학적 모험	조지 가모프	전파과학사
8	작은 우주, 아톰	아이작 아시모프	열린책들
9	불멸의 원자 필멸의 물리학자가 좇는 불멸의 꿈	이강영	사이언스 북스
10	HIGH TOP 하이탑 고등학교 물리학1, 2	김성진, 김대규, 김은경, 강태욱 공저	동아출판
11	MT 물리학	이기진	청어람(장서가)
12	빛나는 지단쌤 임대환의 한눈에 사로잡는 물리 고전역학 - 시공간	임대환	들녘
13	빛나는 지단쌤 임대환의 한눈에 사로잡는 물리 전자기학 - 빛	임대환	들녘

■ 인문·융합·천문학·과학철학 추천 도서

연번	도서명	저자	출판사
1	숲의 즐거움	우석영	에이도스
2	월든	헨리 데이비드 소로우	은행나무
3	열두 발자국	정재승	어크로스
4	정재승의 과학콘서트	정재승	어크로스
5	침묵의 봄	레이첼 카슨	에코리브르
6	푸른 요정을 찾아서	신상규	프로네시스
7	사피엔스	유발 하라리	김영사
8	밤으로의 긴 여로	유진 글래드스톤 오닐	민음사
9	과학쌈지(진정일 교수가 풀어놓은)	진정일	궁리
10	총, 균, 쇠	재레드 다이아몬드	문학사상
11	하리하라의 청소년을 위한 의학이야기	이은희	살림Friends
12	통섭	에드워드 윌슨	사이언스북스
13	통섭의 식탁	최재천	움직이는 서재
14	다윈의 식탁	장대익	바다출판사
15	가이아	제임스 러브록	갈라파고스
16	우주의 기원 빅뱅	사이먼 싱	영림 카디널
17	코스모스	칼 세이건	사이언스 북스
18	과학에는 뭔가 특별한 것이 있다	장대익	김영사
19	과학은 논쟁이다	이강영, 홍성욱 외 6인 공저	반니
20	축적의 길	이정동	지식 노마드
21	축적의 시간	서울대학교 공과대학	지식 노마드
22	구글 신은 모든 것을 알고 있다	정하웅, 김동섭, 이해웅 공저	사이언스 북스
23	한 번이라도 모든 걸 걸어본 적 있는가	전성민	센시오

■ 과학 고전 소설

연번	도서명	저자	출판사
1	유년기의 끝	아서 C. 클라크	시공사
2	라마와의 랑데뷰	아서 C. 클라크	아작
3	2001 스페이스 오디세이	아서 C. 클라크	황금가지
4	신의 망치	아서 C. 클라크	아작
5	아서 클라크 단편전집 1950~1953	아서 C. 클라크	황금가지
6	아서 클라크 단편전집 1953~1960	아서 C. 클라크	황금가지
7	아서 클라크 단편전집 1960~1999	아서 C. 클라크	황금가지
8	파운데이션	아이작 아시모프	황금가지
9	파운데이션과 제국	아이작 아시모프	황금가지
10	제2파운데이션	아이작 아시모프	황금가지
11	파운데이션의 끝	아이작 아시모프	황금가지
12	파운데이션과 지구	아이작 아시모프	황금가지
13	파운데이션의 서막	아이작 아시모프	황금가지
14	파운데이션을 향하여	아이작 아시모프	황금가지
15	우주복 있음, 출장 가능	로버트 A. 하인라인	아작
16	여름으로 가는 문	로버트 A. 하인라인	시공사
17	하인라인 판타지	로버트 A. 하인라인	시공사
18	낯선 땅 이방인	로버트 A. 하인라인	시공사
19	프라이데이	로버트 A. 하인라인	시공사
20	더블스타	로버트 A. 하인라인	시공사
21	해저 2만 리	쥘 베른	작가정신
22	신비의 섬 1권, 2권, 3권	쥘 베른	열림원

CHAPTER 03

추천 사이트

가 | **전문대학포털·프로칼리지:** https://www.procollege.kr

☞ 한국전문대학교육협의회가 제공하는 전문대학교 입학정보, 진로진학정보, 평생직업
정보 등 직업교육의 다양한 콘텐츠를 확인할 수 있다.

☞ 대한간호협회는 의료법 제28조에 의해 설립된 중앙회로서 국가 간호사업을 주도하는 사단법인이다. 대한간호협회는 회원인 간호사의 자질향상을 도모하고 직업윤리를 준수하며 간호사의 권익옹호, 국민건강 및 사회복지 증진과 국제 교류를 통한 국가 간호사업 발전에 기여함을 목적으로 한다.

다 | 한국보건사회연구원: https://www.kihasa.re.kr

☞ 한국보건사회연구원은 국민의 건강과 복지 증진을 위해 인구·사회·경제 상황을 조사하고 연구·분석하며, 사회정책 및 사회보장제도를 수립·지원함으로써 안전하고 행복한 사회로 발전하는 데 이바지함을 목적으로 한다.

라 | 한국보건의료인국가시험원(국시원): https://www.kuksiwon.or.kr

☞ 보건의료인 시험 국가고시 전문기관

마 K-MOOC: http://www.kmooc.kr

☞ K-MOOC는 온라인을 통해서 누구나, 어디서나 원하는 강좌를 무료로 들을 수 있는
온라인 공개강좌 서비스로 2015년에 시작된 한국형 무크다.

바 | KOCW: http://www.kocw.net

☞ 2007년 운영을 시작한 KOCW는 온라인 대학공개강의로 한국교육학술정보원에서 운영하는 한국형 OCW다. 국내·외 대학 및 기관에서 자발적으로 공개한 강의 동영상, 강의자료를 무료로 제공하여, 배움을 필요로 하는 누구든지 언제 어디서나 이용 가능하다. 우리나라 OER운동의 일환으로 만들어진 국내 강의공개 서비스 중에서는 가장 많은 이러닝 강의를 보유하고 있다. 대학의 교양, 전공 강의를 모두 제공하며, 인문과학, 사회과학, 공학, 자연과학, 교육학, 의약학, 예술체육 등 다양한 분야에 강의가 구축되어 있다. K-MOOC와는 달리, 강의 시청을 완료해도 이수증 발급 등 학습관리 서비스는 제공하지 않는다.

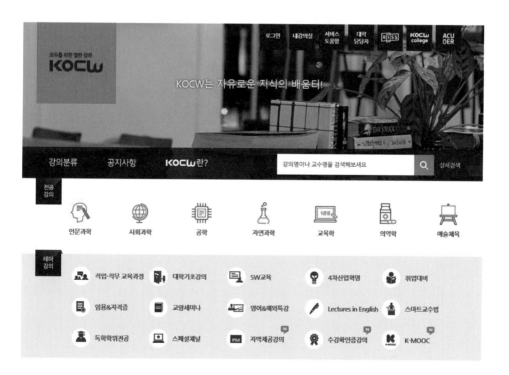

사 | 대입정보포털 어디가: https://www.adiga.kr

☞ 한국대학교육협의회에서 대학, 학과, 진로, 전형 정보, 학습진단, 온라인대입상담 등
을 제공한다.

☞ 대학알리미는 대학의 주요 정보를 제공하는 웹사이트로 국민들이 보다 쉽고 편리하게 대학정보를 이용할 수 있도록 하는 데 그 목적을 두고 있다. 누구나 대학알리미를 통해 대학의 기본 정보를 확인·활용할 수 있다.

☞ 간호사를 꿈꾸는 학생들에게 다양하고 유용한 정보를 제공하는 사이트들이다.

연번	도서명	출판사
1	널스스토리	http://www.nursestory.co.kr
2	널스케이프	http://www.nurscape.net
3	간(호사를)준(비하는)모(임)	http://cafe.naver.com/nursingstudies
4	대한감염관리간호사회	http://www.kanad.or.kr
5	한국노인간호학회	https://www.gnursing.or.kr
6	한국지역사회 간호학회	http://www.kchn.or.kr
7	한국간호교육학회	http://kasne.or.kr
8	건강보험심사평가원	https://www.hira.or.kr
9	한국보건복지인력개발원	www.kohi.or.kr
10	한국직업건강간호협회	http://ona1987.gamgakdesign.com
11	한국보건복지인력개발원	https://www.kohi.or.kr

간호학과 진로

가 | 졸업 후 진로

■ 의학계열 대학 졸업 후 진로[3]

학과	졸업자 수 (명)	고용률 (%)	정규직 비율 (%)	300인 이상 규모업체 취업비율 (%)	월평균 소득 (만원)	300인 이상 월평균 소득 (만원)	주당평균 근로시간 (시간)	자격증 보유비율 (%)
의학	1,926	93.9	17.2	35.1	422.7	390.3	57.1	72.5
치의학	1,487	83.0	51.9	10.5	230.4	353.9	44.1	86.1
한의학	648	84.6	30.8	12.9	412.4	296.7	48.7	75.9
약학	1,872	80.6	60.5	18.7	460.1	388.6	40.8	65.6
간호	10,226	81.9	86.5	74.1	301.7	330.2	45.1	79.1

의학계열(의학, 치의학, 한의학, 약학, 간호) 총 다섯 개 학과 2020 대졸자 취업통계를 보면, 간호학과 졸업자의 월평균소득은 301만 원, 주당 평균 근로시간은 45시간이었다.

---

3 대졸자 취업정보(한국고용정보원 2020년 통계)에서 발췌

■ 졸업 후 진로

간호 업무가 전문화되고 사회의 다양한 분야에서 간호사 능력을 필요로 하는 곳이 많아짐에 따라 일반대학 또는 전문대학 간호학과(간호학부)[4]를 졸업하면, 보건복지부가 인정하는 13개(보건, 마취, 정신, 가정, 감염관리, 산업, 응급, 노인, 중환자, 호스피스, 종양, 임상, 아동)의 분야별 전문간호사, 임상간호사(상급종합병원, 대학부속병원, 개인병원 등), 산업체간호사, 보험심사 간호사, 국제보건간호사, 해외취업간호사, 항공간호사, 간호장교, 보건교사, 대학교수, 간호과학자(연구원), 생명과학연구원, 공중보건연구원, 연구간호사, 조산사, 의무기록사, 공무원(간호직, 보건직), 보건치료전담 공무원, 국가 보건의료관련 기관(질병관리본부, 국민건강보험공단, 건강보험심사평가원, 근로복지공단 등) 공무원 및 연구원, 보건진료원, 산후조리원장, 보건의료 관련 시설장(요양원, 요양보호사 교육기관, 보육기관 등), 병원코디네이터, 의료통역사, 의료코디네이터, 의료관광코디네이터, 의료소송매니저, 응급구조사, 보호관찰관, 정신건강 상담전문가 등 다양한 분야로 진출이 가능하다.

■ 주요 취업처

종합병원, 대학교병원, 개인병원, 보건소, 요양원, 노인복지관, 사회복지관, 산후조리원, 조산원, 의료기기업체, 의료 정보 회사, 제약 회사, 레저 및 스포츠 관련 시설의 의무실, 간호 · 보건의료 관련 학계 및 연구기관, 정부 및 공공기관, 군대, 초등학교 · 중학교 · 고등학교 보건교사, 대학교, 대학원, 군대, 간호 · 보건의료 관련 기관 및 시설 등

■ 학과 관련 자격증

졸업과 동시에 간호사 면허(라이센스), 보건교사 자격증(교직과정 이수자), 대학원 진학 후 보건복지부가 인정하는 13개의 분야별 전문간호사 자격 취득 가능, 보험심사간호사 자격증, 보육교사(보건교육사), 조산사, 심폐소생술(BLS) 등

---

4   세부전공: 간호과학과, 간호과학부, 간호과학전공, 간호대학, 간호복지학부, 간호전공, 간호학과, 간호학과(야간), 간호학부 간호학과, 간호학부(간호학전공), 간호학전공, 글로벌건강간호학전공 등

■ 보건교사 인터뷰 [1]

1. 성명과 출신 대학교

○○○, 아주대학교 간호학과

2. 현재 근무처

○○중학교(경기도교육청)

3. 경력

아주대학교병원 중환자실 간호사 3년, 보건교사 6년

4. 간호학과 지원동기를 말해주세요.

간호학과를 지원하게 된 동기는 딱히 없었습니다. 부끄럽지만 흔히 말하는 점수를 맞춰 갔기 때문입니다. 진로에 대한 충분한 탐색이 없이 학과를 정했지만, 지금 와서 생각해보니 제 적성에 잘 맞는 학과를 선택했다고 여겨집니다.

5. 간호학과를 지망하는 학생에게 필요한 역량과 길러야 할 자질을 말해주세요.

필요한 역량이야 많겠지만, 하나만 고르라면 저는 배려심을 꼽겠습니다. 환자의 입장에서, 보호자의 입장에서, 동료간호사의 입장에서 상대방을 배려하는 마음이 무엇보다 중요하다고 생각합니다.

6. 병원에 근무하셨던 입사 과정과 기억나는 경험을 말해주세요.

간호사 국가고시를 보고 몇 개월 지나 바로 입사했습니다. 희망부서를 응급실, 중환자실, 병동, 수술실 이렇게 4개로 신청할 수 있는데 저는 중환자실을 1순위로 적었고 내과중환자실로 발령을 받았습니다. 저는 3년 동안 제야의 종소리를 3번 다 병원에서 들었습니다. 세 번 중 언제인지 모르겠지만, 근무 중에 펑펑 내리던 눈을 바라보며 종소리를 들었던 장면이 아직도 생각납니다.

7. 보건교사가 되려고 결심한 이유가 무엇인지 말해주세요.

가장 큰 이유는 '워라밸'입니다. 대학병원 간호사로서 보람도 많이 느꼈지만, 3교대 근무가 힘든 건 사실입니다. 퇴근하면 기절 수준으로 잠들 만큼 피곤했고, 매번 근무시간이 데이, 이브닝, 나이트로 바뀌다 보니 꾸준한 취미생활 하나 갖기 어려웠습니다. 남들 쉴 때 일하다 보니 일반 회사 다니는 친구들과는 시간이 안 맞았고 간호사 동료들만 만나게 되더군요. 워크, 라이프가 분리가 안 되고 계속 이어지는 느낌이었어요. 그리고 저는 20대를 병원에서 보냈지만, 30·40대에 체력적으로 굉장히 힘들어하는 선배님들을 보면서 나도 곧 저렇게 힘들어하겠구나 생각을 했어요. 결론적으로 내 삶을 좀 더 풍요롭게 나를 위한 삶으로 만들 수 있는 길이 뭘까 고민하다가 보건교사를 준비하게 됐습니다.

8. 보건교사가 되기 위해 대학 때 또는 졸업 후 준비해야 하는 것이 무엇인지 말해주세요.

보통 1학년 마치고 교직이수를 신청해야 합니다. 성적순이기 때문에 1학년 학점을 잘 받는 게 우선이겠죠. 만약 졸업 후 바로 보건교사 임용을 원한다면, 미리 시험공부를 해두고 4학년 때 시험을 볼 수 있습니다.

9. 보건교사를 지망하는 학생에게 필요한 역량과 길러야 할 자질은 무엇인지 말해주세요.

학교는 병원과 다릅니다. 병원은 빠르고 오차 없이 돌아가야 하는 의료현장이고, 학교는 학생, 교직원, 학부모가 모인 교육공동체죠. 병원에서는 보다 이성적이고 비판적인 판단력과 업무능력을 중시한다면, 학교는 협력적인 문제해결능력, 의사소통역량, 융통성이 더 중요하다고 생각해요.

■ 보건교사 인터뷰 [2]

1. 성명과 출신 대학교

○○○, 경희대학교

2. 현재 근무처

○○고등학교(서울시교육청)

3. 경력

삼성병원 소아중환자실 간호사 7년, 보건교사 3년

4. 간호학과 지원동기를 말해주세요.

'세계의 극심한 빈곤과 기아에 처한 아이들을 돕고 싶다'라는 단순한 동기에서 시작됐습니다. 커다란 의미에서는 그들을 위한 봉사를 하고 싶었으나, 봉사정신에 의학적 지식이 더해지면 그들에게 실질적인 도움이 될 것이라는 결론 끝에 간호학과에 지원했습니다. 또한, 의사와 간호사 사이의 직업적인 고민에는 내가 과연 더 잘하는 것, 더 원하는 직업정신은 무엇인가를 생각해봤습니다. 제가 바라던 직업상은 사람을 대할 때 의학적 지식뿐만 아니라 사람을 대상으로 상호작용하고 그들의 마음까지 보듬을 수 있는 의료진의 모습이었기 때문에 간호사라는 직업이 더욱 저에게 적합하다고 생각했습니다.

5. 간호학과 재학 중 가장 기억에 남았던 활동 또는 공부를 말해주세요.

간호학과 시절 가장 기억에 남는 공부는 해부학입니다. 엄하기로 유명하셨던 교수님, 수업 종이 땡 치면 무조건 제출해야했던 '땡시', 색색이 색칠 공부하던 두꺼운 해부학 책, 카데바 실습 등 의학을 배우는 학생들의 가장 힘든, 가장 기본적인 공부였기 때문입니다. 문과생이었던 저는 외우는 것에는 자신이 있었고, 또한 해부학을 배우면서 인간의 몸이 얼마나 신비로운 것인지 졸업 후 10년이 지난 지금까지도 잊히지 않습니다. 해부학 다음으로는 일상실습이 기억에 남는데요, 이른 출근, 학생 신분으로서 겪는 고충 등 신체적으로는 힘들었지만, 그 이상으로 모든 직업에 대한 현실적인 감각을 갖게 되었던 과정이었습니다.

6. 간호학과를 지망하는 학생에게 필요한 역량과 길러야 할 자질을 말해 주세요.

비판적 사고력, 타인에 대한 이해와 봉사, 논리적으로 사고하는 기술 등이 필요하다고 생각합니다. 기본 간호학 자체가 과학을 기초로 하는 학문이므로 책을 많이 읽고 논리적으로 생각하는 힘을 많이 길러야 합니다. 또한, 스스로 생각하는 힘을 길러 질문에 대한 자신만의 생각을 표현하고 어떤 현상에 대해 항상 의문을 갖고 되짚어보는 비판적 사고력을 키우길 바랍니다. 이러한 능력이 길러진다면 자연적으로 다양한 시각으로 사람을 대하는 힘이 생길 것입니다.

7. 간호학과를 학생부종합전형으로 지원하려는 학생들은 구체적으로 어떤 학교 활동을 하면 좋을지 말해주세요.

가능하다면 의료현장에서 꾸준히 봉사활동을 해보기를 추천합니다. 봉사를 통해 내가 그들에게 필요한 존재가 되어보는 것 그리고 어떤 학교활동을 하던 혼자만이 아닌 타인과 협력해야 하는 활동이 도움이 될 것입니다. 사람들과의 관계 속에서 의사소통하는 법, 갈등을 해결하는 법, 스트레스를 극복하는 법, 일의 우선순위를 결정하는 방법 등을 배울 수 있는 활동 위주로 학교생활기록부를 채워 나가면 도움이 되리라 생각합니다.

8. 재직 중인 직장에 입사하기 위한 과정을 말해주세요.

보건교사가 되기 위해서는 우선 간호학을 전공하고 간호사 국가고시를 치른 후 보건복지부 장관으로부터 간호사면허증을 발급받아야 하고, 대학 재학기간 교직과정을 이수해야 합니다. 교직 이수 조건은 대학마다 차이는 조금씩 있지만, 상위권 성적을 받아야하며, 별도의 교직을 이수하고, 교생실습을 실시해야 합니다. 이후 졸업과 동시에 간호사자격증 및 교원자격증을 받게 됩니다. 제가 졸업할 당시에 국·공립학교의 보건교사가 되려면 교원임용시험을 치러야 하고, 사립학교의 경우 학교자체임용시험을 치렀습니다. 저의 경우는 사립학교의 보건교사로 지원을 했기 때문에 1차 서류평가, 2차 필기시험, 3차 면접 평가 후 최종합격해 보건교사가 됐습니다.

9. 간호학과 지원하려는 학생들에게 격려의 한마디 부탁드립니다.

간호학과에 관심을 갖고, 지원해주셔서 고맙게 생각합니다. 간호학은 사람을 탐구하는 학문으로 간호사라는 직업이 아니더라도 여러 분야에서 직업적 선택의 기회가 많습니다. 지금의 과정은 지치고 힘들 때도 있지만, 미래에 여러분이 맞이할 세계는 흥미로운 것으로 가득할 것입니다. 지금의 과정을 즐길 수 있다면 앞으로 못할 것이 없습니다. 파이팅입니다.

다 | 간호사 인터뷰

1. 성명과 출신 대학교

○○○, 한림대학교

2. 현재 근무처

강동성심병원

3. 경력

간호사, 1년 6개월

4. 간호학과 지원동기를 말해주세요.

어렸을 때부터 아이들과 함께하는 직업을 갖고 싶어 초등학교 교사가 꿈이었습니다. 그러나 점점 아이들의 수가 감소하고 있기 때문에 '교사'의 문은 매우 좁아져 다른 직업을 찾아보게 됐습니다. 그러던 중 학교에서 3년 동안 하고 있는 월드비전 기부를 통해 해외의 많은 아이가 큰 고통을 겪고 있는 것을 알게 됐고, 그 아이들에게 직접적인 도움을 주고 싶어 제 진로를 교사에서 간호사로 바꾸게 됐습니다. 아이들에게는 교육도 중요하지만, 아프리카나 동남아시아에서는 생명이 위독한 아이들이 많으므로 실질적이고 우선적인 도움을 주고 싶어 '간호'라는 분야를 선택했습니다. 또한, 2015년 대한민국을 덮친 메르스 사태 속의 의료진들은 제가 간호사가 돼야겠다는 결심을 단단히 해주었습니다. 10kg의 방역 장비를 착용하고 감염의 위험에도 불구하고 환자를 치료하기는 쉽지 않은 일입니다. 하지만 자신이 힘든 것보다 환자의 생명을 더 중요하게 생각하며 뛰어다니던 분들은 저에게 큰 감명을 줬습니다.

5. 간호학과 재학 중 가장 기억에 남았던 활동 또는 공부를 말해주세요.

처음으로 병원에 실습을 나갔던 것이 아직도 기억에 남습니다. 공교롭게도 첫 실습지는 제가 지금 근무하고 있는 곳인 수술실이었습니다. 수술실은 일반 환자들은 물론이고, 간호사들도 수술실에 근무하지 않으면 들어갈 수 없는 공간이라 수간호사 선생님께서 많은 것을 보고 배워두라고 했었던 것이 기억이 납니다. 실제로 다양한 과의 수술을 직접 봤고, 간호사 선생님들은 어떠한 일을 하는지, 병동과 다른 점은 무엇인지 등을 비교해가며 실습했습니다.

6. 간호학과를 지망하는 학생들에게 필요한 역량과 길러야 할 자질은 무엇인지 말해주세요.

간호학과에서는 다양한 내용의 지식을 동시에 공부하기 때문에 배운 내용을 나만의 것으로 정리하는 능력이 중요하다고 생각합니다. 우리 학교에서는 해부학과 병리학, 약리학을 한꺼번에 배웠기 때문에 처음에는 공부하는 것이 매우 어려웠지만, 공부한 것을 각 계통별로 정리했고 수업 자료 외에도 책을 찾아보며 자료의 앞, 뒤 내용을 연계하며 공부했습니다. 이렇게 공부함으로써 단순히 시험만을 위한 것이 아니라, 간호사가 되어 근거 기반 간호를 제공할 수 있는 기초를 다질 수 있었습니다. 또한 의사소통 능력이 중요하다고 생각합니다. 간호학과도 다른 학과와 똑같이 조별과제가 많기 때문에 서로 이견을 조율하고 나의 의견을 조리 있게 이야기할 수 있는 능력이 필요합니다. 이는 간호학생뿐만 아니라 간호사에게도 적용됩니다. 병원은 혼자 일하는 곳이 아니라 모든 직종의 사람들이 함께 협업하며 일하는 곳입니다. 지금 제가 일하는 수술실을 예시로 들면, 저는 많은 수술실 간호사와 회복실 간호사, 의사, PA, 방사선사, 구조사, 인턴, 이송요원들과 일하고 있습니다. 그래서 짧은 시간 안에 효율적으로 일하기 위해서는 주변 사람들과의 적절한 의사소통이 필요하다고 생각합니다.

7. 간호학과를 학생부종합전형으로 지원하려는 학생들은 구체적으로 어떤 학교활동을 하면 좋을지 말해주세요.

저는 지역 도서관에서 봉사활동을 했습니다. 아이들에게 책을 읽어주고 다양한 프로그램을 진행하는 것이었는데, 처음에는 활동 중심의 프로그램이라 진행에 미숙했습니다. 하지만 아이들에게 적극적으로 다가가는 태도를 보이고, 팀원들과의 많은 회의를 통해 점점 아이들의 참여율을 높일 수 있었습니다. 이 활동을 통해 새로운 일에 직면하고 도전하는 정신을 배우게 됐습니다. 간호사로 처음 일하게 되면 학생으로 배우던 것과는 또 다른 일을 하게 됩니다. 내가 모르는 것이라도 겁먹지 않고 배우려는 태도를 보이고 낯선 일에도 쉽게 직면할 수 있다는 것을 보여줄 수 있는 활동을 하면 도움이 될 것이라고 생각합니다.

8. 재직 중인 곳에 입사하기 위한 과정을 말해주세요.

1차는 서류전형이었고, 2차는 면접전형이었습니다. 서류전형의 경우, 5문항의 자기소개서와 성적증명서 및 토익이나 BLS 등의 자격증을 제출하였습니다. 자기소개서는 3~4월부터 천천히 작성했고, 친구들이나 교수님께 첨삭을 받았습니다. 면접은 기출문제를 보며 많은 문항을 연습했고, 인성문제뿐만 아니라 기본적인 간호학 지식도 공부했습니다. 제가 입사한 병원은 대면면접을 진행했지만, 다른 병원의 경우 화상면접이나 AI면접도 포함돼 있어 다양한 유형의 면접을 연습해야 했습니다.

9. 간호학과 지원하려는 학생들에게 격려의 말씀 해주세요.

간호학과에 지원하기 전에 자신이 정말 간호사가 되고 싶은 이유를 솔직히 떠올려보는 것이 중요하다고 생각합니다. 물론 취업 때문에 간호학과에 지원하려는 학생들이 많겠지만, 오직 취업 때문에 지원한다면 공부하는 것이 힘들 수 있습니다. 내가 조금이라도 다른 사람들을 돕고 싶고 다른 사람들의 삶과 생명에 기여하고 싶은 마음만 있다면 간호사가 되기 충분한 자질을 갖고 있다고 생각합니다. 비록 간호학과 공부를 하면서, 간호사 일을 하면서 힘든 일도 많았지만 그만큼 보람을 느끼는 일도 많았습니다. 또한, 간호학과를 지원한다고 해서 '간호'라는 분야에만 시각을 좁히는 것은 좋지 않다고 생각합니다. 물론 병원에서 일하는 간호사가 제일 많고, 익숙하겠지만 간호사는 정말 다양한 분야에서 일할 수 있습니다. 간호사로서 책을 쓰는 작가가 될 수도 있고, 의료소송을 담당하는 변호사가 될 수도 있고, 공장이나 산업현장의 보건관리자, 학교의 보건교사, 건강보험심사평가원 간호사, 연구 간호사 등 다양한 분야에서 일할 수 있기 때문에 많은 가능성을 열어두었으면 좋겠습니다.

CHAPTER 05 교육과정

가 | 고등학교 교과목

■ 공통과목

- 영어, 수학, 통합과학, 과학탐구실험

■ 일반선택 과목

- 영어회화, 영어Ⅰ, 영어Ⅱ, 영어 독해와 작문
- 수학Ⅰ, 수학Ⅱ, 미적분, 확률과 통계
- 생명과학Ⅰ, 화학Ⅰ
- 기술·가정
- 생활과 윤리, 사회문화, 정치와 법, 경제
- 교양교과군: 보건, 심리학, 환경

■ 진로선택 과목

- 실용영어, 진로영어, 영어권 문화, 영미 문학 읽기
- 기하, 실용수학, 경제수학, 수학과제탐구
- 생명과학Ⅱ, 화학Ⅱ, 과학사, 생활과 과학, 융합과학
- 가정과학

■ 전문교과 I 과목

- 심화영어 I, 심화영어회화 I
- 심화수학 I, 고급 수학 I
- 고급 생명과학, 고급 화학
- 생명과학실험, 화학실험

나 | 대학교 교육과정

간호학과 4년제 교육과정(S대학교 예시: 전공학점 102학점 이상, 졸업학점 130학점 이상, 임상실습 교과목 22학점 이상)을 이수 후 졸업예정자가 되면, 매년 1월 간호사국가고시를 응시할 수 있고, 국가고시에 합격하면 간호사 면허를 취득한다. 전공과목은 정신간호학, 성인간호학, 지역사회간호학, 간호관리학, 아동관리학, 여성건강간호학, 기본간호학, 노인간호학 등이 있다.

■ 간호학과 교육과정 예시 [1] 가톨릭대학교

1학년	교육학개론, 생물학, 말과 글, 의사 소통론, 인류학, 영어회화, 화학과 생명, 유전학, 기업과 경영의 이해, 옴니버스: 해오름, 해부학, 간호학개론, 옴니버스: 소명, 자기계발과 포트폴리오
2학년	분석과 비판의 기초, 사회복지학개론, 여성학, 한국역사와 문화, 대중문화의 이해, 가족과 사회, 옴니버스: 생명과 윤리, 미생물학, 생리학, 병리학, 약리학, 임상영양학, 인간이해, 기본간호학Ⅰ, 기본간호학Ⅱ, 건강사정, 성인간호학Ⅰ, 기본간호학실습Ⅰ, 기본간호학실습Ⅱ
	교직 교육사회학, 교육행정 및 교육경영, 교육심리, 교육방법 및 교육공학, 학교폭력의 예방 및 이해, 특수교육학개론
3학년	옴니버스: 돌봄과 영성, 옴니버스: 삶과 죽음, 간호연구와 통계분석Ⅰ, 간호연구와 통계분석Ⅱ, 건강증진과 보건교육, 간호정보학, 임상추론, 성인간호학Ⅱ, 성인간호학Ⅲ, 모성간호학Ⅰ, 모성간호학Ⅱ, 아동간호학Ⅰ, 아동간호학Ⅱ, 정신간호학Ⅰ, 정신간호학Ⅱ, 지역사회간호학Ⅰ, 임상검사와 간호, 임상실습입문, 내외과간호실습, 수술간호실습, 응급간호실습, 중환자간호실습Ⅰ, 여성건강간호학실습Ⅰ, 아동간호학실습Ⅰ, 정신간호학실습Ⅰ, 지역사회간호학실습Ⅰ
	교직 교직 실무
4학년	옴니버스: 윤리적 리더십, 성인간호학Ⅳ, 간호관리학Ⅰ, 간호관리학Ⅱ, 간호 윤리학, 보건의료법규, 모성간호학Ⅲ, 아동간호학Ⅲ, 정신간호학Ⅲ, 지역사회간호학Ⅱ, 노인간호학, 국제보건, 종합술기, 통합시뮬레이션Ⅰ, 통합시뮬레이션Ⅱ, 여성건강간호실습Ⅱ, 중환자간호실습Ⅱ, 아동간호학실습Ⅱ, 정신간호학실습Ⅱ, 고위험아동간호실습, 여성건강심화실습, 지역사회간호학실습Ⅱ, 간호관리학실습, 보건프로그램 개발 및 평가, 전통의학의 이해, 비전과 인턴십, 선택실습Ⅰ, 선택실습Ⅱ, 정신간호선택실습, 지역사회간호선택실습
	교직 교육실습, 교육과정과 평가, 교육봉사활동

■ 간호학과 교육과정 예시 [2] 인하대학교

공통과정	사회복지개론, 임상간호영어 및 실습, 간호학개론, 식이요법, 성장발달, 보건교육, 간호정보학, 간호상담, 의사소통론, 간호학특강, 종합간호실습, 보건의료법규
기본간호학	기본간호학Ⅰ, 기본간호학Ⅱ, 기본간호학실습Ⅰ, 기본간호학실습Ⅱ
아동간호학	아동간호학Ⅰ, 아동간호학Ⅱ, 아동간호학실습Ⅰ, 아동간호학실습Ⅱ, 아동간호학실습Ⅲ
정신간호학	정신간호학Ⅰ, 정신간호학Ⅱ, 정신간호학실습Ⅰ, 정신간호학실습Ⅱ
노인간호학	노인간호학, 노인간호학실습
지역사회간호학	지역사회간호학Ⅰ, 지역사회간호학Ⅱ, 지역사회간호학실습Ⅰ, 지역사회간호학실습Ⅱ
모성간호학	모성간호학Ⅰ, 모성간호학Ⅱ, 모성간호학실습Ⅰ, 모성간호학실습Ⅱ
성인간호학	성인간호학Ⅰ, 성인간호학Ⅱ, 성인간호학Ⅲ, 성인간호학Ⅳ, 성인간호학Ⅴ, 성인간호학Ⅵ, 성인간호학실습Ⅰ, 성인간호학실습Ⅱ, 성인간호학실습Ⅲ, 성인간호학실습Ⅳ
간호관리학	간호관리학Ⅰ, 간호관리학Ⅱ, 간호관리학실습
현장실습	선진간호교육 및 의료의 이해, 미국 의료기관 및 간호교육기관 인턴십, 다학제간 소아청소년 건강캠프 현장실습, 국제보건실습, 알코올상담 현장실습, 치료공동체 현장실습, 국제건강리더 네팔현장학습, 중독자 재활센터 실습

간호학과 교육과정 예시 [3] 원광대학교

간호연구 및 정책변화 대응역량	▶간호연구 수행역량 간호연구, 간호와 통계, 간호 연구세미나 ▶ 보건의료정책변화 인지역량 간호와 사회, 세계보건의료와 간호전문직, 간호와 정보, 유전과 간호, 통일과 간호, 감염관리
의사소통과 협력역량	▶ 리더십역량 간호경영과 창업, 간호정책과 리더십 ▶ 의사소통역량 인간관계와 의사소통, 영어 글쓰기
임상수행역량	▶ 간호과정 적용역량 아동간호학Ⅰ, 성인간호학실습Ⅰ, 성인간호학Ⅰ, 정신건강간호학, 여성간호학, 여성간호학실습, 간호시뮬레이션Ⅰ-성인, 간호시뮬레이션Ⅰ-모아, 임상기본간호학실습-일반병, 임상기본간호학실습-특수병, 성인간호학Ⅲ, 노인간호학, 지역사회간호학Ⅰ, 간호관리학Ⅰ, 정신간호학Ⅱ, 성인간호학실습Ⅲ, 정신간호학실습, 지역사회간호학실습Ⅰ, 성인간호학총론, 아동건강간호, 여성건강간호, 모성간호학, 아동간호학Ⅱ, 정신간호학Ⅰ, 성인간호학실습Ⅱ, 성인간호학Ⅱ, 지역사회건강간호학, 모성간호학실습, 간호시뮬레이션Ⅱ-성인, 간호시뮬레이션Ⅱ-모아, 아동간호학실습, 지역사회간호학Ⅱ, 성인간호학Ⅳ, 간호관리학Ⅱ, 지역사회간호학실습Ⅱ, 노인간호학실습, 통합실습-일반병동, 통합실습-중환자실, 통합실습-특수병동, 간호관리학실습 ▶ 간호술기역량 기본간호학Ⅰ, 건강사정실습, 기본간호학실습Ⅰ, 건강사정, 기본간호학Ⅱ, 기본간호학실습Ⅱ ▶ 교양 및 간호전공 지식의 통합적용역량 문화와 건강, 간호 과학용어, 인간발달론, 보건교육론, 생리학, 감염미생물학, 건강과 운동, 건강과 환경, 건강과 식이, 중환자 간호, 응급 및 재해 간호, 해부학 및 실습, 인간심리의 이해, 비판적 사고와 간호과정, 약리학, 간호와 예술, 호스피스 간호, 재활간호, 만성질환자 간호 ▶ 법적 윤리적 책임인식역량 간호윤리와 철학, 간호학 개론, 보건의료법규, 간호상담의 실제

다 | 교직과정

교직과정은 교원자격검정령 제20조에 근거한 교원양성제도로, 사범대학 이외의 학부(과)에 설치된다. 교직과정이 설치된 학부(과)에서 학생 일부를 일정한 기준에 의하여 선발하고, 교원자격을 갖춘 교사로 양성하는 교육과정을 이수하게 한 뒤, 고시된 요건을 모두 충족한 사람에게만 해당 전공에 해당하는 중등 과목의 교원 자격증을 수여한다. 해방 직후, 사범대학 등 정규 교사 양성기관의 졸업자만으로 교사를 모두 충당할 수 없었기에 1945년부터 운영되었다. 간호학과는 모든 대학이 교직과정 이수가 가능한 것은 아니다. 교직이수 과정이 있는 경우에도 입학 정원의 5~10% 선발로 대학마다 차이가 있다. 대부분 신청자 중 1학년 성적순으로 선발하며, 교직관련 적성검사, 면접 성적을 평가에 반영하는 대학도 있다.

지역	병원명	구분	계열	모집단위
경기	가천대학교	사립	자연과학계열	간호학과
강원	가톨릭관동대학교	사립	자연과학계열	간호학과
서울	가톨릭대학교	사립	자연과학계열	간호학과
강원	강릉원주대학교	국립	자연과학계열	간호학과
강원	강원대학교	국립	자연과학계열	간호학과(인문)
강원	강원대학교	국립	자연과학계열	간호학과(자연)
충북	건국대학교(글로컬)	사립	자연과학계열	간호학과
대전	건양대학교	사립	자연과학계열	간호학과
강원	경동대학교	사립	자연과학계열	간호학과
대구	경북대학교	국립	자연과학계열	간호학과
경남	경상대학교	국립	자연과학계열	간호학과
경북	경운대학교	사립	자연과학계열	간호학과
서울	경희대학교	사립	자연과학계열	간호학과(인문계열)
서울	경희대학교	사립	자연과학계열	간호학과(자연계열)
대구	계명대학교	사립	자연과학계열	간호학과

지역	병원명	구분	계열	모집단위
서울	고려대학교	사립	자연과학계열	간호대학
서울	고려대학교	사립	자연과학계열	간호학과(인문)
서울	고려대학교	사립	자연과학계열	간호학과(자연)
부산	고신대학교	사립	자연과학계열	간호학과
광주	광주여자대학교	사립	자연과학계열	간호학과
충남	단국대학교	사립	자연과학계열	간호학과
경북	대구가톨릭대학교	사립	자연과학계열	간호학과
경북	대구한의대학교	사립	자연과학계열	간호학과
전남	동신대학교	사립	자연과학계열	간호학과
부산	동아대학교	사립	자연과학계열	간호학부 간호학과
부산	동의대학교	사립	자연과학계열	간호학과
전남	목포가톨릭대학교	사립	자연과학계열	간호학과
부산	부산대학교	사립	자연과학계열	간호학과
서울	삼육대학교	사립	자연과학계열	간호학과
강원	상지대학교	사립	자연과학계열	간호학과
서울	성신여자대학교	사립	자연과학계열	간호학과
충북	세명대학교	사립	자연과학계열	간호학과
광주	송원대학교	사립	자연과학계열	간호학과
충남	순천향대학교	사립	자연과학계열	간호학과
부산	신라대학교	사립	자연과학계열	간호학과
경기	아주대학교	사립	자연과학계열	간호학과
서울	연세대학교	사립	자연과학계열	간호학과
서울	연세대학교	사립	자연과학계열	간호학과(인문)
서울	연세대학교	사립	자연과학계열	간호학과(자연)
강원	연세대학교(미래)	사립	자연과학계열	간호학과
전북	예수대학교	사립	자연과학계열	간호학부
전북	우석대학교	사립	자연과학계열	간호학과
울산	울산대학교	사립	자연과학계열	간호학과

지역	병원명	구분	계열	모집단위
전북	원광대학교	사립	자연과학계열	간호학과(인문)
충북	유원대학교	사립	자연과학계열	간호학과(자연)
서울	이화여자대학교	사립	자연과학계열	간호학부
광주	전남대학교	국립	의학계열	간호학과
전북	전북대학교	국립	자연과학계열	간호학과
제주	제주대학교	국립	자연과학계열	간호학과
광주	조선대학교	사립	자연과학계열	간호학과
충남	중부대학교	사립	자연과학계열	간호학과
경기	차의과학대학교	사립	자연과학계열	간호학과
전남	초당대학교	사립	자연과학계열	간호학과
대전	충남대학교	국립	자연과학계열	간호학과
충북	한국교통대학교	국립	자연과학계열	간호학과
강원	한림대학교	사립	자연과학계열	간호학과
서울	한양대학교	사립	자연과학계열	간호학과
광주	호남대학교	사립	자연과학계열	간호학과

학생부종합전형 학교활동

의학계열 열풍과 대졸 취업난으로 인해 간호학과 수시모집 종합전형 합격선은 매년 높아지고 있다. 하지만 종합전형을 잘못 이해하고 일회성 활동을 많이 나열하기보다는 실험 하나라도 진득하게 매조지하길 권한다. 활동의 양보다는 진정성 있는 활동 하나가 고만고만한 학생부들 사이에서 더욱 빛날 것이기 때문이다. 예컨대 '생활과 과학' 과목에서 항생제의 역사를 배운 후 지적 호기심이 생겼다면, 거기서 머물지 말자. '항생제를 비롯한 약물의 오남용 사례를 조사하고, 그것이 건강에 미치는 영향'이 무엇인지 조사하여 보고서를 작성하고 발표하는 일련의 활동을 했다면, 이 학생은 성장한 것으로 평가자는 판단할 것이다.

어렵게 생각할 필요 없다. 간단한 활동부터 시작해보자. '과학사' 과목에서 백신의 역사를 배웠다면, 국가별 코로나19 예방 포스터와 대응을 비교하는 보고서를 작성하고 발표하자. 대학 진학 후에도 평가는 보고서 제출과 프레젠테이션이 그 핵심이기 때문이다. 자연계 학생들에게도 요구되는 중요한 학업역량은 쓰기와 말하기다. 또한 쓰기와 말하기의 전제 활동은 독서다. 『하리하라의 생물학 카페』를 읽은 후 간호학과로 진로를 결정했다면, 『Campbell의 Biology』를 통해 호기심과 역량을 확장하는 책읽기를 시도해보자. 찰스 다윈은 갈라파고스 제도에 사는 "핀치새의 부리의 모양과 크기가 왜 다를까?"라는 궁금증에서 『종의 기원』의 영감을 받았다. 이렇듯 공통점과 차이점을 찾는 비교·대조의 탐구방법은 모든 과학자가 수행하는 연구방법론이다. 간호학과와 관련 있는 사상·실험·인물·주제가 있다면 관련 책들을 읽고 비교하고 대조해보자. 또한, 간호는 인간에 대한 이해를 기반으로 대상자를 질병으로 보는 것이 아닌 질병을 가진 한 인간으로 보면서 전인간호를 실천하는 것이니 만큼 윤리와 사상, 생활과 윤리, 보건, 철학, 심리학, 논리학 등의 교과목 관련 활동도 권하고 싶다.

동아리도 괜찮은 활동이다. 동아리 구성원들과 공통 주제를 정한 후, 각각 자신의 의견을 보고서를 작성하고 세미나를 열어서 토론해보자. 그리고 토론에서 모아진 심화 내용으로 동아리 활동집을 만들어보자. 예컨대 교내 과학 동아리를 통해서나 아니면 대학과 연계해 실험할 기회가 생긴다면 아세트아미노펜의 간독성실험이나, 아스피린 합성실험 등 대학에서 진행하는 실험들을 해보는 것도 추천하고 싶다. 아스피린 합성실험은 키트를 구입해 간단히 해볼 수 있다. 먼저 '아스피린 키트'를 구입해 아스피린 합성실험을 한 후 그 작용기전을 알아보는 그룹 프로젝트를 진행해보자. 아스피린이 아니어도 자신의 관심 있는 약을 하나 정해 직접 어떤 성분이 있고 어떤 작용으로 병을 치료하는지 조사하여 보고서를 작성하고 발표하면 된다. 이때도 마지막은 보고서 제출과 프레젠테이션임을 잊지 말자.

그럼 이제 간호학과 전공을 이해하는 데 도움이 되는 교과연계활동을 '통합과학', '과학탐구실험', '과학사', '생활과 과학', '융합과학', '화학', '생명과학', '확률과 통계' 교과서 내용과 탐구활동에서 실마리를 찾아보자.

■ 학생부종합전형 자연계 모집단위 관련 '과학' 교과[5]

모집단위	물리학	화학	생명과학	지구과학
수학과	○	○	○	–
물리학과	○	○	–	–
화학과	–	○	–	–
지구시스템과학과	○	○	○	○
천문우주학과	○	○	○	○
대기과학과	○	○	○	○
화공생명공학부	○	○	–	–
전기전자공학부	○	–	○	
건축공학부	○	○	○	–
도시공학과	○	○	○	○
사회환경시스템공학부	○	○	–	–
기계공학부	○	○	–	–
신소재공학부	○	○	○	
산업공학과	–	○	○	
시스템생물학과	–	○	○	
생화학과	–	○	○	
생명공학과	–	○	○	
컴퓨터과학과	○	–	○	
치의예과	–	○	○	
의예과	–	○	○	–
약학과	○	○	○	–
간호과	–	○	○	–

5   연세대학교 발표 자료 인용

■ 학생부종합전형 준비 가이드

인재상	• 학술이론과 그 실제를 연구하고 가르침으로서 현대사회를 이끌어갈 교양과 창조적 지성을 갖춘 창조적 지식인 • 인간의 건강을 유지·증진하기 위하여, 과학적 연구를 통하여 축적된 지식체를 적용, 대상자의 건강욕구를 충족시킬 수 있는 합리적 간호실무자 • 이타적 인본주의에 근거한 간호철학을 배경으로 봉사정신을 실천하는 인본주의적 봉사자
이런 교과가 중요해요!	• 인문사회계열: 생활과 윤리, 윤리와 사상, 보건 • 자연과학계열: 생명과학(Ⅰ, Ⅱ), 화학(Ⅰ, Ⅱ)
이런 활동이 좋은 평가를 받아요!	• 봉사활동: 교내·외에서 봉사한 경험 및 지역사회 활동 • 동아리 활동 및 대외활동: 동료들과 함께 활동하며 리더십 및 의사소통능력을 키울 수 있고, 간호학 관련 분야에 관한 다양한 생각을 할 수 있는 활동
이런 역량이 필요해요!	• 창의적, 비판적 및 논리적 추론사고능력 • 효율적 의사소통능력 • 과학적, 효율적인 문제해결능력 • 리더십·인간중심적 태도
추천도서	• Nurses, Be you-간호사, 너 자신이 되어라(메디캠퍼스/한화순) • 간호사가 말하는 간호사(부키/권혜림 공저) • 미스트, 나이팅게일(김영사/문광기) • 나는 간호사, 사람입니다(샘앤파커스/김현아) • 도시에서 죽는다는 것(뜨인돌/김형숙)

* '강원대학교 2023 학생부종합전형 안내'에서 발췌

[교과서 탐구생활]

━━━ 산화를 막아라 ━━━

1. 문제 인식

과일이나 채소에 많이 포함된 바이타민 C는 항산화제로 알려져 있다. 항산화제란 다른 물질이 산화되는 것을 막아주는 물질을 말한다. 바이타민 C는 우리 몸속에서 어떻게 항산화제로 작용할 수 있는 것일까?

2. 활동하기

바이타민 C가 항산화제로 작용할 수 있는 원리를 알아보고, 여러 가지 음료 속에 바이타민 C가 얼마나 들어 있는지 검출해보자.

〈준비물〉
- 아이오딘–녹말 용액 ■ 바이타민 C 용액 ■ 여러 가지 음료(녹차, 레몬주스, 탄산음료 등)
- 비커 ■ 시험관 ■ 시험관대 ■ 스포이트 ■ 유리 막대 ■ 보안경 ■ 실험용 고무장갑
- 실험복

❶ 시험관에 아이오딘–녹말 용액을 5mL를 넣자.

❷ 스포이트를 사용하여 과정 ❶의 시험관에 바이타민 C 용액을 한 방울씩 계속 넣으면서 잘 젓고, 색깔 변화를 관찰해보자.

❸ 바이타민 C 용액 대신 여러 가지 음료를 넣으면서 위의 과정을 반복해보자.

3. 정리하기

❶ 아이오딘–녹말 용액의 색이 사라지는 까닭을 조사해보고, 이것으로부터 바이타민 C가 우리 몸속에서 어떤 역할을 하는지 토의해보자.

❷ 깎아놓은 사과의 표면에 바이타민 C 용액을 뿌려놓으면 어떤 효과가 있을지 예상해보고, 그 까닭을 설명해보자.

---

6 미래N에서 펴낸 『통합과학』 교과서에서 발췌

■ 다음은 속이 쓰릴 때 복용하는 제산제를 설명한 것이다.

위액 속에는 산성 물질인 위산이 들어 있는데, 위산의 주성분은 강산인 염산(HCl 수용액)이다. 따라서 위산이 과다하게 분비되면 위벽이 헐어 속 쓰림을 느끼게 된다. 이때 복용하는 것이 제산 제인데, 제산제는 염산과 반응하여 산성의 세기를 줄여준다. 제산제에는 주로 약한 염기성 성분 인 탄산수소나트륨($NaHCO_3$), 수산화 마그네슘($Mg(OH)_2$) 등이 들어 있다.

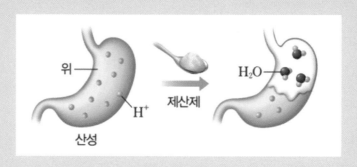

❶ 제산제 성분인 수산화 마그네슘과 염산의 반응을 화학 반응식으로 써보자.

❷ ❶의 화학 반응식을 참고하여 중화 반응이 산화 환원 반응인지 아닌지를 추론해보고, 그 까닭을 설명해보자.

[교과서 탐구생활]

소화제의 효과 확인하기

1. 목표
소화제의 종류에 따른 영양소 분해 정도를 비교하여 소화제에 적용되는 과학 원리를 파악할 수 있다.

2. 준비물
두 종류의 소화제, 아이오딘-아이오딘화 칼륨 용액, 1% 녹말 용액, 5% 수산화나트륨 수용액, 1% 황산구리 수용액, 1% 알부민 용액, 증류수, 시험관, 스포이트, 비커, 온도계, 유리 막대, 막자, 막자사발, 시험관대, 보안경, 면장갑, 실험용 고무장갑, 실험복

3. 실험하기
소화제(소화 효소제)의 종류에 따른 영양소 분해 정도를 알 수 있는 실험을 다음과 같이 해보자.

❶ 두 종류의 소화제를 각각 한 알씩 막자사발에 갈아서 20mL의 증류수에 섞어 소화제 용액 A와 B를 만들자.

❷ 6개의 시험관에 다음과 같이 물질을 넣은 후 색깔 변화를 관찰해보자.

시험관	넣은 물질
1~3	1% 녹말 용액 5mL, 아이오딘-아이오딘화 칼륨 용액 1방울
4~6	1% 알부민 용액 5mL, 뷰렛 용액 1방울

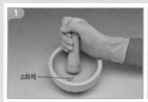
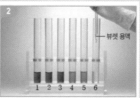

❸ 각각의 시험관에 소화제 용액 A와 B, 증류수를 다음과 같이 넣으려고 한다. 빈칸에 들어갈 알맞은 용액의 양을 쓰자.

(단위: mL)

시험관	1	2	3	4	5	6
소화제 용액 A		0				
소화제 용액 B	0				5	
증류수			5	0		5

❹ 각각의 시험관에 과정 ❸과 같이 용액을 넣은 후 유리 막대로 잘 섞자.

❺ 6개의 시험관을 37℃ 정도의 물이 들어 있는 비커 속에 약 10분 동안 넣어두자.

❻ 각 시험관 속 용액의 색깔 변화를 관찰해보자.

4. 결과 및 정리하기

❶ 과정 ❷와 ❻에서 나타난 각 시험관 속 용액의 색깔 변화를 표에 기록해보자.

시험관		1	2	3	4	5	6
색깔 변화	과정 ❷						
	과정 ❻						

❷ 소화제 용액을 넣은 후 색깔이 변한 시험관과 그 까닭을 서술해보자.

구분	색깔이 변한 시험관	까닭
소화제 용액 A		
소화제 용액 B		

❸ 대조군과 실험군에 해당하는 시험관을 각각 서술해보자.

- 대조군 : _____
- 실험군 : _____

❹ 실험 결과를 근거로 소화제 용액 A와 B에 들어 있는 소화 효소를 각각 서술해보자.

❺ 소화제의 종류에 따라 영양소의 분해 정도는 어떻게 다른지 실험 결과를 근거로 토의하여 정리해보자.

❻ 소화제의 종류에 따라 영양소의 분해 정도를 비교한 실험에서 개선할 점을 서술해보고, 새로운 실험 방법을 제안해보자.

개선할 점	
새로운 실험 방법	

❼ 소화 불량으로 안전 상비 의약품에 속하는 소화제를 먹으려는 친구에게 어떤 소화제를 먹으면 좋을지 조언하는 글을 실험 결과를 근거로 서술해보자.

5. 활동하기

소화제 대신 무나 엿기름을 먹어도 소화 불량 증상을 개선할 수 있다. 무와 엿기름에는 어떤 영양소의 분해를 촉진하는 소화 효소가 들어 있는지 확인하는 실험을 설계해보자.

식물 추출물에 항생 물질이 들어가 있는지 확인하기

1. 목표

탐구 대상 식물에서 추출물을 얻고, 이 추출물에 항생 물질이 들어 있는지 확인할 수 있다.

2. 준비물

탐구 대상 식물, 식빵, 증류수, 에탄올, 전열 기구, 전자저울, 거름종이, 비커, 깔때기, 핀셋, 수조, 페트리 접시, 칼, 초시계, 네임펜, 보안경, 면장갑, 실험용 고무장갑, 실험복

3. 실험하기

❶ 탐구 대상 식물에서 추출물을 얻을 부위(재료)를 각각 5g과 10g씩 준비해두자.

❷ 증류수 50mL가 들어 있는 비커 2개에 재료 5g과 10g을 각각 넣고 같은 시간 동안 가열하여 추출물 A와 B를 얻자.

〈재료의 양을 서로 다르게 하여 추출물 A와 B를 얻는 까닭을 서술해보자〉

❸ 추출물 A와 B를 식힌 후 거름종이로 재료를 걸러내자.

❹ 같은 크기로 자른 식빵 조각 3개를 준비해두자.

❺ 같은 양의 증류수, 추출물 A, 추출물 B가 들어 있는 페트리 접시에 식빵 조각을 각각 5초 동안 담갔다가 꺼내자.

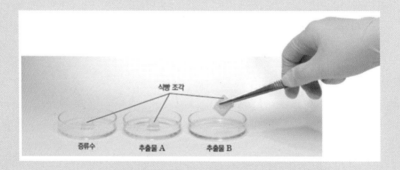

〈식빵 조각을 증류수에 담그는 까닭을 서술해보자〉

❻ 과정 ❺의 식빵 조각 3개를 각각 새로운 페트리 접시에 담아 동일한 곳에 두고 시간이 지날수록 어떤 변화가 일어나는지 관찰해보자.

〈추출물에 항생 물질이 들어 있다면 시간이 지날수록 식빵 조각에서 어떤 차이가 생길지 예상해보자〉

❼ 증류수 대신 유기 용매를 사용하여 과정 ❶～❻에서와 동일하게 실험을 한 번 더 수행해보자.

4. 결과 및 정리하기

❶ 식빵 조각에서 일어난 변화를 쓰고, 사진을 찍어 붙여보자.

❷ 선정한 식물 재료에 천연 항생 물질이 들어 있는가? 그렇게 생각한 까닭을 서술해보자.

❸ 이 실험에서 보완하거나 개선해야 할 사항이 있으면 서술해보자.

❹ 식물 추출물에 항생 물질이 들어 있는지 확인하는 과정에서 연구 윤리와 실험 안전 사항을 어떻게 지켰는지 발표해보자.

디스크 확산법

1. 목표

디스크 확산법을 이용하여 항생 물질로서의 효과를 측정하는 원리를 설명할 수 있다.

2. 자료 해석하기

❶ 어떤 물질이 항생 물질로서 효과가 있는지를 객관적으로 확인하기 위해 디스크 확산법을 이용한다. 디스크 확산법이 무엇이며, 항생 물질의 효과를 어떻게 측정하는지 알아보자.

> 디스크 확산법에서는 고체 배지에 세균 등의 미생물을 골고루 도포한 후, 항생 물질로서의 효과를 측정하고자 하는 시험 물질을 처리한 원형 여과지를 배지 위에 올려놓는다. 그리고 이 배지를 세균 배양기에서 일정 기간 동안 배양한다. 배양하는 동안 여과지에 처리된 시험 물질은 배지 주변으로 확산되며, 만약 시험 물질이 항생 물질로 작용한다면 여과지 주변에는 세균이 자라지 못하는 생장 저해 구역이 형성된다. 확산된 시험 물질의 농도는 여과지에서 멀어질수록 낮아지므로 생장 저해 구역의 지름을 통해 항생 물질로서 효과가 얼마나 큰지 측정할 수 있다.

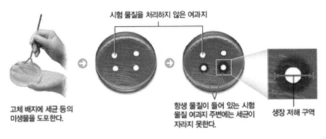

고체 배지에 세균 등의
미생물을 도포한다.

시험 물질을 처리하지 않은 여과지

항생 물질이 들어 있는 시험
물질 여과지 주변에는 세균이
자라지 못한다.

생장 저해 구역

- 효과가 큰 항생 물질일수록 생장 저해 구역의 지름이 클까, 작을까, 혹은 차이가 없을까? 그렇게 생각한 까닭을 서술해보자.

❷ 그림은 디스크 확산법 결과를 나타낸 것이다. 여과지 A~F에는 표와 같이 물질의 종류와 농도를 다르게 처리하였다. (단, 물질 (가)~(라)는 모두 증류수를 이용해 녹였다.)

여과지	A	B	C	D	E	F
처리한 물질	?	(가)	(나)	(다)	(라)	(라)
용액의 농도(%)	?	1	1	1	1	?

- 여과지 A가 대조군이 되려면 물질과 용액을 어떻게 처리해야 할까?

- (가)~(라) 중 항생 물질로서 효과가 가장 큰 것은 무엇일까? 그렇게 생각한 까닭을 서술해보자.

- F에 처리한 (라)의 농도는 1%보다 높은가, 낮은가? 그렇게 생각한 까닭을 서술해보자.

3. 실험 설계하기

탐구 3에서 찾은 식물 추출물에 항생 물질이 들어 있는지 디스크 확산법으로 확인하는 실험을 설계해보자.

준비물	
실험 과정	
예상되는 실험 결과	

[교과서 읽기 자료]

독일의 화학 산업과 제약의 발전

근현대 제약 산업의 발전은 화학의 역사와 궤를 같이한다고 해도 과언이 아닐 만큼 인간의 생명을 구하기 위한 약의 탐색과 제조는 화학연구의 중요한 동력이었다. 인류 문명이 시작된 이래 경험적으로 얻은 지식들을 축적하여 이룩한 민속의학적이고 본초학적인 자료들을 통해 인류는 생약에 대한 효능을 알고 있었다. 그러나 이들에 대한 화학적 인공합성과 대량생산에의 도전은 당시로서는 어려운 과제였고, 같은 효능을 낼 수 있는지에 대해서도 의심스러운 점들이 남아 있는 상태였다. 뵐러의 연구를 통하여 생명체에서의 신비주의가 걷혀나가고 생명체의 부산물인 생약 역시 화학적 구조가 존재하며 이것에 대해서 화학자들에 의한 연구실의 인공합성이 가능하다는 희망을 가지게 되었고, 이것은 바로 신약연구의 동력이 되었다.

유럽에서의 제약 산업에는 두 지류의 뿌리가 있는데 하나는 모르핀이나 퀴닌과 같은 생약을 취급하던 지역 약국들이 확장되어 나간 경우와, 1800년대 후반 독일의 염료 생산자들에 의해 콜타르와 같은 석유 화학을 통해 유기 물질을 정제하는 데 성공하고 유기 합성법을 이용하여 이것으로 공업적 제약을 시작한 경우이다. 물론 기원전 시기부터 인류는 나무껍질이나 식물의 열매를 채집하여 만든 침출액과 같은 생물학적 방식을 통해 병을 치료해왔다. 그러나 대규모 사상자가 발생하는 세계대전을 경험하면서 인근지역에서 채집한 생약만으로는 넘쳐나는 야전병원의 환자들을 감당할 수 없는 안타까움을 느끼게 된다. 뿐만 아니라 14세기 흑사병과 함께 1918년~1919년 사이 전 인류의 6%나 되는 사망자를 낸 스페인 독감과 같은 대규모 감염병을 겪으면서 의약품의 신속한 대량 공급의 필요성을 절감하게 된다. 초기의 신약 개발은 화학적으로 유기 합성되는 방식으로 이루어지기보다는 생체에서 활성물질을 포함한 추출물을 정제하는 방식으로 약품을 개발하였다. 대표적인 예가 1890년대에 부신 호르몬 에피네프린과 관련된 역사이다. 1886년 5월 윌리엄 베이츠가 이 물질의 발견을 보고한 이래 계속 생체 추출물 형태로 이용되고 연구되다가 1904년 독일의 화학자 프리드리히 스톨츠(Friedrich Stolz)가 인공적으로 합성함으로써 비로소 대량생산될 수 있는 약으로서의 길이 열렸다. 이후 에피네프린은 우리가 잘 알고 있는 '아드레날린'이라는 상품명으로 시판되게 된다.

---

8 씨마스에서 펴낸 『과학사』 교과서에서 발췌

아들의 따뜻한 마음이 담긴 약 아스피린

아스피린은 연간 40,000톤 이상이 생산되는 중요한 약이며, 수천 년 전부터 인류역사와 함께 해온 약품이다. 기원전 500년경 히포크라테스가 버드나무 껍질을 달여서 통증의 경감에 사용한 기록이 있고 이 성분이 살리실산(Salicylic acid)임을 후대의 학자들이 알게 된다. 1828년 요한 안드레아스 뷰흐너가 버드나무에서 쓴맛 나는 노란 결정을 찾았고, 버드나무의 라틴어 학명인 Salix의 이름을 따서 살리신(Salicin)이라는 이름을 붙이게 되었다. 1897년 살리신산의 부작용을 경감시키고자 독일의 화학자 펠릭스 호프만(Felix Hoffmann, 1868~1946)이 바이엘 제약회사에 근무하던 중 개발한 것이 우리가 잘 알고 있는 '아스피린'이다. 펠릭스는 살리실산이 특유의 쓴맛과 섭취 시 위장 점막을 손상시키는 것을 막고자 아세틸살리실산을 개발했고 이것이 오늘날의 아스피린이 된다. 펠릭스의 아스피린 개발에는 아버지를 향한 효심이 숨어 있었다. 펠릭스의 아버지는 류머티스 관절염으로 고생을 하고 계셨는데, 진통제로 살리실산을 먹던 아버지는 늘 소화불량으로 고생을 했다. 펠릭스는 아버지의 소화불량이 조팝나무 껍질의 나트륨염 때문임을 알아내고 이것을 대체할 물질의 합성에 성공하게 된 것이다.

화학적 합성을 통한 인슐린의 대량생산

발병기전에 대한 연구는 생물과 의학이 해냈을지 모르지만, 약리적 기전과 생약의 화학성분을 동정하고 이를 복제하여 대량생산한 화학자들의 노력이 없었다면 오늘날 우리가 일상생활에서 만나는 수많은 의약품들은 볼 수 없었을 것이다. 이러한 사례는 현대 화학이 자리를 잡아가던 시기에 많이 나타났는데 당뇨병과 관련된 연구에서도 찾아볼 수 있다.

1800년대 후반부터 1900년대 초반까지 일련의 실험들을 통해서 당뇨병은 췌장이 일상적으로 만드는 물질의 부족 때문에 발병한다는 것이 밝혀졌다. 1869년 오스카 민코스프키(Oscar Minkowski)와 요제프 폰 메링(Joseph von Mering)은 외과 수술을 통해 개의 췌장을 제거하면 당뇨병을 일으킬 수 있다는 것을 발견했다. 1921년 캐나다 교수 프레더릭 밴팅(Frederick Banting)과 그의 학생 찰스 베스트(Charles Best)는 이 연구를 반복했고, 췌장 제거로 나타난 증상은 췌장 추출물의 주사를 통해 반전된다는 것을 발견했다. 그 췌장 추출물이 사람에서도 작용한다는 것이 곧바로 증명되었지만, 일상적인 의료 절차로서 인슐린 요법의 개발은 지연되었다. 충분한 양과 재현할 수 있는 순도를 가진 인슐린을 생산하는 것이 어려웠기 때문이다. 일라이릴리앤컴퍼니(Eli Lilly and Company)의 화학자 조지 왈든(George Walden)은 추출물 pH의 조심스러운 조정을 통해서 상대적으로 순수한 인슐린을 생산할 수 있다는 것을 발견했다. 이때 인슐린 정제 및 합성에 대해 알게 된 다양한 나라의 과학자들과 기업들은 비독점적 인슐린 생산에 합의하게 되고, 오늘날과 같은 인슐린의 대량생산에 첫발을 내딛게 된다. 인슐린 요법이 개발되고 널리 퍼지기 이전에는 당뇨병 환자의 기대수명은 단지 몇 개월이었다는 측면에서 화학연구를 통한 약물의 대량생산이 주는 효과는 엄청나다.

▰▰▰ 항생제들의 조상님 페니실린이 우리 곁에 오기까지 ▰▰▰

1928년 알렉산더 플레밍(Alexander Fleming)은 페니실린(penicillin)의 항 박테리아 작용을 발견했지만, 사람 질병의 치료를 위한 개발은 페니실린의 대량생산과 정제 방법을 개발할 때까지 기다려야 했다. 이 방법들은 미국과 영국 정부 주도로 의약품 회사들의 협력단에 의해 2차 대전 중에 개발되었다. 특히 이 과정에서 워터 플로리와 언스트 체인의 물질분리와 화학적 합성이 없었다면 제2차 세계대전에서 수많은 병사들은 항생제의 도움을 받을 수 없었을 것이다. 이러한 공로를 인정받아 이들은 1945년에 노벨 생리-의학상을 공동수상하게 된다.

그러나 우리가 플레밍이 페니실린을 단독 발견하고 개발한 것으로 잘못 알게 된 것은 전기작가들이 허구로 만들어낸 내용들 때문이다. 플레밍은 페니실린을 '발견'한 것이고 사실상 페니실린계 항생제를 만들어 사람들을 구한 것은 플로리와 체인이 있었기 때문이다. 덧붙여 제2차 세계대전에서 처칠이 페니실린 덕분에 목숨을 구한 일화 역시 사실이 아니며, 실제로는 설폰아미드 계열의 다른 항생제였다.

이와 같이 화학자들의 끝없는 연구를 통해 인류를 질병에서 구할 약물들을 대량생산할 수 있게 되고, 오늘날까지도 신약 개발은 화학연구의 중요한 축을 이루고 있다.

▰▰▰ 4차 산업혁명과 신약 개발 ▰▰▰

과거 신약의 발견은 페니실린과 같은 우연한 발견(serendipity), 전염병에 의한 무작위 검사(random screening), 천연물로부터 추출(extraction from natural resources), 기존 약물의 변형(molecular modification) 등에 의존했지만 현대의 신약개발은 합리적 설계(rational drug design)를 기반으로 하고 있다. 신약개발에는 최소 10~15년의 시간이 소요되며, 비용만도 5억 달러 이상이 든다.

최근에는 컴퓨터의 데이터베이스를 이용한 인 실리코(in silico) 접근을 통해 신약 개발을 하기도 한다. 이 과정에서 AI(인공지능)를 활용하여 기존의 신약개발 방식이 혁신되고 있다. 기존 신약개발에는 막대한 비용과 시간이 필요했다. 대략 5,000~1만 개의 신약 후보 물질을 탐색하면 10~250개 물질이 세포나 동물을 이용한 비임상시험 단계에 진입하고, 여기서 10개 미만의 물질이 실제 사람에게 투여하는 임상 시험에 돌입해 3단계에 걸친 시험을 거쳐 하나의 신약이 탄생하게 된다. 이 과정에 걸리는 시간만 평균 10~15년에 달하고, 1조 원이 넘는 자금이 투입된다.

신약 개발에 AI를 적용하면 기존 과정에 투입되던 시간과 비용을 크게 줄일 수 있을 것으로 기대된다. 기존 2~3년이 걸리던 신약 후보 탐색 기간을 대폭 단축할 수 있고, 부작용 우려가 있는 후보 물질을 걸러 신약 개발 성공률을 높일 수 있다. 또 고액의 약품과 효과가 같은 저렴한 물질을 찾거나 기존에 신약으로 개발에 실패한 물질에서 새로운 효능을 찾아내는 일도 가능하다.

[교과서 탐구생활]

1. 정리하기

현대 화학이 새로운 소재의 개발에 나설 수 있게 된 것은 어떤 생각과 연구 결과물들이 뒷받침되었기 때문인지 한두 줄로 정리해보자.

2. 확인하기

항생제 페니실린이 전장(戰場)에 공급되고 세계대전의 부상자들을 사선에서 구할 수 있었던 결정적 이유는 무엇인가?

3. 생각 넓히기

오래전에 미국화학회(ACS) 회장인 브레슬로 교수는 이 세상에 존재하는 분자 중에 화학 물질이 아닌 것을 찾아서 가져오면 상금을 주겠다는 광고를 냈고, 이에 많은 사람들이 열광적으로 응모했다. 결과는 어떻게 되었는지 알아보자. 그리고 화학 물질을 쓰지 않고 하루를 살기가 가능한지 시험해보자.

[교과서 읽기 자료]

질병은 왜 걸리는 것일까?

파스퇴르는 1861년에 미생물이 배양 배지에서 저절로 생기는 것이 아니라 기존에 존재하던 미생물의 번식으로 생긴다는 것을 증명하기 위해 백조의 목처럼 가늘고 길게 구부러진 관을 단 플라스크를 사용했다. 공기는 플라스크에 들어갈 수 있으나 먼지 입자는 플라스크의 아랫부분까지 도달할 수 없었다.

파스퇴르는 이미 존재하고 있던 모든 미생물이 죽도록 플라스크와 그 안에 든 액체를 충분히 가열한 후 배양이 일어나도록 플라스크를 방치했다. 그러나 플라스크 안에는 미생물의 성장이 나타나지 않았다. 이어 파스퇴르는 플라스크를 기울여 멸균된 고기 스프가 플라스크의 구부러진 부분에 닿게 했다. 그러자 미생물의 성장이 곧 일어났다. 이를 통해 파스퇴르는 아무리 작은 미생물이라도 저절로 생겨나지 않는다는 사실을 증명했다.

1873년 당시 양계장에서 콜레라가 유행하여 닭 90%가 죽는 바람에 농민들은 파산 위기에 놓였다. 파스퇴르는 병에 걸린 수평아리의 피에서 닭 콜레라균을 채취하여 인공적으로 배양함으로써 병의 원인을 밝혀냈다. 파스퇴르는 콜레라균을 금방 채취한 것을 사용하지 않고 오래된 것을 닭에게 감염시켰는데 증상이 나타나는 듯하다 원래대로 정상적인 상태가 되었다. 이를 통해 파스퇴르는 제너의 종두법의 원리가 다른 상황에서도 적용된다는 것을 확인하게 됐다.

---

9   대구광역시 교육청이 펴낸 『생활과 과학』 교과서에서 발췌

전염병의 원인은 무엇일까?

1900년대 초까지만 해도 선진국의 평균 수명은 40세 정도에 불과했다. 당시에는 전염병으로 많은 사람이 죽었고 그에 대한 원인도 잘 몰라 적절한 대처를 하지 못했다. 코흐(Robert Koch, 1843~1910)는 질병의 원인이 세균이라는 것을 밝혀내고 많은 병원균을 분리해냈다. 코흐의 첫 연구 주제는 탄저병이었다. 당시 유럽의 여러 지역에서는 탄저병이 크게 유행하여 양과 소는 물론 사람도 죽는 경우가 발생했다. 코흐는 탄저병에 걸린 동물의 혈액을 쥐에게 주사했는데, 쥐는 다음 날 죽었다. 죽은 쥐의 혈액을 현미경으로 관찰했더니 세균이 다수 발견되었다. 이어서 세균을 직접 배양하여 그것을 다른 동물에 주입했더니 탄저병이 발생했다.

두 번째 동물에서 채취한 혈액을 세 번째 동물에 주입해도 역시 탄저병이 발생하였다. 결국 코흐는 몇 백 번에 걸친 실험 끝에 탄저병의 원인이 특정한 세균이라는 점을 밝혀냈다. 이러한 연구 결과를 통해 1876년 코흐는 현재 세균학의 기초적인 원리가 되는 '코흐의 공리'를 확립했다. 특정한 세균이 질병을 일으킨다는 사실을 증명하기 위해서는 4가지 단계가 필요하다는 것이다. 즉, 병든 동물의 조직에서 모두 같은 균이 인정될 것, 의심이 되는 균을 분리하고 순수 배양하는 것이 가능할 것, 균을 건강한 동물에 주사하면 같은 증상을 일으킬 수 있을 것, 병에 걸린 동물에서 같은 균을 분리할 수 있을 것이다.

코흐의 공리는 많은 의학 연구자에게 훌륭한 지침이 되었다. 탄저균은 탄저병만 일으킬 뿐 다른 병을 일으키지 않는다. 이와 마찬가지로 전염병에도 각기 다른 원인이 되는 세균이 있을 것으로 생각할 수 있었다. 이에 따라 다양한 병원균이 발견되었고 코흐 이론의 가치와 코흐의 재능이 인정받기 시작했다. 이후에 코흐는 디프테리아균, 파상풍균, 폐렴균, 뇌척수막염균, 이질균, 결핵균, 콜레라균 등을 발견했다.

1. 천연두는 어떻게 예방할 수 있을까?

① 18세기 말 영국의 제너 : 소의 천연두인 <u>우두</u>의 부스럼에서 액체를 채취하여 핍스의 오른팔에 접종함.
  → 핍스는 <u>천연두</u> 증세가 전혀 나타나지 않았음. → 핍스의 몸에는 천연두에 대한 <u>면역</u>이 생김.

소젖을 짜는 사라 넬메스는 우두에 감염됨.

넬메스의 우두 고름을 핍스에게 주사함.

핍스는 우두를 약하게 앓음.

천연두 환자로부터 부스럼을 수집함.

핍스에게 천연두의 부스럼을 주사함.

핍스는 감염되지 않음.

〈우두 접종 과정〉

② 종두법 : 우두를 사람의 피부에 접종하여 천연두에 면역이 생기게 하는 방법.
  → 1807년 독일의 바이에른 주가 세계 최초로 의무화.
  → 1879년 우리나라 지석영이 종두법을 처음으로 실시함.

③ 병원성 미생물 침입에 대한 인간의 면역 반응.
  • 선천성 면역 : 태어나면서 가지고 있는 면역. 신속히 감염을 막음. 기억 작용 없음.
  • 후천성 면역 : 항원 1차 침입 시 감염체에 대한 항체 만들 때까지 반응 더딤.
              항원 2차 침입 시 기억 작용으로 같은 항원 감염 시 빠르게 반응.

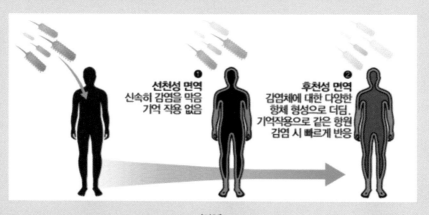

〈면역〉

〈 2차 면역과 백신 〉
백신은 약화된 병원체를 이용하는 것.
이렇게 약화된 병원체를 예방 주사로 접종하면 체내에 기억 세포가 형성되어 동일 항원이 재침입
하였을 때 신속하게 2차 면역 반응이 일어나 병에 걸리지 않음.

2. 질병은 왜 걸리는 것일까?
1) 파스퇴르 : 의사보다 더 많은 사람을 살린 과학자.
① 백조목 플라스크 실험 : 당시 사람들은 '생물은 축축한 진흙에 햇빛이 비칠 때 우연히 발생한
   다'고 믿고 있었는데 파스퇴르는 백조목 플라스크 실험을 통해 이를 반박함.

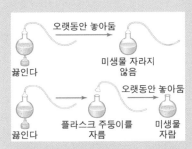

〈파스퇴르의 백조목 플라스크 실험〉

- 고대 과학자들이 믿어온 학설
  : 비생물적 요소에서 저절로 생물이 발생한다.
- 파스퇴르의 주장
  : 미생물은 기존의 미생물의 번식으로 생긴다.
- 미생물 실험의 조작변인(다르게 해주는 실험조건)
  : 한 플라스크는 공기의 먼지입자(고기 수프)와
  접촉시킨다.
- 실험 결과
  : 끓인 플라스크─미생물X, 공기와 반응─미생물 생김
- 파스퇴르가 증명해낸 사실
  : 미생물은 저절로 생겨나지 않는다.

② 파스퇴르의 닭 콜레라 연구
- 콜레라에 걸린 수평아리의 피에서 콜레라균을 채취. → 인공적으로 배양.
- 오래된 콜레라균. → 닭에게 감염. → 증상이 나타나다 정상적 상태가 됨.
- 제너의 종두법이 다른 상황에서도 적용된다는 것을 확인함.

③ 탄저병 백신 발견 : 프랑스에서 탄저병으로 많은 양과 소가 떼죽음을 당하자 파스퇴르는 탄저병의 원인이 되는 세균을 분류하고 예방 백신을 개발함.
- 탄저병의 원인이 되는 세균 분류 → 탄저병 예방할 수 있는 백신을 개발.
- 백신을 투여한 동물은 건강하게 살아남았으나, 그렇지 않은 동물은 죽었음.

〈파스퇴르의 탄저병 백신 접종〉

〈탄저병 실험〉

3. 전염병의 원인은 무엇일까?
① 코흐(1843~1910) → 질병의 원인이 세균이라는 것을 밝혀내고 많은 병원균을 분리함.
② 코흐의 탄저병 연구
- 탄저병에 걸린 동물의 혈액을 쥐에게 주사 → 쥐 죽음. 죽은 쥐에게 다수의 세균 발견.
  세균을 배양하여 다른 동물에게 주입했더니 → 탄저병 발생.

- 두 번째 동물에서 채취한 혈액을 세 번째 동물에게 주입 → 탄저병 발생.
- 탄저병의 원인: <u>특정한 세균</u>
- 세균학의 기초적인 원리 '코흐의 원리' 4단계

1) 병든 동물의 조직에서 모두 같은 균이 인정될 것

2) 의심이 되는 균을 분리하고 순수 배양하는 것이 가능할 것

3) 균을 건강한 동물에 주사하면 같은 증상을 일으킬 수 있는 것

4) 병에 걸린 동물에서 같은 균을 분리할 수 있을 것

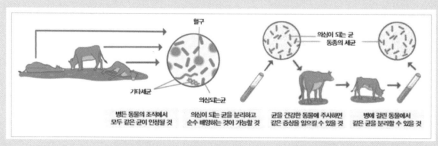

〈코흐의 공리〉

③ 각 전염병에는 각기 다른 원인이 되는 <u>세균</u>이 있을 것으로 생각할 수 있었음.
  - 디프테리아균, 파상풍균, <u>폐렴균</u>, 뇌척수막염균, 이질균, <u>결핵균</u>, 콜레라균 등 발견.

4. 질병 퇴치를 위해 자신을 실험 대상으로 한 사람들은?

① 1980년대까지 과학자들은 위산 때문에 위에서는 박테리아가 살 수 없다고 생각함.
  배리 마샬 → 배양 중인 헬리코박터균을 직접 마셔서 헬리코박터균이 <u>위장병</u>의 주원인임을
  증명함.
    → <u>항생제</u>로 치료가 가능함을 증명함.
② 월터 리드 → <u>모기</u>가 황열병을 옮긴다는 사실을 발견: 동료들과 군인들에게 인체 실험을 함.
③ 아우구스토 오도네 → '유전성 희귀 신경 질병 부신백질이영양증'에 걸린 아들을 위해 의학·
  과학 공부에 매진하여 올리브 오일 등에서 추출한 성분으로 '<u>로렌조 오일</u>'을 만들어 아들 로렌
  조는 30세까지 살 수 있었음.

[교과서 탐구활동]

백신의 역사

- **다음을 읽고 물음에 답하시오.**

메리 몬태규는 아름다운 여성이었다. 이 여성은 1715년 천연두에 걸렸다가 나았지만 그 흉터가 겉에 남아 있었다. 메리가 1717년 터키에서 살고 있을 때 그녀는 그곳에서 흔히 사용하는 종두법을 목격하게 되었다. 이 치료법은 젊고 건강한 사람에게 경미한 천연두균을 피부를 긁어 주입시켜, 병을 앓게 하는 과정을 포함하고 있었다. 그러나 대부분 경우에 가볍게 병을 앓았다. 메리는 이러한 종두법의 안전성을 확신하였으므로 자신의 아들과 딸에게 접종받도록 하였다.

❶ 사람들이 백신 접종을 받을 수 있는 질병이 무엇인지 제시해보자.

❷ 메리의 종두법은 어떤 치료의 원리를 이용한 것인지 설명해보시오.

전염병의 예방과 위생

❶ 파스퇴르의 백조목 실험은 무엇을 증명하기 위한 것이었나?

❷ 코흐의 공리를 설명해보시오.

❸ 질병 치료를 연구할 때 인체 실험을 해야 하는 이유는 무엇인가?

[교과서 읽기 자료]

항생제에 대한 내성은 어떻게 생기는 것일까?

파스퇴르와 코흐의 연구 덕분에 20세기에 들어와서는 감염성 질병이 종말을 고하는 것처럼 보였다. 그러나 감염성 질병이 줄어들면서 많은 나라의 정부에서는 공중 보건 기금을 삭감하면서 백신 접종을 하지 않는 일이 생겼다.

20세기 중반에 사라졌던 박테리아성 질병들이 다시 발생했을 뿐만 아니라 항생제에 대한 박테리아의 저항성이 더 높아졌다. 과학자들은 내성을 보이는 박테리아를 제거하기 위해 새로운 항생 물질을 약 8,000가지 정도를 찾아냈다. 그러나 모든 경우에 박테리아는 그에 대한 내성을 가지게 되었다. 이러한 각종 항생제에 대한 내성을 지닌 세균들이 등장했기 때문에 슈퍼박테리아가 발생하게 되었다.

항생 물질은 미생물을 전부 죽이는 것이 아니라 저항성이 약한 것만 죽인다. 즉, 저항성 있는 소수가 살아남을 수 있다. 이들이 번식하여 세력을 키우게 되면 기존에 쓰던 항생 물질은 영향력이 없어진다. 페니실린을 사용한 후 3년이 지난 1946년에 포도상구균 박테리아가 내성을 보이기 시작했다.

다양한 감염증을 치료하기 위한 약물을 세계적으로 대량 공급함으로써 내성이 증가한 것이다. 1952년에는 모든 포도상구균의 60%가 페니실린에 대한 내성을 나타냈다. 현재는 95%에 달한다. 메티실린은 페니실린에 내성을 나타내는 박테리아에 대한 감염증을 치료하기 위해 1960년대에 사용되었다. 다음 해에 곧 메티실린에 대한 저항성 있는 박테리아가 발견되었다.

[교과서 탐구활동]

페니실린과 세균

1952년 러더버그는 대장균을 이용하여 다음과 같은 실험을 하였다.

가. 페니실린이 없는 배지에 대장균을 배양하여 콜로니를 얻었다.

나. 배지를 멸균한 천 조각을 덮은 용기 위에 그 배지를 뒤집어 덮어 대장균의 콜로니가 천 조각에 붙게 하였다.

다. 이것을 페니실린이 든 배지로 덮어서 대장균이 새 배지에 옮겨지게 하였다.

라. 항온기 속에서 2~3일간 배양한 배지에는 대부분의 대장균이 죽었으나 맨 오른쪽 배지와 같이 살아 번식하는 대장균도 있었다.

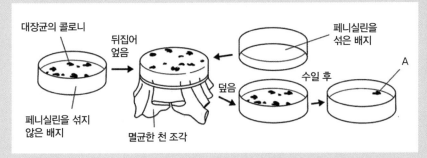

❶ 기존의 대장균 콜로니들과 A 대장균의 차이점은 무엇인가?

❷ 페니실린과 같은 항생제를 많이 사용하면 어떤 결과가 나타날지 토의해보자.

❸ 항생제를 비롯한 약물의 오남용 사례를 조사하고, 그것이 건강에 미치는 영향이 무엇인지 조사해 발표해보자.

〈생각 넓히기〉

페니실린 이외에 현재 판매되고 있는 항생제의 종류에는 어떤 것이 있는지 조사해보자.

[교과서 탐구활동]

탄소화합물 의약품

우리 몸은 탄소 화합물로 이루어져 있으며, 우리가 먹는 음식도 탄소 화합물이다. 또, 우리 주위에는 탄소 화합물로 이루어진 물질이 많다. 탄소 화합물이란 무엇일까? 탄소 화합물은 탄소(C) 원자가 수소(H), 산소(O), 질소(N), 황(S), 할로젠(F, Cl, Br, I) 등의 원자와 결합하여 만들어진 화합물이다. C 원자는 최대 4개의 다른 원자와 공유 결합을 하는데, 다른 C 원자뿐만 아니라 H, O, N 등의 원자와도 결합을 하므로 무수히 많은 종류의 탄소 화합물을 만들 수 있다. 현재까지 알려진 탄소 화합물의 종류는 수천만 가지에 이르며, 매년 수만 가지의 새로운 탄소 화합물이 발견되거나 합성된다.

19세기 중반 45세에 불과하던 인간의 평균 수명은 오늘날 대부분의 선진국에서 80세를 넘어서고 있다. 이와 같이 인간의 수명이 연장된 데에도 탄소 화합물이 크게 기여하였다. 질병을 치료하거나 예방하는 데 사용하는 의약품들이 대부분 탄소 화합물이기 때문이다.

전 세계에서 가장 많이 팔린 의약품인 아스피린은 독일의 과학자 호프만(Hoffmann, F., 1868~1946)이 처음으로 합성하였다. 호프만은 버드나무 껍질에서 분리한 살리실산으로 아세틸살리실산이라는 탄소 화합물을 합성하였는데, 이것이 바로 해열제나 진통제로 사용하는 아스피린이다. 아스피린 이외에도 백신, 항생제, 항암제 등 질병으로 인한 인간의 고통을 덜어주는 데 큰 역할을 하는 다양한 의약품들은 대부분 탄소 화합물이다. 플라스틱과 의약품 이외에도 우리가 자주 사용하는 섬유, 비누, 합성 세제, 화장품 등이 모두 탄소 화합물로 이루어져 있다. 이와 같이 탄소 화합물은 일상생활에서 유용하게 사용될 뿐만 아니라, 우리의 생명을 유지하고 삶을 건강하며 풍요롭게 하는 데 이용된다.

---

10 비상에서 펴낸 『화학Ⅰ』 교과서에서 발췌

[교과서 탐구활동]

아스피린 합성 실험 [1]

1. 목표
아스피린 합성 과정을 설명할 수 있고, 살리실산의 에스테르화 반응 생성물을 관찰하고 아스피린의 순도를 측정할 수 있으며, 에스테르화 반응을 이용한 다른 유용한 화합물의 합성에 관심을 가질 수 있다.

2. 과정 및 방법
가. 살리실산 2.0g을 바이알 병에 넣고, 아세트산 무수물 5mL를 가한다.

나. 여기에 인산 5방울 정도를 넣은 후, 100℃의 물 중탕에서 10분간 가열한다.

다. 반응 용기를 실온에서 식을 때까지 방치한다. 이때 아스피린의 결정이 석출된다.

라. 침전이 생기기 시작하면 반응 용기를 얼음물에 넣어 아스피린이 모두 석출되게 한다.

마. 20~30mL의 얼음물을 반응 용기에 넣고 잘 저은 후, 다시 얼음물에 넣어 침전이 완전히 생기게 한다.

바. 거름종이로 아스피린을 걸러내고 소량의 얼음물로 아스피린 결정을 씻는다.

사. 걸러낸 결정을 여러 겹의 거름종이로 싸서, 꼭 눌러 물기가 빠지게 한다.

아. 결정을 공기 중에서 건조하거나 전기 건조기 속에서 건조한 후, 무게를 달아 수득률[11]을 계산하고 녹는점을 측정한다.

자. 건조한 결정, 시판용 아스피린, 살리실산을 각각 시험관에 약간씩 넣은 후 약 3mL의 물을 가하여 녹인 다음, 1% $FeCl_3$ 수용액을 몇 방울 떨어뜨리고 흔들면서 색깔의 변화를 관찰한다.

3. 결과 및 해석
가. 아스피린 합성의 화학 반응식은?

나. 인산의 역할은?

다. 아세트산 대신 아세트산 무수물을 사용하는 이유는?

라. 반응을 진행시키기 위하여 가열하는 이유는?

마. 결정이 잘 생기도록 얼음물에 담그는 이유는?

바. 아스피린은 $FeCl_3$ 수용액과 반응하는가? 그 이유는?

〈생각 넓히기〉
현재 판매하고 있는 해열제의 성분과 효능을 조사해보자.

---

11 화학 반응을 통해 실제로 얻는 생성물의 양과 화학 반응식에 따른 이론상의 양에 대한 비율

아스피린 합성 실험 [2]

1. 목표

아스피린은 오늘날 세계적으로 많이 팔리는 약품 중의 하나이다. 살리실산과 아세트산 무수물로 아스피린을 합성해보자.

2. 과정 및 방법

❶ 비커에 살리실산 2.0g, 아세트산 무수물 4mL, 진한 황산 0.5mL를 넣고 용액이 들어 있는 비커를 80도 정도의 물에 약 10분간 담가둔다.

❷ 과정 ❶의 비커에 증류수 10mL를 약 5분간 조금씩 넣으면서 섞는다.

❸ 얼음물이 들어 있는 비커에 과정 ❷의 비커를 담가 냉각한 후 찬 증류수 20~30mL를 천천히 넣어준다.

❹ 침전이 충분히 생기면 깔때기를 이용하여 거름종이로 거른다.

❺ 거름종이 위의 고체를 소량의 찬물을 흘려 씻어준 다음 건조한다.

❻ 거름종이 위의 건조된 고체의 질량을 측정한다.

살리실산
아세트산 무수물
진한 황산   80 ℃ 물   증류수   얼음물

3. 결과 및 해석

❶ 과정 ❸에서 비커를 얼음물에 담그는 이유를 설명해보자.
❷ 건조된 고체의 무게로부터 수득률을 계산해보자.

〈생각 넓히기〉

아세트산 무수물 대신 아세트산을 사용할 경우 아스피린의 수득율은 어떻게 될지 예상해보자.

[교과서 읽기 자료]

신약 개발 연구원[12]

1. 어떤 일을 할까?
신약 개발 연구원은 특정 질병의 치료에 효과가 나타나는 물질을 찾고, 이러한 물질을 합성할 수 있는 방법을 설계한다. 또한 합성한 화합물에서 우수한 약효가 나타나면 동물 실험을 진행하며, 이 과정을 거치면 임상 실험을 진행하여 인체에 미치는 효과와 부작용 등을 연구한다.

2. 어떻게 준비할까?
신약 개발 연구원이 되려면 물질의 성질을 이해하고, 물질을 합성하거나 분해할 수 있는 화학의 전문적인 지식, 인체의 반응을 다루는 생명 과학에 대한 지식이 있어야 한다. 따라서 화학, 생명 공학, 화학공학 등의 이해와 이를 응용할 수 있는 능력이 필요하다. 또한 새로운 약품을 개발하는 일을 하므로 탐구 정신과 호기심, 오랜 시간의 실험과 분석을 견딜 수 있는 인내심과 세밀함을 지녀야 한다. 신약 개발과 관련된 분야의 전문 지식을 갖추면 제약 회사에서 새로운 약품을 연구하고 개발하는 일을 할 수 있다.

---

12 비상에서 펴낸 『화학II』 교과서에서 발췌

[교과서 탐구활동][13]

생체 내 완충 용액의 역할 조사하기

1. 문제 인식

생체 내에서 완충 용액은 어떤 역할을 하고 있을까?

2. 자료 수집과 논의

❶ 모둠을 구성하고, 생체 내 완충 용액의 종류와 역할을 조사해보자.

기관	완충 용액	역할
입	침	음식을 먹으면 화학 반응으로 입안에 산이 생성되며, 이 산은 치아의 에나멜을 녹여 충치를 유발한다. 그러나 입안의 침에 들어 있는 탄산계(H_2CO_3/HCO_3^-), 인산계(H_2PO_4-/HPO_4^{2-}) 등이 주요하게 완충 작용을 하여 충치 발생을 억제한다.
폐	혈액	운동이나 다른 요인 등에 의해 혈액의 pH가 정상 범위에서 약간만 벗어나도 세포막의 안정도, 단백질의 구조, 효소의 활성도 등에 매우 심각한 영향을 미친다. 그러나 혈액 속 탄산계(H_2CO_3/HCO_3^-), 인산계($H_3PO_4^-/H_2PO_4^{2-}$), 단백질계 등이 완충 작용을 하여 pH 값을 일정하게 유지한다.
신장	혈액	신장을 소변으로 H+을 배설하고 혈액에서 재흡수할 수 있도록 HCO_3^- 농도를 조절하여 혈장 pH를 조절하며, 인산계와 암모니아계 등이 완충 작용을 한다.

❷ 모둠별로 조사한 내용을 발표해보자.

---

13 비상에서 펴낸 『화학II』 교과서에서 발췌

3. 결과 정리

다른 모둠의 발표를 듣고 생체 내 완충 용액의 역할을 정리해보자.

우리 몸은 크게 다음과 같은 세 가지 완충 작용을 통해서 몸의 균형을 유지하고 있다.

❶ 혈액 완충 체계: 세포 외액(조직액, 혈장, 척수액, 안액, 장액 등)의 H^+ 농도 변화에 대해 가장 먼저 일어나는 반응으로 즉각적으로 신체를 보호하는 역할을 한다.

  ① 탄산 완충 체계: 세포 외액 내 가장 중요한 완충계로 세포 외액 내 90%의 H^+을 완충한다.

  ② 인 완충 체계: 세포 내에 많으므로 세포 내액의 주요 완충계로 작용한다. 특히 신세뇨관 세포에서 중요하게 기능을 하며, H^+이 인산염(Na_2HPO_4)과 결합되어 소변으로 배설된다.

  ③ 단백질 완충 체계: 체액의 화학적 완충 작용의 3/4을 세포 내 단백질이 담당한다. 대부분의 단백질 완충 작용은 세포 내에서 이루어지고 세포 외액의 완충 작용에도 도움을 준다.

❷ 폐 완충 체계: 호흡에 의한 완충 작용을 하는데, $H_2CO_3(CO_2)$ 농도에 의해 pH를 조절한다.

  ① pH가 감소하면 호흡수와 깊이가 증가하여 폐를 통해 CO_2가 다량 배출된다. 이에 따라 CO_2가 적어지면 H_2CO_3 생성이 감소하여 pH가 증가하게 된다.

  ② pH가 증가하면 호흡 중추가 억제되어 CO_2가 증가하므로 H_2CO_3 생성이 증가하고 pH가 감소하게 된다.

❸ 신장 완충 체계: 신세뇨관에서 H^+의 분비를 변화시켜서 혈장 내의 HCO_3^- 농도를 조절하며 휘발성인 인산, 황산, 젖산, 케톤산 등의 산성 물질을 소변으로 배설하여 pH를 조절한다. 이 때 인산계와 암모니아계가 완충 작용을 한다.

생체 내의 완충 작용은 매우 중요하다. 예를 들어 이산화탄소($CO2$)가 혈액에 녹으면서 생성된 탄산(H_2CO_3)과 탄산수소 이온(HCO_3^-)은 혈액 내에서 평형을 이루면서 완충 작용을 한다.

$$H_2CO_3(aq) + H_2O(l) \Leftrightarrow HCO_3^-(aq) + H_3O+(aq)$$

심한 운동으로 우리 몸에 젖산이 생성되면 혈액에 H^+이 늘어나지만 HCO_3^-이 H^+과 반응하여 H_2CO_3을 생성하므로 혈액의 pH는 거의 일정하게 유지된다. 또한 혈액에 OH^-이 늘어나면 H_2CO_3과 중화 반응을 하여 혈액의 pH는 거의 일정하게 유지된다.

<생각 넓히기>

아세트산(CH_2COOH)과 아세트산 나트륨(CH_2COONa)이 녹아 있는 완충 용액에 소량의 염산($HCl(aq)$)을 첨가할 때 완충 작용을 일으키는 주된 화학 반응식을 써보자.

$$CH_3COO^-(aq) + H^+(aq) \rightarrow CH_3COOH(aq)$$

<생각 넓히기>

우리 몸의 혈액은 pH 7.3~7.4를 유지한다. 혈액이 이 pH 범위를 벗어날 경우 어떤 일이 일어날 수 있는지 조사해보자.

▶ pH가 정상 범위보다 작아지는 것을 산성 혈증, 커지는 것을 염기성 혈증이라고 한다. 산성 혈증은 피로, 구역질, 구토 같은 증상이 나타나며, 급성 산성 혈증은 호흡수가 빨라지고 두통을 일으키며, 발작, 혼수, 심지어는 사망까지 초래할 수 있다. 염기성 혈증 증상은 종종 칼륨 손실과 관련이 있으며 증상으로는 과민성, 쇠약, 경련 등이 있다.

[교과서 읽기 자료]

면역 반응과 백신

항원이 우리 몸에 처음 침입하면 B 림프구가 활성화되어 형질 세포와 기억 세포로 분화하고 형질 세포가 항체를 생성하는데, 이를 1차 면역 반응이라고 한다. 1차 면역 반응은 항원의 종류를 인식하고 B 림프구가 활성화되어 항체가 생성되기까지 시간이 걸린다. 1차 면역 반응 후 체내에서 항원이 사라진 뒤에도 그 항원에 대한 기억 세포는 남는다. 이후 동일한 항원이 다시 침입하면 기억 세포가 빠르게 증식하고 분화하여 만들어진 형질 세포가 많은 항체를 생성하는 것을 2차 면역 반응이라고 한다.

2차 면역 반응은 1차 면역 반응보다 빠르게 많은 양의 항체를 생성하여 항원을 효과적으로 제거한다. 예방 접종은 우리 몸의 면역 반응을 이용하여 인위적으로 1차 면역 반응을 일으켜 기억 세포를 형성하게 한다. 그 후 병원체가 체내에 침입하면 2차 면역 반응이 일어나 많은 양의 항체가 효과적으로 병원체를 제거함으로써 질병을 예방한다. 이때 1차 면역 반응을 일으키기 위해 체내에 주입하는 항원을 포함하는 물질을 '백신'이라고 한다. 백신으로는 병원성을 제거하거나 약하게 한 병원체 등이 사용된다. 사람들은 한 번 걸렸던 병에 다시 걸리지 않는 것은 한번 생긴 항체가 그대로 남아 있기 때문이라고 잘못 알고 있는 경우가 있다. 일단 병원체가 제거되면 항체와 형질 세포는 점차 줄어들지만, 기억 세포가 남아 병원체의 재침입 시 형질 세포로 분화하여 항체를 생산한다.

〈독감 백신의 제조 방법〉

❶ 다양한 독감 바이러스를 수집하여 유정란에 넣고 배양한다.
❷ 증식된 바이러스를 모아 농축하고 정제한다.
❸ 바이러스의 단백질 껍질을 분쇄한 후 특이 항원만 순수 분리하여 백신으로 사용한다.

---

14 비상에서 펴낸 『생명과학Ⅰ』 교과서에서 발췌

백신을 이용한 질병의 예방

1. 문제 인식

인류는 백신을 이용하여 많은 질병을 극복하였다. 그러나 감기나 말라리아, 후천성 면역 결핍증(AIDS) 같은 질병에 대한 백신은 여전히 개발하지 못하고 있다. 백신으로 예방할 수 있는 질병과 예방하기 힘든 질병에는 어떤 것이 있으며, 그 차이는 무엇일까?

2. 탐구 과정

가. 백신의 종류와 제조 방법을 모둠별로 조사해보자.
- 생백신과 사백신으로 구분된다. 생백신에는 홍역 백신, BCG 백신이 있고, 사백신에는 독감 백신, A형 간염 백신, B형 간염 백신, 파상풍 백신이 있다.

나. 백신으로 예방하는 질병과 백신으로 예방하기 힘든 질병을 조사해보자.
- 체내에서 정상적인 면역 반응을 유발하는 대부분의 병원체는 백신으로 예방이 가능하다. 그러나 감기처럼 병원체가 다양하거나, 독감처럼 병원체의 항원 부위의 변이가 빠르게 일어나거나, 후천성 면역 결핍증(AIDS)처럼 병원체가 우리 몸의 면역계에 침투하거나, 발병 기작이 완전히 연구되지 않은 질병은 백신으로 예방하기 힘들다.

다. 백신으로 예방하기 힘든 질병은 어떤 특성 때문에 백신의 개발이 어려운지 토의해보자.
- **감기** : 감기는 리노바이러스와 아데노바이러스 등 매우 다양한 종류의 바이러스가 원인이 되어 발병하기 때문에 특정한 백신을 만들기 어렵다.
- **독감** : 독감의 원인인 인플루엔자바이러스는 지속적으로 변이를 일으키기 때문에 독감이 유행하는 시기의 6개월 정도 이전에 그 해에 유행할 인플루엔자바이러스의 유형을 예측하고 백신을 제조하여 접종을 해야 예방할 수 있다.
- **후천성 면역 결핍증(AIDS)** : 후천성 면역 결핍증은 인간 면역 결핍 바이러스(HIV)가 원인이 되어 발병하는데, 이 바이러스는 변이가 매우 빠르게 일어나며, 면역 과정에서 핵심적인 세포인 T 림프구에 침입하여 인체의 방어 작용을 피하기 때문에 백신을 만들기 어렵다.

[교과서 탐구활동]

약물이 인체에 미치는 영향 조사하기

1. 문제 인식

약물 중에는 신경계에 작용하여 인체에 영향을 미치는 것들이 많다. 이러한 약물은 그 영향에 따라 진정제, 각성제, 환각제 등으로 구분된다. 진정제, 각성제, 환각제에는 어떤 것이 있으며, 이 약물들은 인체에 어떤 영향을 미칠까?

2. 탐구과정

❶ 진정제, 각성제, 환각제 중 하나를 선택하여 모둠별로 조사해보자.

조사 내용	• 약물의 종류 • 약물이 시냅스에서의 흥분 전달에 미치는 영향 • 약물이 인체에 미치는 영향

❷ 조사한 내용을 보고서로 만들어 발표해보자.

참고) www.drugfree.or.kr는 한국 마약 퇴치 운동 본부 누리집으로, 약물의 종류, 약물이 인체에 미치는 영향, 약물에 관한 법률 등의 정보를 찾을 수 있다.

3. 정리

❶ 모둠별 발표를 듣고 약물이 인체에 미치는 영향을 표로 정리해보자.

구분	종류	약물이 시냅스에서의 흥분 전달에 미치는 영향	약물이 인체에 미치는 영향
진정제	알코올, 수면제, 진통제, 아편	(아편) 시냅스에서 도파민의 재흡수 통로를 막아 도파민이 과잉 상태가 되고, 그 결과 환각 증상을 일으키게 된다.	중추 신경을 억제하여 호흡운동과 심장박동을 느리게 하고 긴장을 완화시키는 진정 효과가 있다. 또한 통증을 완화시키는 진통 효과도 있다.
각성제	카페인, 니코틴, 코카인, 암페타민 (필로폰)	(암페타민) 시냅스에서 노르에피네프린의 재흡수를 억제하거나 분해 효소의 작용을 억제하여 시냅스 후 뉴런을 계속 자극한다.	중추 신경과 말초 신경을 흥분시켜 호흡 운동과 심장 박동을 빠르게 하고 긴장 상태를 유지시키는 각성 효과가 있다.
환각제	대마초, LSD, 마리화나	(마리화나) 흥분성 중추인 세로토닌 회로에 작용해 세로토닌이 재흡수되는 것을 방해하여 계속적인 흥분 상태를 유지하거나, 도파민의 방출을 증가시킨다.	인지 작용과 의식을 변화시켜 감각 왜곡, 공포, 불안 등을 증가시킨다. 또한 조현증(정신분열증)과 환각 작용을 일으킨다.

❷ 약물을 사용해야 할 때, 인체가 입는 피해를 최소화하는 방법을 토의해보자.

약물은 사용할 때마다 내성이 생겨 같은 효과를 얻기 위해서는 사용량을 계속 늘려야 하고, 약물 사용을 중지하면 불안, 수면 장애, 발작 등의 금단 증상이 나타나기도 한다. 또한 약물을 지속적·주기적으로 사용하면 의존성이나 중독성이 생겨 약물 사용의 중단이나 조절이 어렵게 된다. 심하면 뇌를 비롯하여 심장 박동 이상, 폐기종 같은 질병을 유발하기도 한다. 이와 같은 약물에 의한 인체의 피해를 최소화하기 위해서는 약물을 오남용하지 않고 의사의 처방에 따라 바르게 사용해야 한다.

[교과서 탐구활동][15]

리포솜의 활용 사례 조사하기

1. 문제 인식

리포솜은 세포막의 주성분인 인지질로 만든 인공 구조물로, 우리 생활 곳곳에서 활용되고 있다. 리포솜의 특성은 무엇이며, 리포솜은 어떤 분야에서 활용되고 있을까?

2. 탐구과정

❶ 리포솜이 우리 생활에서 활용되는 사례를 조사해보자.

조사 내용	• 리포솜의 특성 • 리포솜이 활용되는 사례 • 리포솜을 활용하는 것의 이점
리포솜의 특성	• 인지질 2중층으로 만든 공 모양의 인공 구조물로, 리포솜의 막은 세포막과 융합할 수 있다. • 안이 비어 있어 원하는 물질을 담을 수 있다.
리포솜이 활용되는 사례	• 리포솜은 세포막과 융합할 수 있으므로 리포솜의 내부 공간에 항암제, 비타민 등의 영양소, 화장품 등을 담아 피부를 통해 흡수시킬 수 있다. • 병세가 나빠져 약물을 복용하거나 주사하기 어려운 환자에게 리포솜을 이용해 약물을 투여한다. • 리포솜을 이용해 피부 속으로 화장품을 효과적으로 전달한다. • 리포솜을 이용해 암세포에 직접적이고 효과적으로 약물을 전달한다.
리포솜을 활용하는 것의 이점	• 리포솜을 이용하면 물질을 세포 속으로 쉽게 흡수시킬 수 있으며, 약물 등을 복용할 때 생기는 부작용도 최소화할 수 있다.

❷ 조사한 리포솜의 활용 사례를 중심으로 리포솜 활용의 실용성과 타당성을 토의해보자.

리포솜은 인지질 2중층의 막으로 된 인공 구조물로, 내부 공간에 저분자 물질, 핵산이나 단백질 등 여러 가지 물질을 담을 수 있어 현재 화장품, 유전 정보를 지닌 핵산의 전달, 항암제와 항균제 같은 약물 투여 등에 활용되고 있다. 특히 리포솜을 이용한 화장품은 물질을 직접 피부를 통해 흡수시킬 수 있어 매우 실용적이다. 반면, 유전자 치료나 종양 치료를 목적으로 특정 조직이나 기관으로 수송하기 위해 정맥으로 투여하는 리포솜의 경우에는 간이나 지라 등에서 많이 걸러지고, 대식 세포에 의해 빠르게 소멸되어 효과가 떨어지는 단점이 있다. 이러한 단점을 극복하기 위해서는 반복 투여하여도 안전하고, 대식 세포를 피하면서 오랫동안 혈액에 머물 수 있으며, 표적 세포나 조직에 특이적으로 융합하여 효과를 극대화할 수 있는 리포솜을 개발하기 위한 연구가 진행되어야 할 것이다.

---

15 비상에서 펴낸 『생명과학II』 교과서에서 발췌

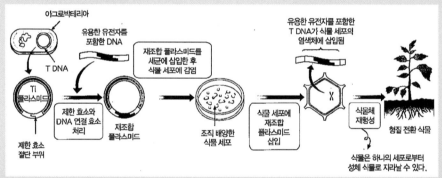

[교과서 읽기 자료]

A. 유전자 재조합 기술에 의해 만들어진 유전자 변형 생물에 관해서…

유전자 재조합 기술에는 아그로박테리아법이나 전자총을 이용하여 대상 식물의 배양 조직에 넣고, 이 유전자가 들어간 형질 전환 세포를 선발하여 재분화시킨 다음 전통적인 육종법에 따라 새로운 품종을 만든다. 아그로박테리아는 흙과 식물에 기생하는 토양 세균의 하나로 다양한 식물에 기생하면서 식물의 병을 일으키는 병원균이다. 하지만 아그로박테리아는 Ti 플라스미드라는 핵산 단백질 형태의 자기 DNA를 다른 식물 세포에 쉽게 전이시키는 능력을 가지고 있다. 따라서 이 박테리아의 플라스미드에 식물의 유용한 DNA를 재조합하여 만든 재조합 플러스미드를 다시 박테리아 세포에 넣어주면 재조합 박테리아를 대량 생성하게 된다. 재조합 박테리아를 조직 배양한 식물 세포에 감염시켜 주면 해당 유전자를 안전하게 빠르게 식물 세포에 재조합하여 유전자 변형 생물(GMO)을 만들어낸다. 이러한 유전자 재조합의 연구는 특정 유전자를 대량 생산하여 식물체 내의 병충해 저항성을 강화시키거나 단백질 유전자를 박테리아에 재조합하여 많은 양의 단백질을 생산하는 데 이용된다.

B. 항균 제품 사용에 대하여

요즘에는 비누와 세제는 물론 칫솔, 장난감, 이불, 벽지에 이르기까지 '항균' 표시가 된 제품을 흔히 볼 수 있다. 이런 제품들은 기존 제품에 세균을 죽이는 성분을 첨가하여 만드는 경우가 대부분인데, 소비자는 업체의 말만 믿고 안심해도 될까? 최근 가습기 물통에 넣어 세균이나 곰팡이가 번식하지 못하게 하려고 사용한 제품이 오히려 사람에게 큰 피해를 준 사건이 있었다. 항균 제품을 사용하는 것이 옳은 선택인지 토론해보자.

---

16   대구광역시교육청에서 펴낸 『융합과학』 교과서에서 발췌

앞의 주제 A, B 중에서 하나를 골라서 찬성과 반대 입장에 대해 토의해보자.

A. 유전자 재조합 기술에 의해 만들어진 유전자 변형 생물에 관한 토론

찬성 입장	반대 입장
1. 기아를 해결하기 위해 필요하다.	1. 인체에 해가 없다는 사실이 검증되지 않았다.
2. 분배 정의를 기다리기에는 시간이 급하다.	2. 기아는 식량 생산량의 문제가 아니라 분배의 문제다.
3. 과거 품종 개량으로 얻은 생물도 넓은 의미에서는 유전자 변형 생물이다.	3. 세계 시장을 지배하는 곡물 기업의 돈벌이 수단에 불과하다.
	4. 생물 다양성을 파괴한다.

① 2~4명씩 짝을 지어 찬성하는 입장과 반대하는 입장으로 나누어 자신의 입장을 이야기해보자.
② 각자 자신의 입장을 정리하여 반 전체가 찬반 토론을 해보자.
③ 토론이 진행되는 동안 유전자 변형 생물에 대한 자신의 입장에 변화가 있었는지 이야기해보자.

■ 간호학과 주제탐구 보고서 나이팅게일 그래프

○○○, 중앙대학교, 고양시 대화고등학교

1820년 이탈리아 피렌체의 별장에서 영국의 부유한 상류층의 딸로 태어난 나이팅게일은 피렌체의 영어식 표현을 따서 플로렌스라는 이름을 갖게 되었다. 그녀는 자라면서 간호사가 되어 다친 이들을 돌봐주는 것을 자신 인생의 신앙적 사명이라는 믿음을 가지게 되었다. 이 시절 간호사는 요양원에서 잡일을 하는 청소부에 가까운 이미지가 있었기에 상당히 하대받는 직업이었다. 명문가 집안에서 태어난 나이팅게일이 간호사가 되는 것은 쉽지 않았지만, 자신의 뜻을 굽히지 않고 간호사가 되었다. 이후 1853년 러시아제국의 남하에 맞서 오스만 제국, 영국, 프랑스, 사르데냐-피에몬테 왕국의 4국 연합국 간에 벌어진 크림전쟁에서 군간호사로 참전하여 영국군 야전병원에서 근무를 시작하게 된다.

이때 나이팅게일은 전투에서 사망하는 군인보다 후방 병원에서 위생문제로 인한 전염병이나 제대로 된 치료를 받지 못해서 사망하는 군인이 더 많은 영국군의 최악의 의료체계를 경험한다. 나이팅게일은 자료들을 수집하고 기록한 결과, 군인들이 병원에서 질병으로 사망하는 이유가 병원의 위생, 즉 청결상태에 있다는 것을 알아냈다. 그리고 이것을 병원에 알리고 개선해야 한다고 주장했다. 하지만 복잡한 숫자들이 나열된 자료를 사람들이 잘 이해하지 못하자 군인들의 병원별 사망 건수와 사망 원인을 이해하기 쉽게 도표로 작성하기 시작하였다. 나이팅게일은 일 년을 열두 달로 나누어 원 모양의 그래프를 만들고 매달마다 사망한 군인의 사망원인을 표시했다.

이렇게 정리한 모양이 장미꽃의 모양과 비슷하다 하여 이 그래프를 로즈 다이어그램이라고 부른다.

나이팅게일은 사망자 수 등 병원에서 일어나는 모든 일들을 기록하기 시작했고 숫자로 병원의 상황을 정확히 파악하기 위해 통계 작성기준을 세워 기록체계를 통일했으며 기준에 따라 입원자 수, 부상자 수, 사망자 수 등의 병상일지를 매일 상세히 작성하여 통계를 만들었다.

그러한 노력의 결과로 질병의 주원인이 병원의 위생상태 때문이라는 점을 발견한 나이팅게일은 이를 개선하기 위해 화장실과 오수구덩이를 말끔히 청소하고, 병동마다 환기구를 설치했으며, 필요한 비품을 공급하는 등 병실 주변 환경에 대한 대대적인 개선 작업을 진행했다. 이렇게 개선 작업을 진행한 후 5개월 만에 42%에 달하던 환자의 사망률이 2%까지 떨어지는 성과를 거두며 이를 통해 체계적인 통계와 수치를 이용해 병원의 위생 상태를 개선하면 사망률을 감소시킬 수 있다는 확신을 가지게 되었다.

　여기에 그치지 않고 나이팅게일은 일 년 열두 달을 원 모양의 그래프로 나누어 매달마다 사망한 사람들의 사망원인과 사망자를 표시한 '로즈 다이어그램'을 만들어 도표와 차트라는 수단을 통해 정보를 명확하고 효과적으로 전달하기 위해 데이터를 시각화했다. 이러한 노력을 인정받아 나이팅게일은 1859년 영국 왕립 통계학회의 첫 번째 여성회원이 되었고 미국 통계학회의 명예회원으로 초대되기도 했다. 나이팅게일이 크림전쟁 당시 밤마다 등을 켜고 병사들의 상태를 확인하기 위해 노력하는 모습을 보고 '등불을 든 여인(the lady with lamp)'이라는 수식어가 붙기 시작했으며 이후 영국에서 조성된 '나이팅게일 기금'을 이용해서 1859년 세인트토머스 병원에 '나이팅게일 간호학교'를 설립했고, 같은 해에 펴낸 '간호론'은 오늘날 간호학의 고전으로 손꼽히고 있다. 나이팅게일의 이러한 업적에 따라 나이팅게일의 생일인 5월 12일은 매년 '세계간호사의 날'로 지정 되었고, 1893년부터 간호학도들은 간호사로서의 윤리와 간호원칙을 담은 '나이팅게일 선서' 의식을 진행하게 되었다.

　보고서를 작성하며, 나이팅게일이 체계적인 병원 관리를 위해 세계 최초로 의무기록표를 만들어 입원 환자 진단, 치료 내용, 추가 질병 감염 여부, 치료 결과 등을 매일매일 꼼꼼히 기록하고 이를 월별로 종합해 사망자 수와 사망 원인을 '빅데이터화'해서 제시한 점이 정말 놀라웠다. 또한, 여기서 그치지 않고 나이팅게일은 이런 사실을 어떻게 하면 효과적으로 사람들에게 알릴 수 있을지를 고민한 후 '로즈 다이어그램'을 만들어낸 적극적인 모습이 매력적이었다. 만일 나이팅게일이 독창적인 그래프를 제시하지 않고 편지만 보냈다면 간호학의 역사는 바뀌었을 것이다. 정보를 '인포그래픽'으로 제시하면, 정보 전달력과 설득력이 배가된다는 점을 다시 한 번 깨달을 수 있었다. 전문직으로서 간호사의 역할과 위상에 관해 배울 수 있었던 값진 경험이었다.

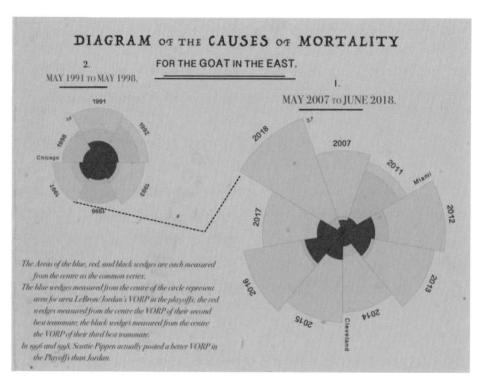

DIAGRAM of the CAUSES of MORTALITY

FOR THE GOAT IN THE EAST.

2.
MAY 1991 to MAY 1998.

1.
MAY 2007 to JUNE 2018.

The Areas of the blue, red, and black wedges are each measured
from the centre as the common vertex.
The blue wedges measured from the centre of the circle represent
area for area LeBron/Jordan's VORP in the playoffs; the red
wedges measured from the centre the VORP of their second
best teammate; the black wedges measured from the centre
the VORP of their third best teammate.
In 1996 and 1998, Scottie Pippen actually posted a better VORP in
the Playoffs than Jordan.

※ 맨 바깥쪽의 푸른색은 병원에서 전염병으로 사망한 군인의 수, 가운데 고동색은 전투 중 치명적인
부상으로 인해 사망한 군인의 수, 안쪽의 분홍색은 기타의 이유로 사망한 군인의 수다.

간호학과
슈퍼비전

(간호학과장 인터뷰)

가톨릭대학교

1 성명과 직책을 알려주세요.

이종은, 교학부학장

2 가톨릭대학교 간호학과의 특징과 장점은 무엇인가요?

간호대학은 '생명 중심의 교육과 연구를 선도하는 세계적인 간호대학'으로 나아가기 위해 교육 목적으로 생명을 존중하는 간호사, 전문적 역량을 갖춘 간호사, 국제적 안목이 있는 간호사를 양성하고 있습니다. 특히, 인간존중과 생명존중의 건학이념을 실천하고 전문적 역량을 발휘하는 간호리더를 양성하기 위해 특화된 교육프로그램인 '옴니버스 교육과정'을 운영하고 있습니다. 옴니버스 교육과정은 1학년은 '옴니버스: 해오름'과 '옴니버스: 소명' 교과목을 통해 학과적응을 돕고 간호사로서 소명의식을 고취시키는 체험을 합니다. 2학년은 '가족과 사회' '인간이해' '옴니버스: 생명과 윤리' 교과목을 통해 거시적 사회체계에서 인간, 그리고 미시적 관점에서의 생명에 이르기까지 사회 속의 인간과 생명 가치를 이해하는 과정을 학습하게 됩니다. 3학년은 '옴니버스: 돌봄과 영성' 교과목을 통해 사회체계 안의 인간을 전인적으로 돌보는데 필요한 영성을 배양하고, '옴니버스: 삶과 죽음' 교과목을 통해 인간의 삶과 죽음에 대해 철학적, 간호학적으로 고찰합니다. 4학년은 '옴니버스: 윤리적 리더십' 교과목을 통해 윤리적 리더로서 갖추어야 할 윤리적 간호 리더십을 학습하게 됩니다. 옴니버스 교육과정은 1학년부터 4학년까지 전 과정 안에서 통합적으로 이루어지고 있습니다. 또한, 전국적으로 8개 병원 6,523병상의 임상실습 여건을 가지고 있어 최상의 임상실습교육 환경을 보유하고 있으며, 유수한 병원에 안정된 취업률을 보이고 있습니다.

3 가톨릭대학교 간호학과에서는 구체적으로 무엇을 배우나요?

1, 2학년 과정에서는 주로 교양과목을 배우고, 또한 전공과목들을 준비하기 위한 전공기초 과목들, 간호학 입문에 해당되는 과목들로 구성이 되어 있습니다. 3, 4학년 과정부터는 전공필수 과목들로 구성되어, 이론과 병원 및 지역사회 현장 실습이 연계되어 이루어지고 있습니다. 특히, 우리 가톨릭대학교 간호대학만의 특성화된 교육 프로그램으로는 윤리적 리더 양성을 위한 '옴니버스 교육과정'이 1학년부터 4학년까지 전 과정 안에서 통합적으로 이루어지고 있습니다.

4 가톨릭대학교 간호학과를 졸업하면 어떤 일을 하게 되나요?

간호사가 일하는 분야는 정말 다양합니다. 흔히 병원에서는 병동이나 중환자실에서 일하는 간호사가 대부분일 거라 생각하지만, 간호사로서 보험심사, 감염관리 등의 분야뿐만 아니라 다양한 행정 업무도 수행하고 있습니다. 병원 외에서는 공공기관에서 보건직 또는 간호직 공무원으로 근무할 수 있습니다. 또한, 노인요양원이나 방문간호사업소를 운영하기도 하고, 조산사, 간호장교, 학교의 보건교사, 기업체의 근로자 건강관리를 담당하는 보건관리자, 제약회사, 보건복지부 산하 단체들의 연구원 등 정말 다양한 분야에서 일할 수 있습니다. 또, 저개발국가의 건강문제에 관심이 많은 분들은 국제간호사로서도 활동할 수 있습니다. 간호사로서의 임상경력을 바탕으로 석사과정을 거쳐 전문간호사로서 다양한 임상현장에서 일할 수 있습니다.

5 간호학과를 지망하는 학생들에게 필요한 역량과 길러야 할 자질은 무엇인가요?

간호인의 역량은 전문적인 지식과 기술뿐만 아니라 인간과 생명에 대한 깊은 사랑과 이해가 바탕이 되어야 합니다.

6 간호학과 진학을 희망하는 학생들이 고등학교 때 열심히 공부해야 하는 교과와 과목을 추천해주시고, 그 이유는 무엇인가요?

특별히 과목 추천보다는 간호사는 인간 생명을 다루는 직업이기 때문에 기본적으로 타인을 배려하고, 존중하는 이타심과 공감할 수 있는 능력, 또 강한 책임감과 성실성이 기본 자질이 필요합니다. 이러한 기본 소양들을 잘 키우도록 노력하면 좋을 거 같습니다.

7 간호학과 진학을 희망하는 학생들에게 도움이 될 만한 도서 한 권을 추천해주시고, 그 이유는 무엇인가요?

▶ 좋은 간호사 더 좋은 간호 (엄영란, 송경자, 박미현 공저 | 학지사메디컬)
생동감 있는 간호현장을 간접적으로 체험해볼 기회를 얻을 수 있습니다.

▶ 간호사가 말하는 간호사 (권혜림 저 I 부키)

전·현직 간호사들이 말하는 간호사로서의 삶에 대한 솔직한 이야기를 들을 수 있습니다.

▶ 도시에서 죽는다는 것 (김형숙 저 I 뜨인돌)

전직 중환자실 간호사가 겪은 수많은 죽음에 대해 말하고 있으며 이를 통해 미래 간호사인 우리는 환자와 어떻게 존엄하고 품위 있게 이별할 수 있을까에 대해서 배울 수 있습니다.

---

8 | 4차 산업혁명시대, 포스트 코로나시대 간호학과의 비전은 무엇인가요?

간호의 영역은 단순히 환자의 고통을 치유하는 것을 넘어 환자의 마음까지 보살피는 것으로 확대되었습니다. 이것은 아무리 발전된 AI도 해결해줄 수 없는 부분일 것입니다. 또한, 앞으로 인구의 급격한 고령화로 인해 만성질환자의 수가 증가할 것이므로 간호사의 수요는 지속적으로 증가할 것으로 생각됩니다. 따라서 이를 대비할 수 있는 능력 있는 간호인재가 더 많이 요구되기 때문에 간호학과의 미래는 아주 밝다고 볼 수 있습니다.

강서대학교

1 | 성명과 직책을 알려주세요.

이지언, 간호학과장

2 | 강서대학교 간호학과의 특징과 장점은 무엇인가요?

1958년 4월 L. Haskell Chesshir(최수열) 선교사가 교회지도자 양성을 목적으로 한국기독교학원을 설립한 것이 학교의 시작. 아시아권의 선교 허브로 성장 발전시킴. 이후 신학과를 중심으로 4년제 사립대학교로 서울 강서 지역 유일의 4년제 대학교로 성장. 2016년 정원 40명 간호학과 신설. 이후 정원 증원으로 2022신입생부터 44명 선발. 서울에 위치하여, 서울 수도권을 중심으로 교육환경 조성. 학생 중심의 교육환경 조성, 교수·학생 간 강한 유대감, 선후배(멘토-멘티)와 강한 연대감, 다양한 봉사활동(서울, 지방, 해외), 2016년 학과 신설 이래 100%국가시험 합격, 100%취업, 고충실도 시뮬레이터 보유, 간호학 전공 영역별로 서울수도권 소재 국가기관, 종합병원, 산업체 등 양질의 실습기관 확보, 코로나19 상황에서도 대부분의 임상실습을 현장에서 진행, 최신식 건물과 실습기자재 확보

3 | 강서대학교 간호학과에서는 구체적으로 무엇을 배우나요?

인문사회학(인간심리의 이해, 인간성장발달 등), 기초의학(해부학, 생리/병리학, 약리학, 의학용어 등), 전공(성인간호학, 정신간호학, 아동간호학, 여성건강간호학, 간호관리학, 지역사회간호학, 기본간호학, 등) 기타(호스피스, 등)

4 | 강서대학교 간호학과를 졸업하면 어떤 일을 하게 되나요?

상급종합병원 근무 임상간호사, 공무원(간호직, 소방직, 방역직 등), 간호관리자(산업체, 병원 등), 창업(요양원, 어린이집 등), 해외간호사(미국, 영국, 호주, 캐나다 등), 항공간호사, 교수, 연구원 등

5 | 간호학과를 지망하는 학생들에게 필요한 역량과 길러야 할 자질은 무엇인가요?

공감능력, 의사소통능력, 자기주도 학습능력(영어, 문해력, 기초학력 등), 봉사정신, 비판적 사고(다양한 위기 상황과 의사결정이 요하는 상황에서 효과적인 결정 가능), 건강한 마인드와 체력

6	간호학과 진학을 희망하는 학생들이 고등학교 때 열심히 공부해야 하는 교과와 과목을 추천해주시고, 그 이유는 무엇인가요?

생물(기초의학의 기초 지식제공), 화학, 영어(국내 취업, 해외 취업, 석사 박사 진학 등)

7	간호학과 진학을 희망하는 학생들에게 도움이 될 만한 도서 한 권을 추천해주시고, 그 이유는 무엇인가요?

▶ 돌봄간호철학(남미순, 송광일 공저 | 현문사)

인간과 간호에 대한 본질을 이해할 수 있는 책

8	간호학과 진학을 위해 '학생부종합전형'을 준비하는 학생들에게 도움이 될 만한 실험, 연구, 프로젝트, 학교활동 등을 추천해주시고, 그 이유는 무엇인가요?

꾸준한 봉사활동, 인성 및 지적능력 함양과 증진을 위한 활동, 사회기여 및 돌봄 프로젝트 등

9 | 간호학과 진학을 위해 '면접'을 준비하는 학생들에게 꿀 팁을 알려주세요.

지원하는 학교와 학과에 대한 이해, 자신과 삶과 지원하는 이유에 대한 고찰 및 정리

10 | 4차 산업혁명시대, 포스트 코로나시대 간호학과의 비전은 무엇인가요?

돌봄에 있어 대상자의 삶의 질과 건강을 향상시키기 위한 다양한 방식의 과학적 접근(AI, 돌봄 로봇 등), 양극화와 인간성이 소멸되어 가는 시대에서 인본주의에 입각한 돌봄역량, 전문직으로서 간호를 수행하기 위한 지식, 태도, 기술을 함양하고 의료전문직과 소통하고 타협할 수 있는 리더십 함양

CHAPTER 03 경동대학교

1 성명과 직책을 알려주세요.

이현숙, 교수

2 경동대학교 간호학과의 특징과 장점은 무엇인가요?

경동대학교는 취업사관학교로서 졸업 후 학생들의 취업과 취업 후 성공적인 간호사 생활을 영위할 수 있도록 교육에 힘쓰고 있습니다. 최근 3년 동안 90% 이상의 졸업생들이 전국 대학병원 및 종합병원에 취업하고, 대한민국 국민의 건강증진에 이바지하고 있습니다. 아울러 학생들의 건강증진에 관심이 있거나 지역사회 주민의 건강에 관심이 있는 학생들은 보건교사 및 간호공무원으로서 역할을 하기도 합니다.

3 경동대학교 간호학과에서는 구체적으로 무엇을 배우나요?

인간의 질병회복, 건강증진을 통하여 궁극적으로 대한민국 국민들의 삶의 질 향상을 통하여 행복한 삶을 영위하는 데 기여할 수 있는 주제들에 대하여 학습하고 있습니다. 이에는 인간의 신체적, 정신적, 사회적 존재로써 필요한 부분으로 인체 해부학, 생리학부터 약리학, 의사소통, 성인간호학, 여성건강간호학, 아동간호학, 지역사회 간호학 등의 내용을 포함하고 있습니다. 이뿐만 아니라 지도자로서의 역량을 키울 수 있도록 간호경영, 지도자론, 리더십 등을 학습하도록 안내하고 있습니다.

4 경동대학교 간호학과를 졸업하면 어떤 일을 하게 되나요?

많은 졸업생들은 서울대학병원, 연세대학 세브란스병원, 가톨릭대학병원을 포함한 대학병원과 종합병원에서 건강관련 돌봄이 필요한 대상자 간호업무에 종사하게 됩니다. 이외에도 학교, 보건소, 건강관련 회사, 연구소에서 일하고 있으며, 때로는 건강관련 사업을 하기도 합니다.

5 간호학과를 지망하는 학생들에게 필요한 역량과 길러야 할 자질은 무엇인가요?

가장 중요한 역량은 인간에 대한 기본적인 이해입니다. 간호사는 인간의 신체적, 정신적, 사회적 요구를 충족시킴으로써 그들의 건강을 책임지는 것입니다. 그리고 타인을 이해함으로 그들의 신체적 정신적 사회적 고통을 이해하고 공감하는 자질을 갖추는 것이 훌륭한 간호사의 첫 걸음입니다.

6 간호학과 진학을 희망하는 학생들이 고등학교 때 열심히 공부해야 하는 교과와 과목을 추천해주시고, 그 이유는 무엇인가요?

간호학은 기본적으로 인간에 대한 이해를 위한 학문입니다. 그러므로 국어, 영어, 수학을 포함한 고등학교에서 학습하는 모든 과목이 중요합니다. 그러나 특히 중요한 교과목을 꼽으라고 한다면, 문과계열보다는 이과계열, 특히 생명관련 교과목이 간호학 학습에 많은 도움이 될 것이라고 판단됩니다. 그리고 최근 세계화에 따라 다양한 지식과 학문을 빠르게 습득하기 위해서는 영어도 매우 중요합니다.

7 간호학과 진학을 희망하는 학생들에게 도움이 될 만한 도서 한 권을 추천해주시고, 그 이유는 무엇인가요?

▶ 모리와 함께한 화요일 (미치 앨봄 저 | 살림출판사)

인간의 기본적인 욕망과 이에 대한 이해를 바탕으로 한 도서라면 그 어떠한 교재도 많은 도움이 됩니다. 군이 한 권을 추천한다면 미치 앨봄이 쓴 『모리와 함께한 화요일』입니다. 루게릭병으로 죽음을 앞둔 모리 교수의 삶과 죽음에 대한 이야기로 인간에 대한 전반적인 이해를 돕는 도서라고 생각합니다.

8 간호학과 진학을 위해 '학생부종합전형'을 준비하는 학생들에게 도움이 될 만한 실험, 연구, 프로젝트, 학교활동 등을 추천해주시고, 그 이유는 무엇인가요?

고등학교에서의 학습은 인간으로써 사회활동에서 요구되는 기본적인 내용을 학습하는 기간이므로 그 어떠한 실험, 연구, 프로젝트도 도움이 됩니다. 그러나 간호사는 인간이 건강한 삶을 영위하는 데 있어 도움이 필요한 대상자들을 도와줌으로써 간호인으로써의 의미를 갖게 되는 직업입니다. 그러므로 주변에 도움이 필요한 친구나 지역사회 주민들이 어떠한 도움이 필요한지를 파악하고 그들의 필요를 충족시켜 줌으로써 건강한 삶을 영위하도록 하는 봉사활동이 간호학생이 되는 데 많은 도움이 될 듯합니다.

9 | 간호학과 진학을 위해 '면접'을 준비하는 학생들에게 꿀팁을 알려주세요.

"나는 왜 간호사가 되고 싶을까?" "간호사가 된다면 어떤 간호사가 될까?"에 관한 자신의 의견을 정리하고 면접에 임한다면 좋은 결과가 있을 것이라 판단됩니다.

10 | 4차 산업혁명시대, 포스트 코로나시대 간호학과의 비전은 무엇인가요?

4차 산업혁명시대 간호학과의 비전은 우리나라 국민의 건강회복과 건강증진 그리고 행복한 삶을 추구하는 데 중추적인 역할을 할 것입니다. 인공지능기술의 발전으로 인간에 대한 이해가 더욱 증진되고 로봇, 각종 의사결정기술들이 발전되면서 기존의 반복적이고 힘든 신체적 업무는 줄어들 것이나 심리적, 사회적 욕구 충족에 대한 욕구는 더 늘어날 것으로 기대합니다.

대구가톨릭대학교

1 | 성명과 직책을 알려주세요.

박진화, 간호학과장

2 | 대구가톨릭대학교 간호학과의 특징과 장점은 무엇인가요?

대구가톨릭대학교의 특징과 장점은 학생들에 대한 사랑을 교수님들께서 기본으로 가지고 계시는 것과 학생들에 대한 관심이 높으며 교수님들의 열정 넘치는 전공 수업들이 아닐까 합니다. 또한 나눔과 협업에 대해 강조함으로써 타인에 대한 배려와 존중을 실천하는 것이라고 생각됩니다.

3 | 대구가톨릭대학교 간호학과에서는 구체적으로 무엇을 배우나요?

다양한 교과와 비교과활동이 있습니다. 1학년 때는 교양교과목과 전공기초를, 2학년에는 전공기초 및 전공교과목과 간호대학생임을 실감하는 교내실습과목이 추가됩니다. 3, 4학년에는 다양한 이론 전공교과목과 병원, 보건소, 산업체 등 다양한 기관에서의 임상실습과 시뮬레이션교과목을 통해 보다 환자를 이해해나가고자 합니다.

4 대구가톨릭대학교 간호학과를 졸업하면 어떤 일을 하게 되나요?

대구가톨릭대학교 졸업생은 다양한 건강관련 분야에서 근무할 기회를 가지게 됩니다. 병원임상 간호사, 보건교사, 보건직 공무원 및 공공기관 취업(보건복지부, 건강보험심사평가원, 국민건강보험공단, 질병관리청 등), 임상 코디네이터, 산업간호사, 간호장교, 임상연구 간호사, 대학교수, 해외 취업 간호사, 의료복지기관 간호사, 대학원 진학 등 다양한 일을 할 수 있습니다.

5 간호학과를 지망하는 학생들에게 필요한 역량과 길러야 할 자질은 무엇인가요?

배려와 존중이라고 생각합니다. 학교에서 많은 조별과제와 임상실습에서의 다양한 환자들을 접하게 되는데 이때 상대방의 입장을 이해하고, 타인에 대한 배려와 존중이 필요하다고 생각합니다. 무엇보다 긍정적인 사고가 필요합니다. 긍정적인 사고를 통해 긍정적인 나를 만들어가고, 그러한 긍정의 힘이 타인과 환자들에게 영향을 미치게 되기 때문입니다. 마지막으로 간호학과는 환자간호에 있어서 환자이동을 포함한 응급상황에 대처하기 위한 강한 체력이 필요합니다.

6 간호학과 진학을 희망하는 학생들이 고등학교 때 열심히 공부해야 하는 교과와 과목을 추천해주시고, 그 이유는 무엇인가요?

중요하지 않은 교과목은 없는 것 같습니다. 모든 교과목에 최선을 다하면 내가 만나는 대상자 및 가족을 포함하여 학과 공부에서도 그 쓰임이 있을 것입니다.

7 간호학과 진학을 희망하는 학생들에게 도움이 될 만한 도서 한 권을 추천해주시고, 그 이유는 무엇인가요?

▶ 그래도, 당신이 살았으면 좋겠다 (전지은 저ㅣ라곰)

전지은 선생님의『그래도, 당신이 살았으면 좋겠다』를 추천합니다. 삶과 죽음이 오가는 병원의 중환자실에서 외롭고 쓸쓸하지만 동시에 절대적 평화이기도 한 죽음에 대한 이야기가 담겨있습니다. 누군가의 죽음을 지켜보며 힘들고, 버겁지만 이들을 간호해야 하고 죽음이란 삶의 연장선상에 있고, 누군가를 떠나보내야 하는 애달프고 무거운 사건들 안에 반짝이는 마음들이 존재하고 있음을 보여주는 책입니다.

8 간호학과 진학을 위해 '학생부종합전형'을 준비하는 학생들에게 도움이 될 만한 실험, 연구, 프로젝트, 학교활동 등을 추천해주시고, 그 이유는 무엇인가요?

학교활동 중 특히 주기적인 봉사활동을 권장하고 싶습니다. 봉사활동을 통해 견해를 넓히고, 봉사하는 곳에서 책에서 보는 지식 뿐 아니라 보다 큰 지식을 얻을 수 있을 것입니다. 또한 타인을 돕는 것이 자신을 돕는 길이며, 간호학과에 대해 보다 진실되게 고민할 수 있을 것이라 생각됩니다.

9 간호학과 진학을 위해 '면접'을 준비하는 학생들에게 꿀 팁을 알려주세요.

자신이 어떤 가치관을 가지고 살아가는 사람인지 고민해보면 좋을 것 같습니다. 또한 간호학과는 나와 내 주변 및 환자와 가족을 따뜻하게 만들고 그들을 간호를 통해 치유되도록 힘쓰는 직업입니다. 따라서 긍정적인 사고와 따뜻함을 겸비하면 좋을 것 같습니다.

10 4차 산업혁명시대, 포스트 코로나시대 간호학과의 비전은 무엇인가요?

"간호는 가장 오래된 기술이고, 가장 새로운 전문직이다"라고 도나휴(Donahue)(1985)가 말했듯이, 4차 산업혁명시대, 포스트 코로나시대의 간호학과는 현대화, 첨단화되어 가는 시대적 변화에 따라 새롭게 요구되는 상황에 창의적으로 대응하는 방법과 기술, 가치를 지님으로써 간호의 정신과 의미가 살아있는 간호를 제공해야 합니다.

대진대학교

1 | 성명과 직책을 알려주세요.

김재희, 간호학과장

2 | 대진대학교 간호학과의 특징과 장점은 무엇인가요?

- 안정적이고 우수한 임상실습기관
  - 코로나 상황임에도 종단병원인 분당제생병원에서 안정적으로 임상실습을 진행함. 참고로 부속병원이 없는 수도권 대학은 임상실습이 제대로 이루어지지 않았음.
  - 경희대병원, 가톨릭대학교 의정부성모병원, 건강보험공단 일산병원 등 대학병원 및 공공병원에서 임상실습이 이루어지고 있음.

- 체계적인 취업지도
  - 모의면접: 대학 일자리본부뿐 아니라 학과 자체적으로 병원의 전현직 간호부서장을 모의면접관으로 모시고 실질적인 도움을 주고 있음.
  - 병원 간호부서장의 취업특강 및 선배 간호사의 취업특강
  - 대학의 자소서 특강 및 첨삭지도

● 철저한 국시 지원: 대학 지원 하에 간호사 면허시험 대비 외부 모의고사를 수차례 실시하고, 별도의 특강을 하고 있음.

3 대진대학교 간호학과에서는 구체적으로 무엇을 배우나요?

● 전국의 모든 간호학과는 간호교육인증평가를 의무적으로 받아야 하므로, 유사한 교육과정을 구축하고 있음.
● 1-2학년: 교양, 심리학, 해부학 등 전공기초과목(인문사회과학 및 자연과학), 간호학개론, 간호과정 등 전공필수
● 2-4학년: 성인간호학 등 임상 이론과목, 성인간호학실습 등 임상실습과목, 간호연구등 심화과목

4 대진대학교 간호학과를 졸업하면 어떤 일을 하게 되나요?

● 간호학과 졸업생 대부분은 일차적으로 임상기관(병원)에 취업함. 이후 경력을 쌓거나, 적성이 맞지 않은 경우 보건기관으로 이직함.
● 임상간호사, 간호직 공무원, 공공기관 간호사, 산업장 보건관리자, 보건교사(교육과정 신설 대학의 경우)

5 간호학과를 지망하는 학생들에게 필요한 역량과 길러야 할 자질은 무엇인가요?

- 역량: 영어, 기초과학 지식, 인문사회과학 지식
- 자질: 배려, 공감

6 간호학과 진학을 희망하는 학생들이 고등학교 때 열심히 공부해야 하는 교과와 과목을 추천해주시고, 그 이유는 무엇인가요?

- 인문사회과학: 간호대상인 인간에 대한 이해의 폭을 넓힘.
- 자연과학: 전공과목의 기초지식 습득
- 영어: 많은 간호용어가 영어로 되어 있으며, 우수한 병원일수록 치료자 간에 영어로 의사소통하는 사용하는 경우가 많음.

7 간호학과 진학을 희망하는 학생들에게 도움이 될 만한 도서 한 권을 추천해주시고, 그 이유는 무엇인가요?

- 간호사 직업관련 도서도 필요하지만 다양한 인문사회학적 소양을 쌓기 위한 독서 필요

8 간호학과 진학을 위해 '학생부종합전형'을 준비하는 학생들에게 도움이 될 만한 실험, 연구, 프로젝트, 학교활동 등을 추천해주시고, 그 이유는 무엇인가요?

- 어떤 프로젝트(실험)이건 자신이 주도하여 소기의 성과를 내면 됨.
- 다른 사람과 함께하며, 도움을 주는 봉사활동

9 간호학과 진학을 위해 '면접'을 준비하는 학생들에게 꿀팁을 알려주세요.

- 수상실적, 프로젝트(실험), 독서활동 등에 대해 충분히 말할 수 있어야 함. 간혹 오래 되어서 기억나지 않는다고 하는 경우가 있는데, 학생부의 신빙성에 의심을 갖게 함.

10 4차 산업혁명시대, 포스트 코로나시대 간호학과의 비전은 무엇인가요?

- 대진대학교 간호학과는 현재의 "인간중심의 간호인재를 양성하는 학생성공 중심의 학과"를 유지하고 있음.
- "정보통신기술 활용 능력이 있는 인재 양성"을 비전에 포함하기 위해, 개정 작업을 진행 중에 있음.

동명대학교

1 | 성명과 직책을 알려주세요.

김미옥, 간호학과장

2 | 동명대학교 간호학과의 특징과 장점은 무엇인가요?

동명대학교 간호학과는 대학의 건학이념을 바탕으로 세계 인류의 건강증진을 위해 봉사하며, 전문적 실무능력과 비판적 사고를 통한 해결능력을 갖춘 간호사를 배출하고자 합니다. 최근 Doing 교육 철학 기반의 실용교육을 중시하는 대학의 비전을 가지고 VR 첨단 통합시뮬레이션 교내실습교육과 부산대학교병원, 동아대학교병원, 해운대백병원 등 우수한 병원과의 MOU를 통한 임상실습교육을 통해 의료서비스의 중추적인 역량을 가진 인재양성을 위해 노력하고 있습니다. 또한, 동명대학교 졸업생들은 실습기관과 연계되어 매년 우수한 병원으로 입사하고 있는데, 수도권 지역으로 서울아산병원, 서울대학교병원, 분당서울대학교병원, 세브란스병원, 고려대학교의료원, 강북삼성병원, 중앙대학교병원, 아주대학교병원 등 상급종합병원과, 부울경 지역으로는 부산대학교병원, 양산부산대학교병원, 동아대학교병원, 인제대학교 부산백병원 및 해운대백병원, 울산대학교병원 등이 있습니다.

교육과정은 학년에 따라 전공기초, 전공일반 및 전공심화로 구성되어 있고 이론교육 후 실습교육이 연속적으로 이어지도록 학습성과에 기반하여 체계적으로 운영하고 있습니다. 1, 2학년 과정에서 간호학개론, 간호실무용어, 해부생리 및 실습, 기본간호학 등의 전공기초 교과목을 배우고 3, 4학년 과정에서 성인간호학, 아동간호학, 여성건강간호학, 간호관리학, 지역사회간호학, 정신간호학 등 간호사 면허시험 교과목들로 이론과 실습을 배우게 됩니다. 또한, well life 기반 미래 간호인재 양성을 위해 참간호프로그램, 임상간호실무영어교육프로그램, 취업캠프, 핵심기본간호술콘테스트 등 다양한 비교과 프로그램을 학과에서 시행하고 있고, 대학의 글로벌 프런티어, 해외봉사활동, 해외어학연수프로그램에도 간호학과 학생들이 많이 참여하여 글로벌 역량을 함양하는 데도 힘쓰고 있습니다.

간호학과 교육과정을 모두 이수하면 간호사 면허시험 응시자격이 주어지고 시험에 합격하여 면허를 가진 정식 간호사(RN, Registered Nurse)가 됩니다. 대부분의 졸업생들은 희망하는 병원에 취업하여 병동, 수술실, 중환자실 등 다양한 부서에서 근무하게 됩니다. 병원 이외에도 학교의 보건교사, 산업체 건강관리자, 제약회사나 정부 산하 보건 분야 단체 소속 직원, 보건소 간호직 공무원, 메디컬 코디네이터, 간호교육자 등 정말 다양한 분야에서 일하고 있습니다. 또한 졸업 후 전문간호사과정을 통해 마취전문, 노인전문, 감염관리 등 특정 업무를 담당하는 전문간호사로서도 활동할 수 있습니다.

5 **간호학과를 지망하는 학생들에게 필요한 역량과 길러야 할 자질은 무엇인가요?**

간호전문 지식과 기술의 습득, 그리고 정직과 신뢰를 바탕으로 원만한 대인관계가 가장 중요한 역량이라 생각됩니다. 인간의 생명을 다루는 직업이다 보니 전문지식 없이는 좋은 간호를 수행할 수 없기 때문에 학창 시절뿐만 아니라 현장에서 근무하는 동안 항상 배움의 자세로 최신의 전문지식과 기술을 습득하고자 노력하는 자세가 중요하고 또한 간호사는 의사와 환자 사이에서 가교 역할을 담당하고 있고 다양한 보건의료인과 협동하여 진행하는 업무들이 많아 원만한 대인관계를 유지할 수 있도록 노력해야 하겠습니다.

6 **간호학과 진학을 희망하는 학생들이 고등학교 때 열심히 공부해야 하는 교과와 과목을 추천해주시고, 그 이유는 무엇인가요?**

국어와 생명과학 교과를 추천하고 싶습니다. 어느 학과이든 학업을 잘 수행하기 위해서는 문해력이 기본바탕이 되어야 하므로 국어 과목이 중요하고 생명과학 교과는 간호학 전공과목 중 해부학, 생리학 교과 내용을 이해하는 데 도움이 됩니다.

7 **간호학과 진학을 희망하는 학생들에게 도움이 될 만한 도서 한 권을 추천해주시고, 그 이유는 무엇인가요?**

▶ 간호사, 프로를 꿈꿔라 (도나 윌크 카르딜로 저 | 한언)
이 책은 생생한 간호 현장의 살아있는 경험과 만날 수 있고, 간호사라는 직업에 대해 실재감을 줌으로써 '백의의 천사' 이미지만을 상상하며 간호학과에 지망하려는 학생에게 조금은 경종을 울릴 수 있고 앞으로 어떤 간호사가 되어야 할 것인가를 다짐할 수 있는 기회가 될 수 있다고 생각됩니다.

8 간호학과 진학을 위해 '면접'을 준비하는 학생들에게 꿀팁을 알려주세요.

간호학과에서 특별히 요구하는 면접 특성은 없습니다. 면접을 볼 때, 일반적인 의사소통 능력과 인성에 주안점을 두고 평가하고 있습니다. 깔끔한 복장과 신뢰감을 주는 태도, 자연스러운 시선 처리, 건강해 보이는 외모 등에 관심을 가지고 보는 편이고 면접 문제에 적합한 내용을 논리적인 문장으로 본인의 의사를 솔직하게 피력할 수 있으면 좋은 평가를 받을 수 있습니다

9 4차 산업혁명시대, 포스트 코로나시대 간호학과의 비전은 무엇인가요?

저는 2가지 관점에서 비전을 제시하고자 합니다. 첫째는 4차 산업혁명시대, 포스트 코로나시대 이후에도 인간애와 상호 접촉을 통한 애정은 변하지 않는 가치입니다. 좋은 간호는 인간애를 바탕으로 실현되는 것이므로 AI가 대신해줄 수 없으므로 변하지 않는 가치들에 좀 더 집중하여 사회가 요구하는 간호사들이 배출될 수 있도록 하는 것입니다. 둘째는 사회전반의 디지털화·스마트화에 대응하는 것입니다. 보건의료분야에서도 스마트 헬스케어 산업화가 본격화되고 있어 기존의 환자 대면 상담과 교육은 원격진료, 모바일헬스애플리케이션 등 온라인 서비스와 결합하여 이루어지고 있습니다. 이는 치료 중심에서 예방중심으로 의료서비스의 전환을 말해주고 있습니다. 학과에서는 교육과정 개발 등을 통해 4차 산업혁명시대에 이러한 변화들에 대응하기 위한 교과목 개설과 비교과프로그램의 개발에 대한 노력이 필요하다고 생각합니다.

CHAPTER 07

동서대학교

1 성명과 직책을 알려주세요.

강세원, 간호학과장

2 동서대학교 간호학과의 특징과 장점은 무엇인가요?

동서대학교 간호학과는 'The Only One 가치를 구현하는 미래형 간호인재'를 양성하는 비전을 가지고 있습니다. 학생 개개인이 지니고 있는 달란트를 발굴하여 The Only One 의 자기 가치를 구현하고 다변화시대에 다각도로 변화·대응할 수 있는 적응형 간호인재를 양성하고자 합니다. '탁월한 실무역량을 갖춘 전문인재' '미래 혁신에 대응하는 창의적 인재' '섬김의 인성을 갖춘 글로컬 인재' 상을 추구하고 있습니다. 교육목표로는 '통합적 간호지식과 숙련된 간호실무 기술을 바탕으로 전인간호를 실시한다' '자기조절능력과 소통 및 협동능력을 함양하여 변화하는 간호환경에 적응한다' '문제해결능력과 국내외 보건의료정책 변화대응능력을 함양한다' '인간존중과 전문직관을 바탕으로 돌봄의 가치를 실현한다'입니다. 동서대학교에서는 우수한 전문의료인을 양성하기 위해 대한심폐소생협회의 교육기관으로 인정받아 학과에서 BLS(기본심폐소생교육과정)/KALS(전문가심폐소생교육과정) 센터를 직접 운영하고 있습니다. 간호사 면허 취득 전에 2개의 심폐소생자격증을 취득할 수 있습니다. 간호학과 학생들이 교육과정 이외에 의료인으로서 필요한 필수자격증을 학교 다니면서 같이 취득할 수 있다는 것은 큰 장점이 되고 있습니다. 또한, 우수한 인재양성을 위한 실습환경들이 잘 구축되어 있습니다. 보건복지부 실습교육지원 사업기관으로 인증을 받아, 우수한 첨단시뮬레이션 센터가 학과 내에 구축되어 있고, 지역 내 주요대학병원들과 긴밀하게 연계되어 실습이 진행되고 있어서, 최신의 의료환경에서 간호사의 역할을 모두 실습해볼 수 있습니다. 동서대 간호학과의 또 하나의 장점은 우수한 취업률입니다. 대부분의 학생이 졸업 전에 자신이 취업할 곳을 모두 결정하고 마음 편하게 국가고시를 준비하고 학교생활을 마무리하게 됩니다. 물론 간호사 면허를 위한 국가고시는 전원 합격하고 있습니다. 취업병원으로는 서울 및 수도권 대형병원, 대학병원, 지역 내 대학병원을 포함한 상급종합병원에 대부분 취업을 하고 있습니다. 동서대 간호학과는 학과 분위기가 참 좋습니다. 교수님들과 학생들과의 관계도 좋고, 선후배 관계도 좋습니다. 학과가 2009년에 개설이 되어 오래되지 않아서 그런지 권위적 문화가 없고, 부드럽고 온화하다고 할 수 있습니다. 학업이 좀 부족하더라도 같이 격려해주고, 같이 끌어주는 문화들이 잘 형성되어 있습니다. 학습공동체라든지 멘토·멘티 프로그램들이 건설적으로 잘 운영되고 있습니다.

3 | 동서대학교 간호학과에서는 구체적으로 무엇을 배우나요?

1학년 과정에서는 주로 교양과목과 전공기초과목, 2학년 과정에서는 전공기초과목과 기본간호학실습, 전공필수 일부과목, 3학년 과정에서는 전공필수 과목과 임상실습교과목, 4학년 과정에서는 전공필수 과목과 임상실습, 지역사회 다양한 분야의 현장실습 등이 진행됩니다. 동서대학교 간호학과 교육과정은 한국간호교육평가원으로부터 인증을 받아서 진행되므로 전문의료인으로서 학업역량을 완성하는 데 손색이 없습니다.

4 | 동서대학교 간호학과를 졸업하면 어떤 일을 하게 되나요?

간호학과 졸업 후 간호사 면허시험에 합격하면 의료기관의 임상간호사로서 활동할 수 있습니다. 또한 임상경험과 함께 더 전문적인 교육 및 자격시험을 거쳐 전문간호사로서 활동할 수 있습니다. 또한 국외에서 간호사로서 활동을 원하시는 분은 NCLEX-RN 면허를 취득하시면 미국에서 임상간호사로서 활동하실 수 있습니다. 또한, 간호학과 졸업 후 병원임상간호사 이외의 많은 다양한 곳에서 일을 할 수 있습니다. 간호직 공무원, 보건직 공무원, 국민건강보험공단, 국민연금공단, 소방공무원 등으로 일을 할 수 있고요, 회사나 사업장에서 근로자들의 건강관리를 하는 산업간호사로서 일을 할 수 있습니다. 그리고 조산사, 사례관리자, 보험심사간호사, 보건교육사, 제약회사, 의료기기 회사에서 일을 할 수 있습니다. 그리고 임상경력을 바탕으로 대학원의 과정을 거쳐, 학생을 가르치는 교육기관이나 연구소 등에서 일을 하실 수 있습니다.

5 | 간호학과를 지망하는 학생들에게 필요한 역량과 길러야 할 자질은 무엇인가요?

간호인이 되고자 하는 학생들은 전문 지식뿐 아니라 인간에 대한 관심이 많고 소명의식이 잘 갖춰지면 좋겠습니다. 단순히 취업이 잘되니까 간호학과를 오는 게 아니라, 자신의 직업과 역할에 대한 사명감이 있으시면 좋겠습니다.

6 간호학과 진학을 희망하는 학생들이 고등학교 때 열심히 공부해야 하는 교과와 과목을 추천해주시고, 그 이유는 무엇인가요?

고등학교의 어떤 특정 교과목이 중요하다고 생각하지는 않습니다. 대신에 학업을 하는데 있어서 성실한 습관이 형성되어 계시면 좋겠고, 이에 따른 꾸준함, 지구력, 책임감이 갖춰지면 좋겠습니다. 그리고 사람을 대상으로 하는 학문이라 타인에 대한 배려심, 공감 능력들이 잘 형성된 분이시면 충분하실 것 같습니다.

7 간호학과 진학을 희망하는 학생들에게 도움이 될 만한 도서 한 권을 추천해주시고, 그 이유는 무엇인가요?

▶ 나는 간호사, 사람입니다 (김현아 저 | 쌤앤파커스)

2015년 메르스 사태에 비상이었던 간호현장을 다룬 내용입니다. 팬데믹에 맞서 싸우는 간호사들의 노력과 용기를 볼 수 있으며, 팬데믹 속 간호현장이 어떻게 이루어지고, 어떤 간호를 제공하는지를 배울 수 있습니다.

8 간호학과 진학을 위해 '학생부종합전형'을 준비하는 학생들에게 도움이 될 만한 실험, 연구, 프로젝트, 학교활동 등을 추천해주시고, 그 이유는 무엇인가요?

생명과학과 관련된 어떠한 거라도 좋을 것 같습니다. 과학적 사고를 할 수 있는 역량을 키우는 어떤 활동이라도 좋을 것 같습니다. 본인이 좋아하는 주제를 선택해보시면 좋겠습니다. 그리고 시야를 조금 확대해서 보건의료분야의 관심과 활동을 보여주면 좋겠고, 인문·사회적 측면으로 인간과 윤리에 대한 관심도 좋을 것 같습니다.

9 | 간호학과 진학을 위해 '면접'을 준비하는 학생들에게 꿀팁을 알려주세요.

요즘은 비대면 면접도 있고 대면 면접도 있습니다. 동영상을 업로드해서 면접을 하는 방법이 있고, 그리고 직접 면접관을 보고 면접하는 방법이 있습니다. 어떤 면접형태이든지 간에 성실하게 준비했다는 느낌을 줄 수 있도록 하시는 것이 필요하실 것 같습니다.

10 | 4차 산업혁명시대, 포스트 코로나시대 간호학과의 비전은 무엇인가요?

아무리 기술이 발달하더라도 기술이 대체 하지 못하는 부분이 있습니다. 그 분야가 간호학 분야입니다. 그래서 간호학의 분야는 이제야 시작이라고 말할 수 있는 밝은 미래를 가지고 있습니다. 노인의 인구가 증가하고 인간의 수명이 연장되고, 건강증진이 지속적으로 요구되고 있기 때문에 간호가 나아갈 방향은 무한하다고 할 수 있습니다. 이를 위해서 여러분과 같은 유능한 간호인재가 많이 필요합니다.

CHAPTER 08 동양대학교

1 | 성명과 직책을 알려주세요.

이숙경, 간호학과장

2 | 동양대학교 간호학과의 특징과 장점은 무엇인가요?

● 동양대학교 간호학과 교육목표

S(science): 간호문제 해결을 위해 과학적으로 지식과 기술을 적용한다.

U(uprightness): 간호사로서 법적, 윤리적 책임을 인식한다.

N(networking): 건강한 관계 형성을 위한 의사소통과 협동능력을 함양한다.

B(beyond): 국내외 보건의료 환경 변화에 대응한다.

I(initiative): 간호목표 달성을 위한 리더십을 갖춘다.

3 | 동양대학교 간호학과에서는 구체적으로 무엇을 배우나요?

간호사의 역량을 갖출 수 있는 지식과 기술을 배웁니다.

4 동양대학교 간호학과를 졸업하면 어떤 일을 하게 되나요?

임상현장에서 근무하는 간호사가 대표적이며, 보건직 공무원, 간호장교 및 산업체에서 근무하기도 합니다.

5 간호학과를 지망하는 학생들에게 필요한 역량과 길러야 할 자질은 무엇인가요?

의사소통능력과 상황분석능력이 중요하다고 생각합니다.

6 간호학과 진학을 희망하는 학생들이 고등학교 때 열심히 공부해야 하는 교과와 과목을 추천해주시고, 그 이유는 무엇인가요?

- 국어: 대상자 및 동료와의 정확한 의사소통과 기록
- 영어: 전문분야의 의사소통
- 생물: 생명체의 원리
- 화학: 생명체 및 환경의 원리

7	간호학과 진학을 희망하는 학생들에게 도움이 될 만한 도서 한 권을 추천해주시고, 그 이유는 무엇인가요?

▶ 콜 더 미드와이프 (제니퍼 워스 저 | 북극곰)

1950년대 세계대전 이후 런던 빈민가에서 주민들의 임신과 출산, 전반적인 보건생활까지를 함께했던 간호사들의 이야기로 간호가 있어야 할 곳, 사람들을 위해 해야 할 일 등이 에피소드와 함께 실감할 수 있음. 같은 제목의 드라마도 있음.

8	간호학과 진학을 위해 '학생부종합전형'을 준비하는 학생들에게 도움이 될 만한 실험, 연구, 프로젝트, 학교활동 등을 추천해주시고, 그 이유는 무엇인가요?

병원 봉사, 심폐소생술 수업 등을 추천합니다.

9	4차 산업혁명시대, 포스트 코로나시대 간호학과의 비전은 무엇인가요?

포스트 코로나 시대에 감염관리와 같은 간호의 핵심 업무는 더욱 그 중요성이 강조될 것으로 생각합니다. 따라서 간호학과를 졸업한 후에는 감염관리에 중심역할을 할 감염관리전담간호사, 감염관리실무전문가, 감염관리전문간호사 등의 직업군들에 도전할 수 있는 자격이 주어집니다. 이는 포스트 코로나시대 간호학과의 비전이라 할 수 있고, 또한 간호사들은 이러한 기회를 통해 감염병 예방 및 관리를 위한 핵심적이며 중추적인 역할을 할 것으로 예상합니다.

PART 02 간호학과 슈퍼비전(간호학과장 인터뷰)   137

삼육대학교

1 성명과 직책을 알려주세요.

신선화, 간호학과장

2 삼육대학교 간호학과의 특징과 장점은 무엇인가요?

삼육대학교 간호학과는 1974년에 개설되어 49년 전통의 오랜 역사를 가지고 있으며, 2천 여 명 이상의 졸업생을 배출하였습니다. 또한 우리나라 최초로 남녀공학을 실시한 간호 학과입니다. 간호학과는 기독교 정신을 바탕으로 전인 간호 및 치료적 돌봄을 실천할 수 있도록 실무능력을 갖춘 간호 전문인력을 양성하고 있습니다. 이를 위하여 임상실무 경력이 우수한 교수진을 확보하고 있으며, 대학원 과정을 운영하여 석사 및 박사를 배출함으로써 간호지도자를 양성하는 데 기여하고 있습니다. 간호학과는 워낙 학업량이 많아서 행복한 대학 생활을 보내기 어려울 수 있지만, 힘들고 고된 만큼 평생을 걸쳐 타인을 간호하는 가치 있는 직업으로 인해 보람을 경험할 수 있습니다.

3 삼육대학교 간호학과에서는 구체적으로 무엇을 배우나요?

간호학은 인간의 건강과 안녕 상태를 증진시키기 위해 인문, 사회 및 자연과학을 기초로 한 실용적인 학문입니다. 인간을 대상으로 돌봄을 실천하기 위해 간호사의 기본 소양을 함양하도록 1학년부터 4학년까지 체계적인 교육과정을 구축하여 운영하고 있습니다. 1학년은 간호학 입문을 위한 기초 교과목을 학습하고, 2학년부터 간호 실무에 필요한 전문 기초 교과목 및 기본간호학실습을 학습하며, 3학년과 4학년은 간호사 국가고시에 필수적인 전공이론 교과목을 중심으로 실무에 필요한 임상실습 및 시뮬레이션실습을 통해 예비 간호사의 학습경험을 하게 됩니다. 간호학과 교육과정을 통해 간호전문직관과 윤리적 가치관을 형성하고 능동적인 실무적응력을 함양할 수 있습니다.

4 삼육대학교 간호학과를 졸업하면 어떤 일을 하게 되나요?

우리 간호학과 졸업생의 70~80%는 서울과 수도권에 위치한 상급종합병원 및 대학병원에 취업하여 임상간호사로서 환자를 돌보는 간호업무를 수행하게 됩니다. 간호업무는 24시간 환자를 가장 가까운 곳에서 돌보는 것으로, 대상자의 건강문제를 진단하고 치료를 목적으로 투약 및 처치를 수행하는 업무를 담당합니다. 일부 졸업생은 보건직 및 소방직 공무원, 산업체 간호사, 대학원 진학 등으로 진출하여 병원 현장이 아닌 곳에서 대상자의 건강 및 삶의 질 향상을 위한 간호를 수행합니다.

5 간호학과를 지망하는 학생들에게 필요한 역량과 길러야 할 자질은 무엇인가요?

간호의 본질은 '돌봄'으로서 반드시 상대방의 대상이 있어야 합니다. 따라서 간호학과를 지망하는 학생들은 사람을 만나서 대화하는 것을 좋아하고, 상대방의 마음과 신체 건강을 돌볼 수 있는 배려하는 자세가 필요합니다. 환자, 보호자, 간호사 동료, 의료진 등 다양한 사람들과의 관계를 형성하고 소통하는 데 어려움이 없어야 하며, 자신이 담당하는 대상자의 간호문제를 능동적으로 찾아서 해결하기 위해 책임감이 강해야 합니다. 간호의 수준을 높이기 위해 꾸준히 노력하는 성실성과 자신에게 다가온 상황을 유연하게 대처할 수 있는 문제해결능력이 필요하다고 생각합니다.

6 | 간호학과 진학을 희망하는 학생들이 고등학교 때 열심히 공부해야 하는 교과와 과목을 추천해주시고, 그 이유는 무엇인가요?

인간의 생명이나 질병과 관련하여 인체에 대한 관심을 가지고 생명과학이나 화학의 과학 교과목을 열심히 공부하도록 추천하고 싶고, 투약의 기본적인 것을 다루고 건강과 관련된 자료를 수집하고 분석하기 위해 수학적인 계산능력이 필요합니다. 거기에 더불어 정신건강을 다루는 데 기초가 되는 심리학, 생명윤리를 학습하면 좋을 것 같습니다.

7 | 간호학과 진학을 희망하는 학생들에게 도움이 될 만한 도서 한 권을 추천해주시고, 그 이유는 무엇인가요?

최근 간호사 출신의 작가들이 출판한 책들이 많이 있습니다. 간호사 직업에 대한 이해도를 높이기 위해 간호사의 경험담이 수록된 책을 가볍게 읽어보는 것이 도움이 되리라 생각합니다.

8   간호학과 진학을 위해 '학생부종합전형'을 준비하는 학생들에게 도움이 될 만한 실험, 연구, 프로젝트, 학교활동 등을 추천해주시고, 그 이유는 무엇인가요?

간호는 아픈 환자뿐만 아니라 건강한 사람도 포함하여 인간 전체를 대상으로 합니다. 인간의 신체 및 정신건강 문제를 탐색하고 증진시키는 프로젝트를 기획해보면 어떨까 합니다. 주변에 있는 대상자의 건강문제를 찾아보고, 건강문제를 개선 또는 증진시키는 프로젝트를 기획하고 진행해보면서 간호의 의미를 찾아보면 좋을 것 같습니다.

9   간호학과 진학을 위해 '면접'을 준비하는 학생들에게 꿀팁을 알려주세요.

간호사의 밝은 에너지는 아픈 환자분들에게 좋은 영향을 미칩니다. 또한 전문가다운 모습은 당당하고 적극적인 자세도 필요하지만, 상대방에게 신뢰를 줄 수 있는 태도가 더욱 중요합니다. 따라서 면접에 임할 때 밝은 표정과 말투, 신뢰감을 주는 자신감을 표현해주면 좋을 것 같습니다.

10   4차 산업혁명시대, 포스트 코로나시대 간호학과의 비전은 무엇인가요?

4차 산업혁명시대를 맞아 간호학계에도 많은 변화를 맞이하고 있습니다. 간호 및 건강정보에 대한 빅데이터를 탐색하고 과학적 근거를 형성하는 간호연구자의 역량 증진에 집중하겠습니다. 또한 인공지능을 활용한 건강관리서비스, 간호교육콘텐츠, 의료기기 개발 등 보건의료환경의 변화에 대응하고자 간호학과 교육과정을 개선하여 미래형 간호전문인을 양성하기 위해 노력할 것입니다.

수원대학교

1 성명과 직책을 알려주세요.

차은정, 간호학과장

2 수원대학교 간호학과의 특징과 장점은 무엇인가요?

본 대학 간호학과는 4차 산업혁명시대에 필요한 인재양성관인 미래혁신관에 위치하여 최적의 교육환경을 제공하고 있으며, 책임지도 교수제를 통해 1학년부터 졸업 후까지 학생들을 지속적으로 지도하고 있습니다. 또한 시대적 변화에 대응할 수 있는 인재 양성을 위해 지속적인 교육과정의 개발 및 적용, 다양한 영역의 교양과목을 제공하고 있습니다. 임상실습을 위해 여러 기관과 임상협약을 체결하고 있으며, 다양한 환자 역할이 가능한 최첨단의 '휴먼 페이션트 시뮬레이터(Human Patient Simulator; HPS)'를 활용하여 학생들이 실제와 유사한 모의 임상 실습을 할 수 있도록 시뮬레이션센터를 운영하고 있습니다. 아울러 본 대학의 국제협력처와 함께 미국, 중국, 일본 등 여러 국가의 대학들과 활발한 교류를 진행하고 있으며, 학과의 자체 동아리 활동 및 짝선배 프로그램 등으로 선후배 간의 유대관계가 좋아 학교생활 적응에 도움을 받으며, 졸업 후에도 지속적인 교류가 이루어져 수원대학교 간호학과만의 좋은 문화를 갖고 있습니다.

3 수원대학교 간호학과에서는 구체적으로 무엇을 배우나요?

학과의 교육목적 및 목표와 연결된 8가지 역량을 졸업시점에 달성할 수 있도록 교육과정이 편성되어 있습니다. 즉 전문직 간호사로서 갖추어야 할 전공 지식과 관련 임상실습, 대상자인 인간의 이해를 위한 인문사회과목, 다양한 교양과목과 글로벌 인재 양성을 위해 영어(ESL)와 중국어(CSL)가 필수교양으로 지정되어 모든 학생들이 수강하고 있습니다. 그 외 봉사활동, 논문발표, 졸업핀 수여식 및 홈커밍데이 등 학과활동, 산업체 견학 등 다양한 비교과 활동을 제공하고 있습니다.

4 수원대학교 간호학과를 졸업하면 어떤 일을 하게 되나요?

대부분 간호학과들과 마찬가지로 대부분 임상간호사로 일하게 됩니다. 본 학과 졸업생들의 90% 이상은 졸업 후 병원에서 근무하고 그 외 보건직 공무원 및 연구간호사 등을 하고 있습니다. 현재 졸업생들은 대부분 대형병원에서 임상실무간호사 및 교육간호사, PA 등을 하고 있으며, 수년간의 임상실무 경험 후 미국 간호사, 의료기기 회사, 간호장교 등 다양한 현장에서 일하고 있습니다.

5 간호학과를 지망하는 학생들에게 필요한 역량과 길러야 할 자질은 무엇인가요?

간호의 대상자들은 인간입니다. 인간에 대한 이해를 통해 공감능력을 향상시킴으로써 진정한 돌봄을 실천할 수 있을 것입니다.

6 간호학과 진학을 희망하는 학생들이 고등학교 때 열심히 공부해야 하는 교과와 과목을 추천해주시고, 그 이유는 무엇인가요?

영어와 전공기초과목으로 생명과학과 화학입니다. 영어는 전공과목의 학습을 위한 기초가 되며, 졸업인증 기준으로 토익성적이 필요합니다. 또한 취업 시 토익성적이 필요하므로 영어실력을 갖추고 대학에 오게 되면 학습이 수월해질 것 같습니다. 생명과학과 화학은 전공기초과목인 병태생리학, 약물의 기전과 효과, 인체구조와 기능 등의 과목을 이수하는 데 필요한 기초과목입니다.

7 간호학과 진학을 희망하는 학생들에게 도움이 될 만한 도서 한 권을 추천해주시고, 그 이유는 무엇인가요?

▶ 플로렌스 나이팅게일 평전 (김창희 저 | 맑은샘)

『플로렌스 나이팅게일 평전』이란 책을 추천하고 싶습니다. 어렸을 때 보는 위인전에서의 나이팅게일여사가 아니라 현대 간호사의 진정한 리더로서 역량을 발견할 수 있으며, 전공 선택에 있어 새로운 영감과 통찰력을 제시해줄 것입니다.

8 간호학과 진학을 위해 '학생부종합전형'을 준비하는 학생들에게 도움이 될 만한 실험, 연구, 프로젝트, 학교활동 등을 추천해주시고, 그 이유는 무엇인가요?

수원대학교의 경우 학생부종합전형이 사실상 없습니다. 면접전형이 유사 전형이라 볼 수 있는데 면접 시 고교시절의 다양한 경험들이 면접에 도움이 될 것 같습니다. 포트폴리오와 관련되어 점수화 되는 항목은 없습니다.

9 간호학과 진학을 위해 '면접'을 준비하는 학생들에게 꿀팁을 알려주세요.

인성면접을 시행하고 있습니다. 전공지식이나 상식을 질문하는 면접이 아니므로 본인의 생각을 잘 정리해서 자신감 있게 답변하는 연습을 많이 해보는 것이 도움이 될 것 같습니다. 구체적 면접문항에 대해서는 수원대학교 재학생의 인터뷰를 참고하시면 되겠습니다.

10 4차 산업혁명시대, 포스트 코로나시대 간호학과의 비전은 무엇인가요?

본 대학 간호학과의 비전은 '건강문화를 선도하는 전문 간호인'입니다. 4차 산업혁명시대에 부합한 건강관리를 위해 ICT를 기반으로 한 질적인 간호를 제공할 수 있는 인재를 양성하고자 최상의 교육환경을 제공하고자 합니다.

신한대학교

1 성명과 직책을 알려주세요.

양승희, 간호학과장

2 신한대학교 간호학과의 특징과 장점은 무엇인가요?

경기북부 4년제 종합대학의 간호대학 간호학과로, 간호대학뿐만 아니라 대학으로서의 지원과 체계가 잘 갖추어져 다양한 경험과 혜택을 누릴 수 있습니다. 본 간호대학 간호학과의 장점은 내적으로 다양한 임상경력을 보유한 교수진이 학생들에게 수준 높은 교육을 제공함으로써 이를 통해 간호 대상자 및 보건의료인과 효율적인 의사소통 및 상호협력하는 능력을 향상시키고 리더십 능력을 함양할 수 있는 교육환경을 제공하는 것입니다. 또한 외적으로도 임상에서 필요로 하는 간호 술기를 충분히 훈련할 수 있는 전공교과목별 교내실습실을 갖추고 있습니다. 또한 간호대학 건물 바로 위에 기숙사가 있어서, 보다 학업에 집중할 수 있습니다. 이 뿐만 아니라 다양한 임상실습기관을 확보하여 실무역량을 갖춘 전문 간호인 배출을 위한 충분한 인프라를 확보하고 있습니다.

3 신한대학교 간호학과에서는 구체적으로 무엇을 배우나요?

전공교과목인 기본간호학, 성인간호학, 모성간호학, 아동간호학, 정신간호학, 지역사회간호학, 간호관리학을 배우고 있습니다. 이런 전공교과목을 배우기 위한 전공기초 교과목으로 인간과 환경에 대한 이해에 필요한 인문사회교과목과 해부학 및 생리학 등 자연과학교과목을 배웁니다. 또한 전공선택교과목으로 학생들의 관심에 따라 심도 있는 간호학 공부에 필요한 교과목들을 배울 수 있습니다. 그 외 4년제 대학으로서 가능한 다양한 교양교과목과 비교과프로그램을 통해 간호사로 성장하기 위한 것들을 배우게 됩니다.

4 신한대학교 간호학과를 졸업하면 어떤 일을 하게 되나요?

간호학과를 졸업하면 많은 경우 병원에 취업하여 간호사로 일합니다. 병원간호사는 일반병동과 특수부서 즉 중환자실, 수술실, 마취과, 응급실, 인공신장실뿐만 아니라, 병원 내 다양한 행정부서에서 근무하게 됩니다. 그리고 지역사회 보건소, 정신건강복지센터, 건강보험공단, 건강보험심사평가원 등 공공기관에 취업하기도 합니다. 또한 보건교사, 항공간호사, 산업체 간호사, 의료기기 및 제약회사 연구원, 방문간호센터 등 창업을 통한 사업가로 다양한 곳에서 일합니다.

5 간호학과를 지망하는 학생들에게 필요한 역량과 길러야 할 자질은 무엇인가요?

간호사는 질병이 있는 대상자에게 간호를 제공하는 사람으로서, 기본적으로는 환자와 끊임없는 상호작용을 하고, 그 환자에게 간호를 제공합니다. 이를 위해서는 의사뿐만 아니라, 병원 내 다양한 업무를 하는 사람들과 협력하여 일을 해야 합니다. 따라서 사람을 존중하는 인성과 문제를 해결하는 비판적 사고와 적극적이고 열정적인 자질이 필요합니다.

6 간호학과 진학을 희망하는 학생들이 고등학교 때 열심히 공부해야 하는 교과와 과목을 추천해주시고, 그 이유는 무엇인가요?

고등학교에서 학습하는 교과목은 모두 기초 지식에 해당합니다. 자신의 생각을 잘 정리해서 말을 하고 글로 표현할 수 있었으면 합니다. 이에 해당하는 교과목이 국어 관련 교과목이 가장 많이 해당 될 것 같습니다. 또한 논리적이고 비판적 사고를 위한 교과목이라면 수학 관련 교과목이라고 생각이 됩니다. 이렇듯 다양한 교과목을 열심히 공부하면 좋겠습니다. 하지만 추천을 드린다면 무엇보다도 간호학 공부를 위해서는 과학 관련 교과목 특히 생명과학과 화학을 열심히 공부하시면 간호학과 1, 2학년 동안 좀 수월하게 공부할 수 있습니다. 다시 말씀드리지만, 전문직 간호사로서 성장하기 위해서는 모든 교과목에 충실해주실 것을 당부합니다.

7 간호학과 진학을 희망하는 학생들에게 도움이 될 만한 도서 한 권을 추천해주시고, 그 이유는 무엇인가요?

▶ 사랑으로 세상을 바꾼 위대한 간호사 나이팅게일 (샘 월만 저 | 상상북스)

『사랑으로 세상을 바꾼 위대한 간호사 나이팅게일』을 추천합니다. 나이팅게일은 간호학의 상징적인 인물입니다. 그의 정신이 간호학의 근본을 이룬다고 생각합니다. 간호를 필요로 하는 대상자들에게 어떻게 문제를 해결할 수 있는지를 몸소 본을 보여주신 분입니다. 여러분이 진정 간호학도가 되기 위한 기본 자질이 무엇인지를 알 수 있을 것으로 생각합니다.

8 간호학과 진학을 위해 '학생부종합전형'을 준비하는 학생들에게 도움이 될 만한 실험, 연구, 프로젝트, 학교활동 등을 추천해주시고, 그 이유는 무엇인가요?

신한대학교 학생부종합전형의 특징은 다양성을 존중하는 평가를 시행한다는 것입니다. 전공 관련된 교과, 비교과 활동 모두 유의미하게 평가하며, 전공 적합성뿐만 아니라 인성, 리더십 등을 전공 못지않게 중요하게 평가합니다. 따라서 전공 역량에서 많은 활동을 보여주기 어렵더라도 그 외 영역에서의 유의미한 활동이 많이 있다면, 충분히 만회될 수 있으니 이점을 잘 활용하여 지원하시기 바랍니다.

9 간호학과 진학을 위해 '면접'을 준비하는 학생들에게 꿀팁을 알려주세요.

신한대학교 면접고사는 지원동기 및 논리적 사고력, 인성을 중심으로 평가합니다. 지원동기에서는 지원동기와 포부를, 논리적 사고력 및 인성에서는 간호학과 관련 논리적 사고력, 가치관, 성품, 협동성 등의 기본소양을 질문합니다. 교과 범위 내 질문을 진행하며, 전공에 대한 구체적인 질문을 하지 않는다는 점, 면접문제를 공개한다는 점 등을 고려하여, 공개된 면접문제를 성실하게 준비하여 답변하는 것이 좋습니다. 특히, 면접시간이 3분 내외로 짧고, 지정된 질문 외 다른 질문(꼬리 질문 포함)을 하지 않으니 짧은 시간 내 수험생 본인의 생각을 잘 표현하는 것이 가장 효과적인 면접 준비가 될 수 있습니다.

10 | 4차 산업혁명시대, 포스트 코로나시대 간호학과의 비전은 무엇인가요?

4차 산업혁명시대를 맞아 건강과 의료의 패러다임이 전환되고 있습니다. 간호사가 보다 환자 곁에서 직접간호에 집중할 수 있도록 디지털화를 통한 스마트한 간호 친화적 환경이 구축되고 있습니다. 이러한 변화에 따라 간호학과의 비전은 기본에 충실하지만 미래사회를 선도할 수 있도록 빠른 속도로 진화하는 디지털 헬스케어 활용 및 개발을 교육과정에 포함하여 미래사회의 핵심이 될 창의융합적 사고를 갖춘 학생을 육성하는 것입니다.

CHAPTER
12

우석대학교

1 | 성명과 직책을 알려주세요.

최혜선, 간호학과장

2 | 우석대학교 간호학과의 특징과 장점은 무엇인가요?

우석대학교 간호학과는 1997년에 개설되어 2018년 전북지역 사립대학 최초 간호대학으로 승격한 역사와 전통을 자랑하는 학과입니다. 또한 3주기 간호교육인증평가 간호학 학사학위 프로그램 5년 인증을 획득하여 유지하고 있습니다. 대학원 과정도 개설하여 운영 중입니다. 특별히 가정전문간호사 과정이 있습니다. 우석대학교 간호학과는 생명존중의 인성(Respect)과 근거기반 실무능력을 겸비하여(Excellence) 급변하는 보건의료 환경에서 최고의 역량을 발휘(Diversity)하는 간호인재를 양성하기 위해 노력하고 있습니다. 매년 수도권 소재 의료기관, 전북지역을 포함한 호남권 및 충청권 소재 의료기관에 높은 취업률을 자랑하고 있습니다. 교직이수 과정도 있는데요, 보건교사의 꿈을 가진 간호대학생들에게 무척 인기가 많습니다. 현재 간호대학은 간호학사, 간호학석사, 가정전문간호사를 다수 배출하였고, 졸업생들은 다양한 보건의료현장에서 임상간호사, 전문간호사, 교수, 보건교사, 산업보건관리자, 간호직 공무원 등으로 진출하여 국민건강을 증진시키며 삶의 질을 향상시키기 위해 열정적으로 활동하고 있습니다. 이러한 점이 우석대학교 간호대학 간호학과의 특징이자 장점입니다.

3 우석대학교 간호학과에서는 구체적으로 무엇을 배우나요?

간호학(Science of Nursing)은 인간의 건강을 유지·증진하고 질병으로부터 회복할 수 있도록 돕는 인본주의에 기반한 응용과학이자 실천학문입니다. 간호학은 인간을 대상으로 하기 때문에, 인간을 사회·문화적 존재로 이해하고 인간과 사회 현상을 탐구하는 기초과목 또는 탐색과목을 배웁니다. 이를 간호학 전공기초 교과목이라고 하는데요, 인간과 사회의 이해 및 의사소통 관련 인문사회과학 교과목(인간관계 및 의사소통, 마음과 행동, 철학과 윤리 등), 자연과학 교과목(해부학, 생리학, 병리학, 약리학 등)을 저학년(1, 2학년)에 배웁니다. 2학년이 되면 본격적으로 간호학 전공 분야별 교과목을 배우게 되는데요, 첫 번째로 배우는 전공 교과목은 기본간호학입니다. 이후에 분야별 교과목(성인간호학, 아동간호학, 여성건강간호학, 지역사회간호학, 정신간호학, 간호관리학)을 단계적으로 배우게 됩니다. 당연히 전공 교과목별로 임상실습도 필수적으로 배웁니다.

4 우석대학교 간호학과를 졸업하면 어떤 일을 하게 되나요?

학생들이 가장 잘 알고 있는 병원에서 간호사로 일할 수 있습니다. 하지만 간호학과를 졸업하면 간호사 면허(자격) 취득 후 일할 수 있는 분야는 무척 많습니다. 크게 3가지 분야로 나누어서 설명해 보겠습니다. 먼저 임상중심 분야는 의료기관 간호사, 전문간호사, 조산사, 보험심사간호사, 해외(예: 미국) 취업 간호사로 일할 수 있습니다. 두 번째 보건중심 분야는 공무원(간호직, 보건직, 소방직 등)과 산업 시설 및 기관 산업간호사로 일할 수 있습니다. 세 번째, 교육 및 연구중심 분야는 보건교사, 간호학전공 교수, 연구간호사, 공공기관의 보건연구원이 가능합니다. 학생들이 생각했던 병원 간호사 외에도 정말 다양한 분야로 진출을 합니다.

5 **간호학과를 지망하는 학생들에게 필요한 역량과 길러 야 할 자질은 무엇인가요?**

국내외 간호 전문직에서 요구하는 역량이 있는데요, 그 중 가장 기본이자 우선시 되는 것 은 바른 인성 함양입니다. 타인, 공동체, 자연과 더불어 사는 데 필요한 인간다운 성품과 역량, 내면의 성숙을 함양할 수 있도록 다양한 교과 외 활동을 하길 권장합니다. 예를 들 어, 학생회나 동아리 활동, 봉사활동, 취미활동을 하길 바랍니다. 하지만 무엇보다도 고 등학생이라면 학교 내신 공부를 충실히 하여 고등교육 지식을 잘 습득해야 하는 것은 '기 본 중 기본'입니다.

6 **간호학과 진학을 희망하는 학생들이 고등학교 때 열심 히 공부해야 하는 교과와 과목을 추천해주시고, 그 이유 는 무엇인가요?**

저는 고교 교육과정에서 배우는 과학교과를 충실하게 학습하도록 추천하고 싶습니다. 간 호학을 제대로 공부하기 위해서는 통합과학, 물리학, 화학, 생명과학에 대한 기초지식이 탄탄해야 학습하기 쉽기 때문입니다. 추가적으로 영어도 열심히 공부하길 추천합니다. 간 호학 전공교재는 영어 번역서나 논문이 많습니다. 의학용어도 사용할 일이 아주 많으므 로 영어 또한 빠르고 정확하게 독해하는 능력을 키우는 것이 중요하답니다.

7 **간호학과 진학을 희망하는 학생들에게 도움이 될 만한 도서 한 권을 추천해주시고, 그 이유는 무엇인가요?**

- 『나는 간호사, 사람입니다』 (김현아 저 | 쌤앤파커스)
- 『나는 꿈꾸는 간호사입니다』 (김리연 저 | 허밍버드)
- 『무너지지 말고 무뎌지지도 말고』 (이라윤 저 | 문학동네)
- 『사막을 달리는 간호사』 (김보준 저 | 포널스출판사)
- 『거기 사람 있어요』 (박도순 저 | 윤진)

간호사가 저자인 『나는 간호사, 사람입니다』 『나는 꿈꾸는 간호사입니다』 『무너지지 말고 무뎌지지도 말고』 『사막을 달리는 간호사』 『거기 사람 있어요』 도서를 추천합니다. 간호사의 새로운 면을 알 수 있는 책들이에요. 제가 추천하는 도서를 읽고 나면 학생들 스스로 간호사라는 진로를 정하는 데 도움 받을 수 있습니다. 그 밖에도 유명대학에서 추천하는 권장도서도 추천합니다.

8 | 4차 산업혁명시대, 포스트코로나시대 간호학과의 비전은 무엇인가요?

코로나 감염사태와 인구의 고령화가 가속화되면서 헬스케어 직종은 더욱 각광받으며 유망 직종으로 간호사는 빠지지 않고 있습니다. 실례로 미국 유에스 뉴스월드리포트지(US News World Report)는 매년 유망직종을 선정하여 발표하는데, 2022년 유망직종 2위가 간호사(Nurse Practitioner)였습니다. 4차 산업혁명시대에 건강에 대한 관심은 더욱 증가되고 있고, 신종 감염병의 출현 위험성도 커지게 되면서 이러한 변화의 최전방에 선 간호사의 역할은 더욱 커지고 있답니다. 우석대학교 간호대학 간호학과는 이러한 시대적 변화에 발맞추어 간호교육철학과 교육목적 및 교육목표에 근거한 'RED'(RESPECT · EXCELLENCE · DIVERSITY), '생명존중 인성과 근거기반 실무능력으로 글로벌 역량강화'를 비전으로 설정하여 우수한 간호인재를 양성하고 있습니다.

우송대학교

1 | 성명과 직책을 알려주세요.

김진숙, 간호학과장

2 | 우송대학교 간호학과의 특징과 장점은 무엇인가요?

1) 특징

가. 국제간호특성과 과정 운영(러시아, 아랍어, 중국어 중 택 1, 12학점 취득, Inter-
   national Global Nursing (6학점)

나. 2+2 복수학위제도 운영(미국의 웨스트버지니아 주 Fairmont State University)

2) 장점

재학생이 외국어 습득을 통해 외국인 대상의 전인간호를 제공할 수 있는 능력을 함양.
구체적인 내용은 아래 사이트 참고

https://nursing.wsu.ac.kr:444/page/index.jsp?code=n_nursing0103

3 우송대학교 간호학과에서는 구체적으로 무엇을 배우나요?

교과 과정으로는 교양교과목, 전공기초(자연과학, 인문사회과학 등), 전공필수, 전공선택, 간호전공심화트랙(러시아, 아랍어, 중국어 중 택 1, International Global Nursing) 교과목을 배우게 됩니다.

비교과 과정으로는 대학에서 시행하는 so-challenge, sol-together, 취업경진대회, SCA 경진대회 등에 참여하면서 다문화 경험, 지역사회 봉사활동, 리더십 개발, 취업 창업 아이디어 등을 개발할 수 있습니다.

4 우송대학교 간호학과를 졸업하면 어떤 일을 하게 되나요?

국내임상간호사, 해외 임상간호사, 간호직/보건직 공무원, 산업간호사, 조산사, 사례관리사, 보험심사간호사, 교육기관 및 연구소, 간호장교 등에 취업하여 임상경험을 쌓게 됩니다. 이후 공공행정가(국민건강보험공단, 근로복지공단, 국민연금공단, 질병관리본부, 시도청 및 시도군구청), 교육자(석박사 학위취득이후 대학교수), 창업(산후조리원, 요양원, 어린이집 등), 전문간호사 등으로 일할 수 있습니다.

구체적인 업무 내용은 아래 사이트 참고

https://nursing.wsu.ac.kr:444/page/index.jsp?code=n_nursing0105

5 간호학과를 지망하는 학생들에게 필요한 역량과 길러야 할 자질은 무엇인가요?

가. 학업역량(지식학습; 오랜 시간 앉아서 집중하여 공부할 수 있는 능력), 비판적 사고 역량, 팀워크의 협업역량, 의사소통능력, 대인관계역량, 문제해결능력 등

나. 자기관리 및 도덕성 윤리 의식, 공감능력 등

다. 타인을 이해하고 인정하고 존중할 수 있는 마음가짐

6 간호학과 진학을 희망하는 학생들이 고등학교 때 열심히 공부해야 하는 교과와 과목을 추천해주시고, 그 이유는 무엇인가요?

수학, 화학, 생명과학, 지구과학, 생명공학 등을 학습하면 자연과학적 지식의 습득을 통해 대학 과정에서 배우는 생화학, 수학, 해부생리학, 병태약리학 공부에 도움이 됩니다. 또한 국어, 영어, 세계사, 지리 등 인문학적 지식의 습득을 통해 다문화와 다양성을 이해할 수 있습니다. 이런 인문학적 지식과 자연과학적 지식은 간호학이 추구하는 Art and Science의 기초가 되며, 문제해결 능력, 창의성, 타학문과의 융합, 비판적 사고 향상에 도움이 됩니다.

7 간호학과 진학을 희망하는 학생들에게 도움이 될 만한 도서 한 권을 추천해주시고, 그 이유는 무엇인가요?

▶ 간호사 김영미 (김영미 저 | 에듀팩토리)

병원에서 발생하는 다양한 문제 들을 간호사의 눈으로 조망하고 해결해나가는 과정을 배울 수 있어 간호사가 무슨 업무를 하는지 간접적으로 체험할 수 있음.

8 **간호학과 진학을 위해 '학생부종합전형'을 준비하는 학생들에게 도움이 될 만한 실험, 연구, 프로젝트, 학교활동 등을 추천해주시고, 그 이유는 무엇인가요?**

빅데이터, IOT 관련 최신 지식 적용의 실험연구 및 프로젝트 / 자연과학 지식 및 인문학적 지식을 위한 실험 연구 프로젝트를 추천합니다. 이 활동을 통해 미래 간호사로서 일하는데 도움이 되는 다양한 비교과 활동을 경험할 수 있습니다. 자기 주장 관철, 자기 주장의 철회 등을 배울 수 있으며, 팀워크 증진의 협업, 의사소통 역량 강화에 도움이 됩니다. 특정 분야보다는 간호학에 대한 전반적인 이해의 폭을 넓히며 간호학과 연계시킬 수 있으면 좋습니다.

9 **우송대 간호학과 진학을 위해 '면접'을 준비하는 학생들에게 꿀팁을 알려주세요.**

간호학과 진학을 위해 준비한 전공에 대한 이해도 및 적합 정도를 정직하게 표현해주세요. 지원하고자 하는 대학의 간호학과의 특징을 정확히 파악하여 표현해주세요.

10 **4차 산업혁명시대, 포스트 코로나시대 간호학과의 비전은 무엇인가요?**

변화하는 시대에 간호사로서 전문직 활동을 해나가는 데 필요한 비전은 변함없이 "간호의 세계화, 세계화를 준비하는 글로벌 간호 리더"입니다.

원광대학교

1 | 성명과 직책을 알려주세요.

박윤희, 간호학과장

2 | 원광대학교 간호학과의 특징과 장점은 무엇인가요?

원광대학교 간호학과는 간호사로서의 자질과 인성을 고루 갖출 수 있는 교육시스템을 갖추어, 100% 국시 합격, 졸업생의 수도권 대형병원 취업의 성과를 지속적으로 달성하고 있는 전북의 명문 학과로 자리매김하였습니다.

3 | 원광대학교 간호학과에서는 구체적으로 무엇을 배우나요?

간호사가 되기 위해 필요한 과학 지식을 학습함. 먼저 간호학의 토대가 되는 교양, 해부생리, 건강사정 등 기초 교과목과, 성인, 여성, 아동, 노인 대상의 심층 간호학과, 간호관리학, 정신간호학, 기본간호학, 법규 등의 전공 교과목, 간호 실무를 직접 체험하는 임상실습 교과목을 4년에 걸쳐 학습합니다.

4 | **원광대학교 간호학과를 졸업하면 어떤 일을 하게 되나요?**

대부분 임상간호사의 길을 가게 되며, 보건소, 기업 등에서 지역사회 보건전문가, 학교에서 보건교사 등 간호사 자격을 요하는 모든 업종에 종사할 수 있습니다.

5 | **간호학과를 지망하는 학생들에게 필요한 역량과 길러야 할 자질은 무엇인가요?**

간호학과 지원자들은 다양한 학문을 받아들이고 학습할 마음의 준비를 갖추면 좋겠습니다. 객관적 지식뿐만 아니라, 인간 대상자를 대할 때 요구되는 인문학적 통찰도 필요하기 때문에 소위 말하는 이과와 문과의 특성을 고루 갖춘 인재가 간호학 공부를 잘 해낼 수 있다고 판단합니다.

6 | **간호학과 진학을 희망하는 학생들이 고등학교 때 열심히 공부해야 하는 교과와 과목을 추천해주시고, 그 이유는 무엇인가요?**

고등학교 때는 과목을 가리지 말고 모두 열심히 해야 합니다. 학문에는 편법이 통하지 않듯, 모든 학습이 간호학을 받아들이는 데 토대가 된다고 생각합니다.

7
간호학과 진학을 희망하는 학생들에게 도움이 될 만한 도서 한 권을 추천해주시고, 그 이유는 무엇인가요?

독서 또한 마찬가지입니다. 간호 관련 독서만 한다고 절대 간호학을 이해할 수 있는 것이 아닙니다. 다양한 인문 도서와 과학 도서를 접할 것을 추천합니다.

8
간호학과 진학을 위해 '학생부종합전형'을 준비하는 학생들에게 도움이 될 만한 실험, 연구, 프로젝트, 학교활동 등을 추천해주시고, 그 이유는 무엇인가요?

리더십을 기를 수 있는 교내 활동을 추천합니다. 최근 트렌드는 세계 공통으로 팀별 과제나 조별 활동을 중심으로 학습이 이루어집니다. 학부 과정에서는 학습 하는 방법을 배우는 과정이므로 팀별 과제나 조별 활동에 적극적으로 참여하고 다른 사람의 말을 들을 수 있고 공감할 수 있는 경험을 쌓는 것이 중요합니다.

9
간호학과 진학을 위해 '면접'을 준비하는 학생들에게 꿀팁을 알려주세요.

면접 시에는 자신의 소신이 확고하고, 이를 명확히 표현할 수 있는지 여부가 가장 관건입니다. 각본대로 외워서 대답하거나 감상에 치우친 답변은 도움이 안 되니 참고하시기 바랍니다.

10 | 4차 산업혁명시대, 포스트 코로나시대 간호학과의 비전은 무엇인가요?

4차 산업혁명과 코로나로 인해서 간호학 학습 방법에 큰 변화가 있었습니다. 이런 변화를 적극적으로 수용하고 유동적으로 대처하는 것이 간호인으로서 요구되는 자질입니다. 이러한 태도를 기르도록 하는 것이 본 간호학과의 비전이라고 생각합니다.

중부대학교

1 성명과 직책을 알려주세요.

문미영, 간호학과장

2 중부대학교 간호학과의 특징과 장점은 무엇인가요?

중부대학교는 인삼으로 유명한 충청남도 금산에 위치해 있으며 조선최고의 명당으로 알려진 만인산에 이성계의 태가 묻혀 있는 태조대왕태실이 바로 옆에 위치해 있습니다. 2006년 편제정원 15명에서 출발하여, 2007년 30명, 2011년 45명, 2012년 65명으로 계속 성장해왔고, 2022년에는 편제정원 370명이며 2022년 2월까지 679명의 우수한 졸업생을 배출했습니다. 매년 80% 넘게 대학병원 및 대규모 종합병원에 취업하는 학과입니다. 대다수의 학생이 서울, 경기도 등의 수도권에 집중되어 취업하고 있으며 임상전문간호사, 간호장교, 법의간호사, 보건직 등 다양한 영역에서 활동하고 있습니다. 또한 교직과정도 운영되고 있으며 우수한 학생이 보건교사로 근무 중입니다. 중부대학교 간호학과의 특징이자 장점은 학생들의 자율성을 존중하면서 교과 및 비교과를 적절하게 운영하고 있어 학업 스트레스가 많지 않습니다. 그리고 교수와 학생 간의 유대관계 및 선후배 간의 유대관계가 좋다는 점입니다. 지도교수제를 통해 교수님들이 학년별 지도학생을 배정받아 입학 시부터 졸업 시까지 학과생활 전반에 대한 지도와 진로 및 취업 관련 지도를 실시하고, 졸업 이후에도 지속적인 관계를 유지하고 있습니다. 또한, 짝선배제도를 통해 신입생 때부터 선배와 멘토·멘티로 연결되어 선배로부터 학과생활 및 학교생활 전반에 대한 도움을 받고 본인 또한 짝선배가 되어 후배들에게 도움을 주는 제도입니다.

3 중부대학교 간호학과에서는 구체적으로 무엇을 배우나요?

간호학과에서는 환자를 간호하기 위해 필요한 이론과 실습을 배우게 됩니다. 이론 교과목으로는 1~2학년에는 해부학, 생리학, 병리학과 같은 전공기초 교과목과 간호학개론, 인간성장발달론, 심리학개론과 같은 인문학적 교과목을 주로 배우게 되고, 2~4학년 전반에 걸쳐서는 기본간호학, 성인간호학, 아동간호학, 여성건강간호학, 정신간호학, 지역사회간호학, 간호관리학, 간호법규와 같은 간호사 국가고시 교과목을 배우게 됩니다. 뿐만 아니라 3~4학년에는 중환자간호, 법의간호학, 응급간호학, 만성질환간호, 노인간호학, 재난간호 같은 전공선택 교과목이 마련되어 있어 학생들이 관심 있는 진로 분야에 대해 배울 수 있습니다. 실습교과목으로는 교내실습과 임상실습으로 나눌 수 있는데, 교내실습은 2학년부터 시작되며 기본간호학실습과 건강사정실습을 비롯하여 병원 환경을 그대로 구현하여 환자간호를 배울 수 있도록 마련된 통합시뮬레이션실습 교과목이 있습니다. 임상실습은 3학년부터 시작되며 성인간호학실습, 아동간호학실습, 여성건강간호학실습, 정신간호학실습, 노인간호학실습, 지역사회간호학실습과 간호관리학실습 등 세분화되어 각 교과목 특성에 맞는 임상실습지에서 실습을 진행합니다.

4 중부대학교 간호학과를 졸업하면 어떤 일을 하게 되나요?

4년제 간호학과를 졸업하시면 다양한 분야로 진출하실 수 있습니다. 여기서의 졸업은 간호사 국가고시시험에 합격하여 간호사 면허증을 취득해야 한다는 의미를 가지고 있습니다. 간호사 면허증을 취득한 후 다음과 같은 진로를 계획할 수 있습니다.

1) 병원: 종합병원, 대학병원, 개인병원 등 병원의 간호사로 근무를 하실 수 있습니다.

2) 공무원: 보건직 공무원, 간호직 공무원, 보건소, 학교 등에서 근무를 하실 수 있습니다. 그러나 정식 공무원이 되기 위해서는 공무원 시험을 보셔야 합니다.

3) 보험회사, 제약회사, 의료정보회사, 의료기기업체 등: 간호사는 건강과에 대해 많이 알고 있기 때문에 보험회사에서 선호하는 직업 중의 하나이며 제약회사에서 약물 임상시험을 관리하는 업무를 위해 간호사를 채용합니다.

4) 기업체 및 레저, 스포츠 관련 시설의 의무실

5) 국민건강보험공단, 건강보험심사평가원: 국민건강보험공단에서 운영하는 건강증진센터 등에 취업할 수 있으며 보험심사를 위한 업무를 하기도 합니다.

6) 조산원, 산후조리원, 요양원: 의료인으로써 조산원, 산후조리원, 요양원에 취업 또는 개업할 수 있습니다.

7) 연구원: 간호 및 복지관련 연구소 등에 연구원으로 활약할 수 있습니다. 이때는 간호학 석사 및 박사 자격을 요구하는 경우가 많기 때문에 공부가 더 필요할 수 있습니다.

8) 코디네이터: 장기이식 코디네이터, 임상시험 코디네이터, 임상연구 코디네이터, 의료 코디네이터 등 코디네이터로 일할 수 있습니다.

5 간호학과를 지망하는 학생들에게 필요한 역량과 길러야 할 자질은 무엇인가요?

필요한 역량은 다음과 같습니다.

1) 간호실무에 필요한 지식

2) 대인관계 기술

3) 의사소통기술

4) 간호중재술을 통합하는 능력

5) 협력과 조정하는 능력

길러야 할 자질은 다음과 같습니다.

1) 타인의 입장에서 이해해주고 배려하는 마음이 중요합니다.

2) 공감능력: 타인의 아픔을 나의 아픔인 것으로 공감하는 것이 필요합니다.

3) 의사소통능력: 타인이 하고자 하는 내용을 정확하게 이해하고 답변하는 자질이 필요합니다.

4) 문제해결능력: 현재 상황을 판단하여 적절한 관리를 하기 위한 능력입니다.

5) 체력 : 신체적, 정신적인 충분한 체력을 유지하는 것이 필요합니다.

6) 셀프리더십: 셀프리더십 함양을 통해서 스트레스를 줄이고 자기효능감을 올릴 수 있습니다.

7) 협동심: 간호사의 업무는 8시간씩 교대근무를 통해 24시간동안 3명의 간호사가 환자 1명을 관찰하고 인수인계를 통하여 간호하는 것입니다. 협동력은 무엇보다 중요합니다.

8) 봉사정신: 내가 하는 고난의 길이 타인에게 이로움이 된다면 기쁘게 받아들여야 합니다.

9) 진실성: 잘못된 행동이나 거짓된 행동을 하지 않는 것입니다.

10) 책임감: 내가 맡은 환자의 생명에 지장이 가지 않도록 최선을 다하는 것입니다.

6 간호학과 진학을 희망하는 학생들이 고등학교 때 열심히 공부해야 하는 교과와 과목을 추천해주시고, 그 이유는 무엇인가요?

고등학교 때 가장 관심을 가지고 공부하는 것을 추천하는 과목은 윤리와 사상과 생명과학입니다. 간호학은 인간의 생명을 다루는 학문으로 가장 근본이 되는 것은 생명윤리입니다. 고등교육에서 비중 있게 다루어지는 도덕 교과목 또한 생명윤리와 인간의 존엄성을 바탕으로 한 교과목으로 간호학의 근간을 이루는 간호윤리와 일맥상통한다고 생각됩니다. 또한 생물학은 기초의학을 이해하는 데 도움이 되며 질병의 병태 생리를 공부하는데도 필요하다고 생각합니다.

7 간호학과 진학을 희망하는 학생들에게 도움이 될 만한 도서 한 권을 추천해주시고, 그 이유는 무엇인가요?

▶ 아픔이 길이 되려면 (김승섭 저 | 동아시아)

정의로운 건강을 찾아 질병의 사회적 책임을 묻겠다는 부제가 눈에 들어옵니다. 이 책의 내용은 결코 가볍지 않은 주제를 다루어서 학생들에게 무거울 수는 있으나 공감을 넘어서 깊은 울림을 전달해주는 책입니다. 인간이라면 가져야 되는 보편적인 가치를 구체적인 상황에서 해석해주었습니다. 아픔을 겪고 있는 대상자의 아픔과 고통을 공감하기 위해서 간호사에게 필요한 가장 큰 책무는 정의로움과 진실성이라고 생각됩니다.

8 간호학과 진학을 위해 '학생부종합전형'을 준비하는 학생들에게 도움이 될 만한 실험, 연구, 프로젝트, 학교활동 등을 추천해주시고, 그 이유는 무엇인가요?

학생부종합전형은 직업의 적성 및 성장 잠재력을 최우선으로 평가하는 제도로 간호학과 진학을 위해서는 예비의료인으로서의 역할을 간접 체험할 수 있는 동아리, 봉사, 독서 활동이 도움이 된다고 생각합니다. 또한 사명감과 책임감이 최우선 자질로 평가되고 있는 의료인이 되기 위하여 가장 기본이 되는 충실한 학교생활은 필수입니다. 또한 의료분야와 유사한 교과 및 비교과 활동에 적극 참여하고 전반적인 성적관리와 수학능력을 키워나가는 것도 필요합니다. 이와 더불어 학생부종합전형의 핵심자료인 학교생활기록부를 꾸준하게 관리하고 점검하는 것 또한 중요하다고 생각합니다.

9 | 간호학과 진학을 위해 '면접'을 준비하는 학생들에게 꿀팁을 알려주세요.

면접의 질문 유형과 문제는 너무 많습니다. 앞서 나온 질문들에서 꿀팁이 모두 나왔다고 볼 수 있습니다. 간호사에게 필요한 역량이나 덕목, 감명 깊게 읽은 책이나 영화 또는 간호사, 어떤 간호사가 되고 싶은지, 간호대학 진학에 누가 영향을 미쳤는지 등등 평소 자신이 생각하는 간호대학생의 이미지, 미래 간호사의 비전에 대한 생각을 면접관 앞에서 자신 있게 피력하는 것이 필요합니다. 면접에서 중요한 것은 자신을 잘 표현하는 답변도 중요하지만, 면접관이 기대하는 답변을 하는 것 또한 중요합니다. 자기소개를 30초 내외로 임팩트 있게 표현하되, 취미나 여가 중심이 아닌 간호대학생이 되기 위한 관련된 학교생활과 자신의 장점을 자신감 있게 나타냅니다. 전공수행능력 및 진로에 대한 목표의식이 뚜렷함을 표현합니다. 학과 지원동기, 입학하기 위해 어떤 노력을 했는지, 언제부터 간호사에 관심을 가졌는지, 전공 관련 동아리활동 또는 어떤 책을 읽었는지 너무 길지 않게 일목요연하게 말할 필요가 있습니다. 간호사는 의료팀과 함께 사람을 간호하는 학문인 만큼 기본적으로 인성, 협력, 배려 등에 대한 학생의 생각과 활동에 대한 질문이 많습니다. 협력을 통해 공동의 과제 완성, 상대방의 어려움을 헤아려본 경험, 규칙을 어겼을 때 인정하고 개선하려는 노력 등에 대한 자신의 학교 및 교외 활동에 대한 전반적인 정리도 필요합니다. 끝으로 복장은 단정하게 입고, 긴 머리는 하나로 단정히 묶으면 좋겠습니다. 교복이 있으면 가능한 교복을 입는 것을 권유드립니다. 개인적으로 마무리를 하면, 면접은 단순히 말을 잘한다고 해서 좋은 결과를 얻는 것이 아닙니다. 무엇을 확인하고자 하는 질문인지를 파악한 후, 제한된 시간 안에 조리 있게 표현할 줄 아는 지혜가 필요합니다. 가끔 면접에서 좋은 평가를 받기 위해 의도적으로 부족한 점을 감추려고 하는 경우가 있는데 이는 좋은 방법이 아닌 것 같습니다. 자신의 모습을 있는 그대로 드러내되, 경험에 근거하여 자신의 열정과 노력을 진솔하게 답변하는 것이 중요합니다.

10 | 4차 산업혁명시대, 포스트 코로나시대 간호학과의 비전은 무엇인가요?

간호에서의 4차 산업혁명은 포스트코로나 뉴노멀 시대가 도래함에 따라 발전이 가속화되었습니다. 기록, 물품관리 등 단순간호업무는 로봇과 인공지능이 수행하며, 환자는 더욱 손쉽게 필요한 건강정보에 접근하고 의료인과 수평적인 의사소통을 하는 시대가 되었습니다. 앞으로 간호사는 환자 개개인이 요구하는 근거기반 건강정보의 획득과 해석을 제공하는 파트너로서의 성장이 요구됩니다. 이에 따른 환자의 필요, 요구와 선호도에 맞는 맞춤형 간호를 제공하는데 간호학과의 비전이 맞추어질 것입니다.

CHAPTER

16

청운대학교

1 성명과 직책을 알려주세요.

장형숙, 청운건강센터장

2 청운대학교 간호학과의 특징과 장점은 무엇인가요?

청운대학교 간호학과는 한국간호교육평가원 5년 인증획득을 통한 간호 교육 운영의 우수성을 인정받은 교육기관이며, 국내 4년제 대학 중 산업대학으로 분류되어 수시 6회 지원 제한에 포함되지 않습니다. 우리 대학 간호학과의 특·장점은 첫째, 입학직후부터 지도교수가 배정되며 밀착지도를 통한 재학생의 높은 국가고시 합격률과 대학병원 취업률을 들 수 있습니다. 둘째, 지역사회 연계 노인대학 운영, 해외봉사활동을 통한 글로컬 역량을 극대화할 수 있는 학습 환경을 제공한다는 것입니다. 셋째, 최신 실습장비 도입을 통해 단계별 시뮬레이션실습을 운영함으로써 임상실습에서 부족할 수 있는 부분을 보충하며 실습역량 강화에 역점을 두고 있습니다.

간호대학 진로 진학 특강

청운대학교 간호학과에서는 구체적으로 무엇을 배우나요?

- 1학년~2학년: 간호학개론, 해부학, 생리학, 약리학, 미생물학, 의사소통, 기본간호학 등 간호학 전공 기초과목과 수학, 사회학, 영어 등 다양한 교양과목을 통해 간호사가 되기 위한 기초 및 인문소양 관련 내용을 학습합니다.
- 3학년~4학년: 성인간호학, 아동간호학, 여성간호학, 정신간호학, 지역사회간호학, 보건의료관계법규, 간호관리학 등 이론 수업을 듣고 병원에서 실습을 진행하며, 임상에서 진행하는 실습 시간은 900시간을 채워야 졸업을 할 수 있습니다.

4 청운대학교 간호학과를 졸업하면 어떤 일을 하게 되나요?

간호학과를 졸업하고, 간호사 면허를 취득한 후 다양한 분야로 진출 가능합니다. 대다수의 졸업 학생들은 병원에서 환자를 간호하는 간호사로 취업을 하지만, 이 외에도 산업장 근무 간호사, 항공간호사, 연구간호사, 보건직, 간호직 공무원, 국민건강보험공단에서 근무할 수 있습니다. 너싱홈, 요양기관, 산후조리원 등을 창업하여 운영할 수도 있고, 제약회사나 의료기기 회사에서의 제품개발 업무, 보험심사 간호사, 국제기구 활동가, 국회의원이나 의학전문기자로 활동할 수도 있습니다. 교직을 이수할 경우 보건교사가 될 수도 있고, 대학원 진학 후 석·박사 취득을 하게 되면 간호대학 및 교육기관에서 교수나 강사로 일할 수 있습니다. 병원에서도 경력에 따라 직접 환자를 보는 일 외에 병원 행정 업무를 맡거나, 간호사 교육을 전담하는 역할을 할 수도 있습니다.

5 | **간호학과를 지망하는 학생들에게 필요한 역량과 길러야 할 자질은 무엇인가요?**

간호사가 되기 위한 훈련의 과정에서 무엇보다 지적 호기심과 탐구능력, 사고력, 끈기가 중요하며, 이와 더불어 인간에 대한 폭넓은 이해와 공감능력, 조직 구성원 간의 협력, 소통 역량이 뒷받침되어야 합니다.

6 | **간호학과 진학을 희망하는 학생들이 고등학교 때 열심히 공부해야 하는 교과와 과목을 추천해주시고, 그 이유는 무엇인가요?**

영어, 영어회화, 과학 지식이 중요하다고 봅니다. 특히 영어의 경우 의학용어, 전공교과목에서의 영어비중이 높으므로 영어를 잘하는 경우 전공에 대한 학습동기, 자신감에 좋은 영향을 줄 수 있습니다. 또한 간호사 공채의 경우 토익, 텝스, 토익 스피킹 등 공인영어성적의 중요성이 점차 증가하고 있습니다.

7 | **간호학과 진학을 희망하는 학생들에게 도움이 될 만한 도서 한 권을 추천해주시고, 그 이유는 무엇인가요?**

▶ 죽음과 죽어감 (엘리자베스 퀴블러 로스 저 | 청미)

타임이 선정한 '20세기 100대 사상가' 중 한 명인 엘리자베스 퀴블러 로스가 죽음 직전의 사람들을 간호한 경험에 관한 이 책을 통해 자신의 가치관, 간호사라는 직업을 진지하게 고민할 수 있는 기회가 되기를 바랍니다.

8 간호학과 진학을 위해 '학생부종합전형'을 준비하는 학생들에게 도움이 될 만한 실험, 연구, 프로젝트, 학교활동 등을 추천해주시고, 그 이유는 무엇인가요?

- 동아리: 간호와 관련된 사회, 문화, 역사 등 공통의 관심사를 가진 학생들의 모임 결성
- 프로젝트: 시사뉴스 스크랩 활동, 이슈 디베이트 활동, 스피치 대회 등(예를 들어 간호사의 인권, 처우 관련 최신이슈, 간호사의 딜레마, 간호법, 간호의 역사, 여러 나라 간호사의 다양성 등)

간호학은 인본주의 가치에 기반한 응용과학이자 실천학문이며 감성을 수반한 행함의 기술이 요구되는 예술이 복합된 학문이므로 생명과학 탐구활동 뿐 아니라 인문학, 사회과학 분야의 탐구활동 또한 중요합니다.

9 간호학과 진학을 위해 '면접'을 준비하는 학생들에게 꿀팁을 알려주세요.

자신감 있는 태도와 진지한 자세, 희망대학에 대한 높은 관심을 드러내는 것이 중요합니다. 두괄식 표현법과 타당한 근거 제시, 추상적인 답변보다는 자신이 경험한 사례 등을 통하여 자신만의 스토리텔링을 펼치는 것이 중요합니다.

10 4차 산업혁명시대, 포스트 코로나시대 간호학과의 비전은 무엇인가요?

급변하는 시대적 요구에 대응하는 융합형 인재 양성, 글로벌 헬스, 디지털 케어, 빅데이터 등 4차 산업혁명시대에 부응하는 간호인재 양성이 중요하다고 생각합니다.

03

간호학과
슈퍼비전

(재학생 인터뷰)

가천대학교 재학생 인터뷰

1학년 재학생

1 간호학과 진학을 희망하는 학생들에게 필요한 역량과 길러야 할 자질은 무엇인가요?

간호사가 되고자 하는 학생은 환자를 돌보기 위한 책임감을 가져야 합니다. 간호사는 의료 현장에서 의료진의 도움이 절실히 필요한 환자들을 돌보게 됩니다. 의료 현장은 체력적으로도 고되고 어려운 일이 많습니다. 하지만 고된 업무에도 간호사를 지탱하게 하는 힘은 책임감입니다. 간호사는 생명을 다루고 아픈 사람을 치료하는 직업이기 때문에, 그에 걸맞은 윤리 의식도 요구됩니다. 또한 간호사는 끊임없이 배우고자 하는 탐구 정신을 갖춰야 합니다. 현장에서 간호사가 만나는 환자들은 각자 다양한 질환을 앓고 있습니다. 그들에게 알맞은 치료와 돌봄을 제공하기 위해서는 적절한 판단을 내릴 수 있는 지식이 필요하며, 판단력과 비판적 사고력 또한 요구됩니다.

2 간호대학에서는 구체적으로 무엇을 배우나요?

간호학은 자연과학, 인문과학, 사회과학을 기본으로 하여 사회의 요구에 부응하는 학문으로, 개인과 사회의 건강 회복 및 증진을 위한 돌봄을 제공하는 것에 목적을 두고 있습니다. 따라서 간호대학에서는 의료 현장에서 요구되는 간호 지식을 배울 뿐만 아니라, 돌봄을 제공하는 주체로서 필요한 사회적 능력을 키우고 의료 보건 분야에 대한 지식을 쌓습니다. 먼저 간호학과에서는 생리학, 해부학, 약리학 등 과학적 간호 지식을 배웁니다. 이러한 이론 지식을 바탕으로 하여 실습을 통해 환자를 치료하는 방법을 익히고 실무 경험을 쌓을 수 있습니다. 이때 노인, 여성, 아동과 같이 특수한 돌봄이 필요한 경우는 별도로 심도 있게 배웁니다. 지식과 경험이 쌓이면 직접 간호 진단을 내리고 이를 발표하여 피드백을 받는 수업을 듣습니다. 이러한 경험을 통해 실제 의료 현장에서 근무할 때 필요한 지식을 쌓을 수 있습니다. 이뿐만 아니라 간호학과에서는 환자 및 보호자, 의료진과 소통하는 방법을 배우며 의사소통 능력을 증진합니다. 또한 의료 보건 정책과 제도를 이해하여 우리 사회에 간호학이 적용되는 방식을 배웁니다. 이처럼 간호학과에서는 간호사로서 환자를 돌보고 치료하는 방법을 배우고, 의료 보건 분야의 전문가로서 활약할 수 있는 지식을 익히게 됩니다.

3 간호대학에서 하는 학과 활동에는 무엇이 있나요?

가천대학교 간호대학에는 선후배가 함께할 수 있는 프로그램이 마련되어 있어 더욱 즐겁고 윤택한 학교생활을 만들 수 있습니다. 짝선배−후배 프로그램을 통하여 선후배 사이의 친목을 도모할 수 있고, 후배는 짝선배에게 학교생활에 필요한 정보를 얻기도 합니다. 특히 이러한 프로그램은 신입생의 학과 생활 적응에 큰 도움이 됩니다. 선후배가 함께하는 학과 행사에 참여하여 동기 및 선후배들과 즐거운 학교생활을 할 수도 있습니다. 또한 가천대학교 간호대학에는 다양한 봉사 동아리가 존재하는데, 전공과 능력을 살려 봉사할 수 있는 의료 봉사 동아리가 대표적입니다. 의료 동아리 활동을 통해 지역의 복지관이나 요양원 등 의료적 도움이 필요한 이들을 도우며 보람을 느끼고 지역 사회에 기여할 수 있습니다.

4 **간호학과 진학을 희망하는 학생들이 고등학교 때 열심히 공부해야 하는 교과와 과목은 무엇이며, 그 이유는 무엇인가요?**

모든 과목이 중요하지만, 가장 중요한 과목은 생명과학과 화학입니다. 간호학과 공부는 화학과 생명과학이 기본이 되기 때문에 고등학생 때 공부한 경험이 있다면 학과 공부를 할 때 더욱 수월합니다. 또한 간호학과에서는 과학적 간호 지식만 익히는 것이 아니라, 의사소통 능력을 키우고 보건 의료 정책을 전반적으로 배우는 등 인문학과 사회과학적 지식을 익힙니다. 따라서 윤리와 일반 사회 과목을 열심히 공부하면 도움이 됩니다.

5 **간호학과 공부에 도움이 되는 구체적인 학교 활동은 무엇이 있을까요?**

과학 탐구 동아리 활동을 하며 과학적 지식을 쌓으면 학과 공부에 도움이 됩니다. 실험이나 보고서 작성, 발표 등의 심화 탐구 활동을 통해 더 깊은 내용을 배울 수 있기 때문입니다. 의료 동아리 활동 또한 도움이 됩니다. 보건 의료 정책이나 제도, 관련 산업 등을 조사하여 진로에 관한 지식을 쌓을 수 있으며, 간호학에 관한 흥미를 가지는 계기가 되기도 합니다. 또한 간호사가 도움이 필요한 이들을 돌보는 직업인 만큼 꾸준한 봉사 활동을 하는 것도 좋습니다. 봉사 활동은 간호학도로서 갖춰야 하는 직업의식과 책임감에 대해 생각해볼 수 있는 기회가 되기도 하고, 또 고등학생 신분으로는 접하지 못하는 상황과 사람들을 봉사 활동을 통해 접하며 다양한 사회 경험을 쌓을 수 있습니다. 이러한 경험은 간호학과를 졸업한 이후 현직에서 근무할 때 큰 도움이 됩니다.

6 간호학과 진학을 희망하는 학생들에게 도움이 될 수 있는 도서를 추천해주세요.

▶ 간호사가 말하는 간호사 (권혜림 저 | 부키)

이 책은 전·현직 간호사의 이야기를 담고 있습니다. 현실적으로 바라본 간호사의 일과 생활, 고충과 보람에 대해 가감 없이 서술하여 간호사라는 직업에 더 가까이 다가갈 수 있습니다. 저 또한 이 책을 읽으며 간호사의 현실적인 생활에 대해 자세히 알게 됐습니다. 아울러 책에서는 의료 소송 매니저나 항공 전문 간호사와 같이, 흔히 우리가 생각하는 병동의 간호사가 아닌 다른 영역의 간호사를 다루기도 합니다. 간호학도로서 진출할 수 있는 영역을 알고 진로에 대해 깊이 고민할 수 있게 도움을 주는 책이기 때문에, 간호학과를 지망한다면 이 책을 추천합니다.

7 간호학과 진학을 위해 '학생부종합전형'을 준비하는 학생들에게 추천할 만한 장기적인 프로젝트 또는 연구가 있다면 좋은 아이디어 소개 부탁드립니다.

동아리 활동이나 과학 탐구 경진 대회, 과학 캠프 등의 기회를 적극 활용하여 프로젝트를 진행하는 것을 추천합니다. 오랜 기간에 걸쳐 논문을 작성하듯이 실험이나 탐구의 과정을 정리하고 발표하거나 보고서의 형태로 남긴다면 학생부종합전형에 도움이 될 뿐만 아니라 지적 성취를 이룰 수 있을 것입니다. 특히 친구들과 협력하여 프로젝트를 진행하거나, 선생님들의 도움을 받아 피드백을 반영하여 여러 번의 수정과 시행착오를 거친다면 빛나는 결과를 만들어낼 수 있습니다.

가톨릭대학교 재학생 인터뷰

1 간호학과 진학을 희망하는 학생들에게 필요한 역량과 길러야 할 자질은 무엇인가요?

1학년 재학생

간호사로서 반드시 갖추어야 할 역량에 대해서는 정의 내릴 수 없다고 생각합니다. 사람마다 생각이 다 다르니까요. 수많은 자질 중에서도 기본적으로 모든 간호사가 갖추어야 할 자질을 꼽아보자면, 전문적인 의학적 지식과 상황대처능력이라고 생각합니다. 병원에서는 크고 작은 응급상황이 끊임없이 발생합니다. 응급상황이 생겼을 때 간호사는 의사보다도 더 먼저 환자에게 달려가서 대처합니다. 그럴 때마다 당황하여 적절한 대처를 하지 못한다면 한 사람의 목숨을 잃게 할 수도 있습니다. 그렇기 때문에 상황대처능력은 반드시 필요한 자질이라고 생각합니다. 또한, 아무리 배려심이 넘치는 간호사라고 하더라도, 전문적인 의학적 지식이 없으면 그 간호사는 환자를 제대로 돌볼 수 없습니다. 질병과 그에 대한 처치과정은 끊임없이 발전해 나아가기 때문에 간호사라는 직업은 꾸준히 공부해야 하는 직업 중 하나입니다. 의학 관련 전문지식에 대한 끊임없는 학습을 통해 전문적 지식을 꾸준히 기르려고 노력하는 자세가 필요합니다.

2학년 재학생

첫 번째는 책임감이라고 생각합니다. 간호사는 생명을 다루는 직업이다 보니, 특히 더 큰 사명감이 필요합니다. 고등학교 학생회, 학급 임원, 동아리 부장 등의 리더십이 필요한 역할을 맡다 보면 책임감을 기를 수 있을 것이라고 생각합니다. 또한 실수를 인정할 수 있는 솔직함도 필요하다고 생각합니다. 교수님들이나 임상에 계신 선배님들의 말씀에 따르면, 일이 많고 바쁘다 보니 실수가 많이 발생한다고 합니다. 실수를 하더라도 빠르게 이를 해결하기 위해서는 잘못을 인정할 수 있는 솔직함이 중요하다고 생각합니다. 이와 더불어 꼼꼼함도 갖추면 좋을 것 같습니다. 그리고 올해 교내실습을 하면서 느낀 점은 의사소통 능력도 필요하다는 것입니다. 환자의 정확한 상태를 파악하고 환자에게 가장 좋은 간호를 제공하기 위해서는 환자와의 의사소통이 중요하다고 생각합니다. 봉사활동이나 조별 과제 등을 통해 의사소통 능력도 기르면 좋을 것 같습니다.

3학년 재학생

아무래도 입학 후 많은 양의 공부와 과제, 실습이 있기 때문에 체력을 기르는 것이 중요할 것 같습니다. 체력 및 건강이 뒷받침 되지 않아 힘들어하는 학우들을 많이 봤기 때문에 자신의 몸 관리도 잘 하면서 학교 활동을 하는 게 중요해 보입니다. 고등학생 때보다 더 많은 양의 시험범위를 단기간에 암기해야하고 그 사이사이 과제도 있기 때문에 그것들을 해내겠다는 의지와 끈기도 중요합니다. 그리고 주어진 과제와 공부를 빼먹지 않고 해내야 하기 때문에 스스로 계획을 세워 실천하고 실행하는 능력도 기르면 좋을 것 같습니다. 그리고 다양한 팀플도 많이 진행되기 때문에 협동심도 중요한 역량 중 하나라고 생각합니다.

4학년 재학생

계획성, 참을성, 끈기가 중요할 것 같아요. 아무래도 간호학과 공부량이 많기도 하고 대다수가 암기과목이다 보니 시간투자를 많이 해야 해서 놀고 싶은 마음을 잘 다스릴 줄 알아야 합니다. 그리고 실습을 하다 보면 본인 실습 스케줄에 맞춰 시간 관리할 줄 알아야 하고 챙겨야 할 것들도 많아서 계획적인 성격이라면 까먹거나 빠트리는 것 없이 잘 할 수 있으리라 생각합니다. 간호대학을 희망하는 남학생들 같은 경우, 여학우와도 잘 어울릴 수 있는 의사소통 능력과 친화력 등을 갖추는 것도 도움이 될 것 같아요.

2 | 간호대학에서는 구체적으로 무엇을 배우나요?

1학년 재학생

우리 몸의 가장 기초가 되는 것을 이해하기 위한 생물학, 화학부터 간호학에 관한 전반적인 지식을 배웁니다. 우리가 흔히 알고 있는 성인간호학, 정신간호학, 아동간호학과 같은 과목들 말이죠. 또한, 약리학과 병리학 등의 과목을 필수적으로 공부합니다. 그러나 단순히 간호학에서 그치는 것이 아니라 환자를 전인적으로 잘 돌볼 수 있도록 인성 교육과 및 인문, 사회교육도 학습하게 됩니다. 환자와 가장 가까이서 원활하게 소통하기 위해서 치료적 의사소통, 비치료적 의사소통, 비폭력 대화 등의 의사소통론에 관해서도 배웁니다. 또한, 간호사는 사람의 생명을 다루기 때문에 낙태, 존엄사 등 생명윤리에 대해서 학습하게 됩니다. 이처럼 간호학이라는 전공지식 전에 갖추어야 할 기초적 지식부터 심화된 과정까지 4학년에 걸쳐 학습하게 되는데 학교마다 과정이 상이하기 때문에 자세한 부분은 각 대학교의 간호대학 홈페이지를 확인해보시면 좋을 것 같습니다.

2학년 재학생

우선 1학년 때는 주로 교양과목과 간호학개론, 해부학 등 간호학의 기초를 배웁니다. 특히 해부학 수업 때 저희 학교는 시신 기증자 분의 시체를 직접 볼 수 있어서 매우 뜻 깊은 경험을 할 수 있습니다. 2학년 때는 기본간호학, 성인간호학Ⅰ 등의 전공 필수과목과 병리학, 약리학 등의 전공 기초 과목 등을 함께 배우며 교내실습이 진행됩니다. 교내 실습 때는 활력징후 측정, 무균술, 주사 놓는 법 등을 배웁니다.

3학년 재학생

학과 홈페이지 교육과정에 보면 교양부터 전공까지 다 나와 있습니다. 교양 선택 과목에서는 간호사가 갖춰야 할 자질, 덕목 등을 배우고 교양 필수에서는 간호학의 기초가 되는 지식들을 배웁니다. 전공에서는 기본 간호학에서부터 시작하여 성인 아동 정신 다양한 간호학을 배우고, 실습을 통해 체화시키고 습득합니다. 1학년 때는 대부분 교양 과목을 주로 배우며 실습은 없습니다. 2학년 때는 전공과목들을 주로 배우기 시작하고 학교에 있는 요나센터에서 기본간호학 실습을 진행하며 다양한 술기들을 배웁니다. 3학년 때는 성인간호학부터 시작하여 다양한 간호학을 배우고 임상실습을 시작합니다. 또한 3학년부터는 모성간호학, 아동간호학 등 전공과목을 배우며 병원으로 실습을 나갑니다. 그리고 저희 학교에만 있는 교육과정으로 옴니버스 교과목이 있는데, 옴니버스 교육과정을 통해 간호사가 갖춰야 할 윤리의식뿐만 아니라 기초 의학 교육 외에 의학과 인문학에 대해 깊이 있게 배울 수 있으며 이를 통해 윤리적 리더십과 소명의식을 갖춘 간호사로 거듭날 수 있습니다.

1학년 때는 보통 인류학, 영어회화, 생물학, 말과 글, 의사소통론 등 교양과목과 화학, 유전학, 해부학, 간호학개론 등 간호학의 기초를 배웁니다. 2학년 때는 사회복지학개론, 여성학, 교육심리, 교육행정 및 교육경영, 한국 역사와 문화, 대중문화의 이해 등 교양과목과 생명과 윤리, 가족과 사회, 미생물학, 생리학, 기본간호학I&II, 성인간호학 등 간호학의 심화 과정이 시작되고 기본간호학 실습도 시작이 됩니다. 3학년 때는 임상 실습을 나가게 되고 교양 과목을 제외하고 모두 전공과목(성인, 모성, 아동, 정신 등)을 배우게 됩니다. 4학년 때는 3학년과 동일하게 임상 실습을 하면서 전공과목 심화 과정이 시작되고 간호관리나 간호행정에 대해서 배우게 됩니다. 동시에 병원 지원을 시작하며 취업준비도 하게 됩니다. 자세한 내용은 간호대 홈페이지 커리큘럼을 참고 하시길 추천드립니다.

3 간호대학에서 하는 학과 활동에는 무엇이 있나요?

가톨릭대학교(성의교정) 간호대학에는 옴니버스 간호학과 교육과정이 있습니다. 환자의 전인적 간호를 위해 배우는 수업입니다. 인간에 대한 인문학적 성찰과 생명윤리, 고통에 대한 이해, 돌봄에 대한 이해 등에 대해 성찰해볼 수 있는 시간을 갖게 됩니다. 교과 외 활동으로는 간호계에서 근무하시는 졸업생 선배님을 정기적으로 초청하여 간호대학생과 만남을 갖는 늘품 행사, 간호사로서의 소양을 기르기 위한 꽃동네봉사 등 다양한 활동이 있습니다.

가장 대표적인 학과 활동으로는 나이팅게일 선서식이 있습니다. 3학년 때 병원으로 실습을 나가기 전에 진행되며 간호사로서의 윤리 및 간호 원칙을 담은 내용을 맹세하고 이를 통해 나이팅게일의 희생정신을 마음에 새길 수 있습니다. 이 외에도 동아리 활동이 활발하게 이루어지고 있으며 축제, 이벤트 등 다양한 활동이 진행되고 있습니다.

가톨릭대학교 내 다양한 동아리가 존재하기 때문에 주로 자신에게 맞는 동아리를 1~3개 정도 선택하여 활동합니다. 동아리 부원들과 운동을 하기도 하고 취미생활을 공유하거나, 종교행사 및 봉사활동을 참여하는 등 개인의 취향과 성향에 맞는 동아리 내에서 활발하게 활동하는 학우들이 많습니다!

우선 재학생들은 동아리 활동을 활발히 하는 편입니다. 댄스, 연극, 밴드, 종교, 공예, 합창, 영어, 봉사 등 학생들의 다양한 관심사를 반영한 동아리들이 있어서 각자의 취향대로 지원하여 활동하고 있습니다.

---

4 간호학과 진학을 희망하는 학생들이 고등학교 때 열심히 공부해야 하는 교과와 과목은 무엇이며, 그 이유는 무엇인가요?

모든 과목이 중요합니다. 그러나 가장 중요한 것은 생명과학과 영어라고 생각합니다. 학교마다 상이하고 모든 수업이 그러한 것은 아니지만, 몇몇 수업은 영어 교재로 수업이 진행됩니다. 이뿐만 아니라 임상에서 쓰이는 많은 의학용어와 의료진 간의 대화에서 사용되는 주 언어가 영어이기 때문입니다. 또한, 간호학과에서는 사람의 신체에 대해서 4년간 깊이 있게 학습하기 때문에 생명에 관한 근본적인 지식을 지니고 있어야 합니다. 생명과학을 배울 수 있는 기회가 없는 문과의 경우, 3학년 때 배우는 '생활과 과학'을 꼼꼼하게 공부하면 간호학과 재학 중 공부하는 것과 연관성이 있어 도움이 많이 됩니다.

아무래도 화학 I, II와 생명과학 I, II를 선택하는 것이 유리하다고 생각합니다. 1학년 1학기의 생물학, 2학기의 유전학, 화학과 생명 과목에서 화학 I, II와 생명과학 I, II의 내용이 나오기 때문에, 고등학교 때 미리 공부를 하고 오면 더 편하게 공부를 할 수 있다는 장점이 있습니다. 화학과 생명과학을 배우지 않은 친구들은 인강을 듣고 와도 좋지만, 수업시간에 교수님들이 기본부터 차근차근 설명해주시기 때문에 베이스가 없더라도 열심히 대학 수업을 들으면 충분히 따라올 수 있습니다. 따라서 다른 과목을 선택했더라도 걱정할 필요 없습니다.

3학년 재학생

과탐 과목 중 화학과 생명과학을 열심히 한다면 도움이 될 것 같습니다. 저는 수능 선택과목으로 생명과학 I 과 화학 I 을 선택했었는데, 직접적으로는 1학년 때 배우는 생물학, 화학과 생명, 유전학과 연관이 되는 내용이 많다고 생각하고 간접적으로는 2학년 때 배우는 생리학에도 연관되는 부분이 있다고 생각합니다. 물론 교수님께서 잘 설명해주셔서 생명과학 I 과 화학 I 을 공부하지 않았던 친구들이 위 4과목을 배우는 데 큰 지장이 있는 것은 아닌 것 같아 보였지만 미리 열심히 공부해온다면 분명 도움은 된다고 생각합니다.

4학년 재학생

저는 개인적으로 화학과 생물학을 열심히 하면 좋을 것 같아요. 저는 문과라 화학을 대학와서 거의 처음 접해봤고 짧은 시간에 기초를 다지는 게 무척 힘들었어요. 문과인 친구들은 방학 전 화학을 미리 예습해보는 곳도 좋을 것 같습니다. 생물학은 앞으로 4년간 배울 과목들의 기초가 되는 과목이라 잘 배우고 오시면 학과 적응에 도움이 될 거라 생각합니다.

5 | 간호학과 공부에 도움이 되는 구체적인 학교 활동은 무엇이 있을까요?

1학년 재학생

학교 정규 수업시간에는 간호학에 관한 수업이 없는 경우가 대부분입니다. 저의 경우에는 간호학에 관심이 있는 친구들과 함께 간호학 자율동아리를 결성하여 2년 동안 활동했습니다. 각자 공부해보고 싶은 질병을 조사하고, 그 질병의 정보를 친구들과 공유하여 간호학 지식을 쌓을 수 있었습니다. 고등학생 때는 쉽게 경험할 수 없는 간호에 대한 심층적인 공부이자 간호학과 진학 후의 수업과 연계되므로 도움이 됩니다.

자율동아리 활동이 도움이 된다고 생각합니다. 자율동아리 부원들과 간호와 관련된 논문을 찾아보고 함께 보고서를 작성하거나 영상을 찾아보고 서로 느낀 점 나누기, 간호 관련 책을 읽은 후 함께 토론을 함으로서 간호사와 간호, 의학에 대한 더 깊이 있는 이해를 할 수 있습니다. 꼭 자율동아리가 아니더라도 간호 관련 자료를 찾아보고 기록해두면 도움이 될 것이라고 생각합니다.

3학년 재학생

간호학과 공부가 아무래도 다른 대학 공부와는 조금 다른 면이 있고, 어느 정도 고등학교 공부와 비슷한 면이 있다고 생각합니다. 그렇기 때문에 많은 양의 내용을 암기하고 스스로 계획을 세워 공부해야하는 간호학과 공부를 잘하기 위해서는 고등학교 때 성적 관리를 잘하는 것이 중요하다고 생각합니다. 자율적으로 끈기 있게 공부하는 능력이 중요하다고 생각하기 때문입니다. 추가로 영어 공부를 조금 해오시면 취업 시 필수인 토익에도 도움이 되지 않을까 싶습니다. 봉사 경험도 있으면 좋을 것 같습니다. 다양한 사람들을 위해 봉사했던 경험이 있다면 간호사로서 갖춰야 할 덕목이나 자질을 잘 이해할 수 있을 것이라고 생각합니다.

4학년 재학생

우선 간호학과에 진학하기 위해서는 성적 관리가 무엇보다 가장 중요할 것 같아요. 그 밖에 여유가 된다면 봉사 활동 경험도 도움이 될 것 같습니다. 또한 나중에 병원 지원할 때 토익성적이 필수기 때문에 영어회화나 영어독서 활동 등 영어 공부를 꾸준히 하시면 도움이 될 것 같습니다.

6 간호학과 진학을 희망하는 학생들에게 도움이 될 수 있는 도서를 추천해주세요.

1학년 재학생

▶ 미스터 나이팅게일 (문광기 저 | 김영사)

도서 제목에서도 알 수 있듯이 남자 간호사에 관한 내용을 담고 있습니다. 과거, 간호사는 여자의 직업이라는 사회적 편견이 있었습니다. 오늘날에는 남자 간호사가 눈에 띄게 증가하고 있는 것을 볼 수 있는데요, 이 책에서는 남자 간호사로서 경험하는 임상 적응경험담을 들을 수 있습니다. 어려운 소재의 이야기가 아니며 간호학에 대해 모르는 사람들도 이해하기 쉽게 풀어 쓴 책이기 때문에 가독성이 좋아 추천합니다.

2학년 재학생

▶ 좋은 간호사 더 좋은 간호 (엄영란, 송경자, 박미현 공저 | 학지사메디컬)
▶ 도시에서 죽는다는 것 (김형숙 저 | 뜨인돌)

아무래도 독서 부분은 간호에 대한 전공 적합성을 드러낼 수 있는 부분이기 때문에 간호와 관련된 책을 읽는 게 좋다고 생각합니다. 간호사 분들이 쓰신 책이 많이 있는데, 그 중『좋은 간호사 더 좋은 간호』『도시에서 죽는다는 것』이라는 책을 추천합니다. 임상에 계신 선생님들의 경험과 임상에서 일어나는 일들이 생생하게 기록되어 있는데, 고등학생 때 이책들을 읽고 간호사가 되어 있을 미래의 모습을 생각하며 설레고 더 열심히 공부할 수 있었습니다. 또 간호사에서 더 나아가 노인전문 간호사, 호스피스전문 간호사 등 더 구체적인 분야를 정했다면 이와 관련된 책을 더 많이 읽음으로써 더 깊은 전공 적합성을 드러낼수 있다고 생각합니다.

3학년 재학생

▶ 좋은 간호사 더 좋은 간호 (엄영란, 송경자, 박미현 공저 | 학지사메디컬)
▶ 나는 간호사, 사람입니다 (김현아 저 | 쌤앤파커스)

자신이 되고자 하는 간호 분야의 선배님들의 에세이를 읽는다면 도움이 될 것 같습니다. 저는 처음에 제가 되고 싶은 간호사가 무엇일까를 생각해볼 때『좋은 간호사, 더 좋은 간호』책을 교양과목을 통해 읽어볼 기회가 있었습니다. 다양한 분야의 선배님들의 이야기를 읽으면서 제가 어떠한 간호사가 되고 싶은지, 어떤 분야(수술실, 응급실, 병동 등)로가고 싶은지를 정할 수 있었습니다. 가고 싶은 분야가 정해졌다면 그 분야 선배님들의 이야기를 자세하게 풀어놓은 책을 선정해 읽는다면 그 분야를 이해하고 진로를 정하는데도움이 될 것이라고 생각합니다. 요즘 읽고 있는 책인데『나는 간호사, 사람입니다』책도추천합니다. 최초로 간호사가 주인공인 드라마의 원작 책이며 한 간호사가 근무하면서겪은 다양한 경험들을 솔직하게 풀어낸 책입니다.

▶ 좋은 간호사 더 좋은 간호 (엄영란, 송경자, 박미현 공저 | 학지사메디컬)

저는 개인적으로 『좋은 간호사 더 좋은 간호』라는 책을 추천드려요. 간호학과에 재학하고 1학년 때 이 책을 읽고 감상문 쓰는 과제가 있는데 미리 읽고 공부하고 오시면 도움이 되실 것 같고 또 간호사라는 직업을 갖는 데 있어 어떠한 가치관을 가져야 할지 생각해볼 수 있는 좋은 계기가 되실 거라 생각합니다.

7 간호학과 진학을 위해 '학생부종합전형'을 준비하는 학생들에게 추천할 만한 장기적인 프로젝트 또는 연구가 있다면 좋은 아이디어 소개 부탁드립니다.

1학년 재학생

저는 학생부종합전형으로 수시 6장을 지원할 만큼 학생부종합전형을 열심히 준비했던 학생 중 한 명이었습니다. 제가 학생부종합전형에서 중요시 여겼던 것은 '호기심'입니다. 우리가 학교생활을 하며 호기심과 궁금증을 갖고 이를 해결하려는 과정을 학교생활기록부에 드러내는 것이 중요합니다. 예를 들면, 통합과학 시간에 적혈구에 대해 배우고 '적혈구가 사람의 혈액에서 차지하는 비율'에 호기심이 생겼다고 가정해봅시다. 학기 말 학교에서 자유 주제로 PPT 발표하거나 과학 프로젝트를 진행하는 경우가 있습니다. 이때 적혈구 혈액 차지비중에 대해서 심층 연구하면 됩니다. 반드시 간호와 관련된 필요는 없습니다. 생명과 화학과 관련된 것이더라도 좋습니다. 그리고 발표에 자신이 있든 없든 꼭 도전해보시기를 추천드립니다.

2학년 재학생

저는 고등학생 때 자율동아리 부원들과 간호사 인터뷰 활동을 했습니다. 주변 지인 분들을 통해 임상에 계신 분, 회사에 계신 분 등 다양한 길을 선택하신 간호사 분들께 인터뷰를 진행했는데, 이를 통해 더 구체적인 진로를 정할 수 있었습니다. 병원에 찾아가거나, 주변 지인 분들을 잘 찾아 인터뷰를 진행해보면 좋겠습니다. 또한 한곳에서 지속적으로 봉사하는 것도 추천합니다. 아무래도 단기봉사보다는 장기적인 봉사를 통해 더 큰 뿌듯함과 깨달음을 얻을 수 있기 때문에 봉사동아리에 들어가거나 복지관이나 요양시설 등 한곳을 정해 꾸준히 봉사하면 좋겠습니다. 그리고 자율동아리를 만들어 다함께 보고서 작성, 캠페인 등의 활동을 하는 것도 좋습니다. 예를 들어 학교 친구들에게 간호사에 대한 인식이 어떤지 설문조사를 진행하고, 여기서 더 나아가 인식 개선을 위한 캠페인 등을 진행하는 것도 좋은 방법이며, 코로나로 인해 개인위생이 중요해졌는데, 손 소독제를 만든다거나, 친구들에게 개인위생의 중요성을 알리는 활동을 하는 것도 좋은 방법이라고 생각합니다. 다양한 활동을 통해 많은 것을 느끼고 깨닫고, 또 이를 학교생활기록부에 잘 녹이면 학생부종합전형에서 좋은 결과를 얻을 수 있을 것이라고 생각합니다.

강원대학교 재학생 인터뷰

1학년 재학생

1 간호학과 진학을 희망하는 학생들에게 필요한 역량과 길러야 할 자질은 무엇인가요?

끈기와 성실함입니다. 대부분 분야에서 위와 같은 자질이 중요하게 여겨지지만 특히 간호학과에서는 더욱 중요한 자질이라고 생각합니다. 간호학과는 학점을 따기 힘든 학과로 알려져 있고 학년이 올라갈수록 더욱 어려워진다고 합니다. 따라서 자신이 원하는 결과가 나오지 않는 경우가 매우 많습니다. 포기하지 않고 꾸준히 공부하기 위해서는 끈기와 성실함이 반드시 필요합니다. 또한 간호학과는 의학을 배우는 학과이기 때문에 배우는 범위와 양이 상당하기 때문에 더욱더 끈기와 성실함이 요구됩니다.

2 간호대학에서는 구체적으로 무엇을 배우나요?

1학년 1학기 때는 배우는 전공이 나머지 학기에 비해 매우 적은 편이고 전문적인 의학 지식을 배우지 않습니다. 의학 지식보다는 간호 윤리, 간호의 역사와 같이 문과적인 지식들을 배웁니다. 이 외에도 저희 학교에서는 영어, 사회학을 교양 과목으로 배웁니다. 1학년 1학기에 배우는 사회학과 간호 윤리는 생활과 윤리, 사회 문화라는 과목과 겹치는 부분이 많아 문과에서 온 친구들이 훨씬 편하게 배울 수 있습니다. 간호학과에 들어오는 학생 중 많은 학생들이 의학을 배우고 싶어 간호학과를 선택합니다. 그래서 그런지 주변 간호학과 학생들 중 1학기를 배우고 실망한 친구들도 꽤 있습니다. 본격적으로 의학에 대해 공부하는 것은 1학년 2학기부터입니다. 1학년 2학기에는 간호용어, 인체의 구조와 기능, 생화학과 간호 등을 배웁니다. 2학년부터 기본간호학을 배우기 시작합니다.

3 　간호대학에서 하는 학과 활동에는 무엇이 있나요?

강원대학교 간호학과에는 운동, 학술, 봉사, 기독교 동아리 등이 있습니다. 운동 동아리를 제외한 대부분 동아리가 의학, 의료 관련 동아리입니다. 병원에서 봉사할 수 있는 동아리도 존재하고 의학과 관련된 논쟁 주제를 가지고 책을 읽으며 토론을 진행하는 학술 동아리도 존재합니다. 동아리 외에도 학생회 활동과 메이저러너라는 멘토·멘티 활동도 존재합니다. 메이저러너는 한 명의 멘토와 멘티로 이루어지는 것이 아니라 한 명의 멘토 선배와 여러 명의 멘티가 함께 모여 공부하고 멘토에게 도움을 받는 활동입니다.

4 　간호학과 진학을 희망하는 학생들이 고등학교 때 열심히 공부해야 하는 교과와 과목은 무엇이며, 그 이유는 무엇인가요?

당연히 모든 과목을 열심히 공부해야 한다고 생각하지만 그중에서도 특히 과학, 수학, 영어가 중요하다고 생각합니다. 의학을 배우는 학과이기 때문에 당연히 과학은 가장 중요한 과목입니다. 특히 생명과학과 화학을 열심히 공부해놓으면 간호학과 과정을 따라가기 훨씬 수월할 것입니다. 또한 간호학과에서는 '보건 통계'라는 과목을 배우기도 하며 대학원에서는 대부분 통계와 관련된 내용을 연구하고 배운다고 합니다. 그렇기 때문에 수학도 매우 중요합니다. 게다가 간호학과가 이과 성향이 강한 학과이기 때문에 수학과 과학만 중요하다고 생각할 수 있는데 영어도 매우 중요합니다. 간호학과에서 배우는 의학 용어들은 모두 영어입니다. 기본적으로 의학 용어들이 잘 숙지해야 의학을 본격적으로 배울 수 있기 때문에 영어는 간호학과 학생뿐만 아니라 간호사에게도 중요한 과목입니다.

5 간호학과 공부에 도움이 되는 구체적인 학교 활동은 무엇이 있을까요?

도서 활동, 학업 활동 모두 도움이 되었다고 생각하지만 가장 도움이 되었던 활동은 의학 관련 동아리 활동이었습니다. 고등학교 재학 당시에는 몰랐지만 간호학과는 생각보다 팀플 활동이 많은 편입니다. 그렇기 때문에 다른 사람들과 의논하고 토론하는 능력이 중요하게 여겨집니다. 동아리 활동 과정에서 미리 위와 같은 활동을 해보았기 때문에 대학에서 하는 팀플을 힘들지 않게 할 수 있었다고 생각합니다. 또한 한번 들어본 내용과 아예 처음 듣는 내용을 공부하는 것은 큰 차이가 있는 것처럼 동아리에서 조금이나마 접해본 의학 지식들이 간호학과 공부를 할 때 큰 도움이 될 수 있습니다.

6 간호학과 진학을 희망하는 학생들에게 도움이 될 수 있는 도서를 추천해주세요.

▶ 코로나 미스터리 (김상수 저 | 에디터)

이 책을 당시는 코로나 19가 가장 큰 사회적 이슈였던 시기였습니다. 세부특기 사항들을 준비하면서 코로나 바이러스에 대한 보고서를 작성했는데 그 과정에서 이 책을 알게 됐습니다. 이 책은 코로나 19를 겪으며 많은 사람들이 가지게 된 궁금증과 의구심을 통계 자료를 통해 해결해주는 내용을 담고 있습니다. 바이러스 자체에 대한 과학적 지식들부터 시작해 역사적으로 코로나 바이러스가 어떻게 진화했는지, 무증상 감염자와 슈퍼전파자는 어떤 원리로 생겨나는지 등에 대해 알려주고 있습니다. 학종을 준비하는 학생들에게는 현재 사회적 이슈와 자신의 관심 분야가 같이 나타나는 책을 읽는 것이 많은 도움이 될 것이라고 생각합니다.

7 간호학과 진학을 위해 '학생부종합전형'을 준비하는 학생들에게 추천할 만한 장기적인 프로젝트 또는 연구가 있다면 좋은 아이디어 소개 부탁드립니다.

저의 개인적인 생각으로 종합전형에서는 무조건 다양한 활동을 하는 것보다는 적어도 깊은 활동들을 하는 것이 더 유리하다고 생각합니다. 저희 고등학교의 경우 1, 2학년 때는 관심이 있는 분야의 동아리를 찾아서 들어가는 시스템이었다면 3학년 때는 마음이 맞는 친구들, 같은 분야에 관심이 있는 친구들끼리 모여 동아리를 구성해 동아리 활동을 진행하였습니다. 그러다 보니 짜인 프로그램을 그대로 따라가던 1, 2학년 때와는 다르게 훨씬 다양하고 구체적인 활동들을 할 수 있었습니다. 저의 경우 궁금증이 생겨 책을 읽고 책의 내용을 기반으로 실험을 진행하여 이후에 추가적인 보고서를 작성하였습니다. 각각의 활동들을 연결 지어서 진행했던 것이 자소서 작성할 때 큰 도움이 됐습니다.

경동대학교 재학생 인터뷰

4학년 재학생

1 간호학과 진학을 희망하는 학생들에게 필요한 역량과 길러야 할 자질은 무엇인가요?

필요한 역량과 자질이라고 한다면 제일 중요한 것이 성실함과 책임감이라고 생각합니다. 간호학과는 고등학교 3학년의 연속이라는 말이 있을 정도로 많은 분야를 공부하기 때문에 이를 잘 해나갈 수 있는 성실함이 중요하고, 그것을 해내기 위한 튼튼한 체력이 중요하다고 생각합니다. 또 내가 전공하는 간호로 환자의 예후가 좌지우지될 수 있기 때문에 내가 배우는 모든 활동에 대해서 최선을 다 할 수 있어야 한다고 생각합니다. 그렇기 위해서는 책임감이 뒷받침되어야 한다고 생각합니다.

2 간호대학에서는 구체적으로 무엇을 배우나요?

1학년에서는 사회생활에 필요한 교양과목과 인간에 대한 이해를 도와줄 수 있는 전공과목을 학습하게 되는데, 명심보감, 철학, 전산개론 등과 간호학 개론, 인체 해부학 등의 교과목입니다. 2학년에서는 약리학, 생리학, 성인간호학 총론, 기본간호학, 기본간호학 실습을 주로 학습하게 되고, 3학년과 4학년에서는 성인간호학, 정신간호학, 여성건강간호학, 아동간호학, 간호경영, 지역사회 간호학 그리고 임상실습(병원실습) 등 간호사로서 요구되는 지식, 기술, 태도를 학습하게 됩니다.

3 간호대학에서 하는 학과 활동에는 무엇이 있나요?

학생들이 주관하는 동아리 활동과 교수님 혹은 학교 측에서 주관하는 학과활동 등이 있습니다. 동아리 활동은 고등학교에서 하는 동아리활동과 크게 다르지 않습니다. 봉사 동아리, 스포츠 동아리, 사진 동아리, 창업 동아리 등 다양한 활동이 있고 학교 차원에서 진행하는 학과활동에는 해외 카데바 연수(해부학 실습), 해외연수, BLS/KALS 등의 심폐소생술 자격증 취득, 다양한 분야에 종사하고 계시는 간호사 선생님들의 특강(해외간호사, 간호사 출신 변호사), 토익 특강 등을 진행하고 있습니다.

4 간호학과 진학을 희망하는 학생들이 고등학교 때 열심히 공부해야 하는 교과와 과목은 무엇이며, 그 이유는 무엇인가요?

요즘은 문과, 이과 통합이라 정확한 과목명을 잘 알지는 못하지만, 개인적으로 이과였던 학생으로 생물학과 화학 공부의 덕을 조금 보았습니다. 생물학은 이후에 배우는 해부학의 기초가 되었고 화학 역시 이후에 배우는 약리학의 기초를 다루고 있어 이해하는 데 도움이 되었던 것 같아요. 하지만 생물학 화학을 배우지 않았고 어렵다고 해서 너무 실망할 필요는 없다는 말을 하고 싶어요. 제 주변에 친구들 중에서도 배우지 않았지만 대학교에서 열심히 해서 좋은 결과를 얻는 친구들도 많습니다. 추가적으로 영어가 중요합니다. 간호학과 학생으로서 쌓을 수 있는 스펙으로 토익점수가 정말 중요하기 때문에 영어는 놓지 말아 달라고 간곡히 얘기하고 싶습니다.

5 | 간호학과 공부에 도움이 되는 구체적인 학교 활동은 무엇이 있을까요?

우리학교에서 실시하고 있는 활동으로 에듀 투게더, 사제동행을 설명하고 싶은데 에듀 투게더는 친구들과 자기주도학습을 하기 위해 학교 측에서 프로그램을 만들어주고 있고 사제동행은 교수님과 진행하는 스터디로 수업시간에 배운 내용을 다시 한 번 상기시키며 응용할 수 있는 활동이라고 생각하면 될 것 같습니다.

6 | 간호학과 진학을 희망하는 학생들에게 도움이 될 수 있는 도서를 추천해주세요.

▶ 나는 간호사, 사람입니다 (김현아 저 | 쌤앤파커스)
▶ 나는 꿈꾸는 간호사입니다 (김리연 저 | 허밍버드)
▶ 소록도의 마리안느와 마가렛 (성기영 저 | 위즈덤하우스)

『나는 간호사 사람입니다』『간호사라서 다행이야』『나는 꿈꾸는 간호사입니다』『소록도의 마리안느와 마가렛』 등 저와 친구들이 읽었던 간호 관련 도서입니다. 현직, 전직 간호사로서 활동했던 사람들의 이야기를 들을 수 있고 간호사를 꿈꾸는 사람으로서 어떤 마음가짐, 가치관을 가져야 하는지 도움이 되었던 도서들입니다. 실제로 대학 면접 볼 때 책을 통한 에피소드를 말했을 때 면접관들의 좋은 반응을 이끌던 기억이 있습니다.

7 간호학과 진학을 위해 '학생부종합전형'을 준비하는 학생들에게 추천할 만한 장기적인 프로젝트 또는 연구가 있다면 좋은 아이디어 소개 부탁드립니다.

고등학생으로서 할 수 있는 활동으로 제일 좋은 것은 봉사활동이 아닐까 생각합니다. 의미가 있는 봉사활동을 통해 올바른 마음가짐 그 속에서 얻은 깨달음을 느낀 것에서 그치지 않고 적어나가면서 일정 기간 동안 기록을 하는 것도 좋은 방법이 될 것 같습니다. 꾸준히 한다면 성실함과 책임감을 증명할 수 있는 좋은 자료가 될 것이라고 생각합니다. 또 학교활동을 하면서 얻는 스트레스를 해소할 수 있는 활동을 다양하게 해 보는 것을 추천합니다. 실제로 병원 면접을 할 때 스트레스를 어떻게 푸는가를 자기 소개서에 제시하는 곳이 여럿 있으니 그런 고민을 해보는 것도 좋은 시간이 될 수 있을 것 같습니다.

CHAPTER 05 대구가톨릭대학교 재학생 인터뷰

3학년 재학생

1 간호학과 진학을 희망하는 학생들에게 필요한 역량과 길러야 할 자질은 무엇인가요?

전문적인 지식과 경험이 있으면 물론 좋지만, 의사소통 능력이 더 필요하다고 생각합니다. 실제로 임상 실습을 나가게 되면 많은 환자들을 만나 뵙게 되는데요, 모두가 처음 보는 사람들과 이야기하기가 쉬운 것은 아닙니다. 또, 대상자의 입장에서 간호학생인 저는 '처음 보는 사람'이고 그런 저에게 자신의 이야기를 하는 것이 쉽지 않습니다. 대상자와 나 사이의 경계심을 풀고 접근하기 위해서는 의사소통 능력이 중요하게 작용한다고 생각합니다.

2 간호대학에서는 구체적으로 무엇을 배우나요?

크게 이론과 실습으로 나뉘게 됩니다. 저희 학교의 경우에는 1학년 이론, 2학년 이론+교내실습, 3, 4학년 이론+임상실습으로 배우는데요, 간호학개론과 해부학을 시작으로 여러 분야의 간호학(성인, 모성, 아동, 정신, 지역사회 간호학 등)과 간호윤리학, 간호과정 등에 대해 4년 동안 배우게 됩니다. 2학년 때 교내실습을 통해 배운 것을 토대로 3학년 임상실습을 진행하기 때문에, 2학년 때 실습과 더불어 이론과 연계하여 공부하게 됩니다.

3 | 간호대학에서 하는 학과 활동에는 무엇이 있나요?

다양한 비교과 활동과 더불어 저희 간호대학 학생회에서 준비한 여러 활동과 행사가 있습니다. 라인제도를 통해 학번별로 1~2명씩 연결 지어 후배들이 선배님들에게 도움을 청하고 소통할 수 있는 기회를 마련해줍니다. 그 외에도 국가고시 응원행사, 신입생 환영회, 중간고사 간식행사, 참빛제(의간대 연합축제), 학술제 등과 같은 행사들이 있습니다. 또한 관심 있는 과 동아리에 가입해서 다양한 선후배들과 활동도 할 수 있고, 직접 과 동아리를 만들 수도 있습니다.

4 | 간호학과 진학을 희망하는 학생들이 고등학교 때 열심히 공부해야 하는 교과와 과목은 무엇이며, 그 이유는 무엇인가요?

간호학과 전공과목은 누구나 처음 보는 내용들이기 때문에 어떤 과목을 열심히 해야지 좋다고 말할만한 과목은 사실 없습니다. 즉, 생명과학에 대한 지식이 없어도 충분히 배우고 이해할 수 있습니다. 하지만 굳이 하나를 뽑자면 간호학과는 취업을 위해 토익 점수가 필요하기 때문에 영어 과목에 대한 기본기를 확실히 해두는 것이 좋을 것 같습니다.

5 | 간호학과 공부에 도움이 되는 구체적인 학교 활동은 무엇이 있을까요?

제가 실제로 활동했던 것들을 토대로 말씀드리겠습니다. 친구와 함께 간호 동아리를 만들어서 체육대회 때 일일 보건교사 활동을 통해 실제로 다친 친구에게 치료를 해줬습니다. 당연히 체육대회 전에 보건선생님께 기본적으로 드레싱하는 법, 골절 환자에게 부목을 적용하는 법 등에 대한 교육을 받았고, 간호학과에 와서 실습할 때 반가운 내용들이 많았습니다. 그리고 교외 활동으로는 적십자사에서 주최한 심폐소생술 대회에 참가하게 되었습니다. 이 대회에는 고등학생뿐만 아니라 대학생, 군인 등 여러 연령층이 참가하기 때문에 열심히 준비했던 기억이 있습니다. 심폐소생술 교육은 학교에서 매년 필수로 교육을 받지만 실습을 해보지 못했던 점이 아쉬웠습니다. 하지만 이 대회를 준비하는 기간 필수로 교육도 이수해야하고, 모형에 직접 심폐소생술을 실시해봄으로써 어느 정도 깊이로 가슴을 압박하고, 인공호흡을 할 경우 어떻게 해야 환자에게 제대로 공기가 잘 전달되는지 알 수 있었습니다.

6 | 간호학과 진학을 희망하는 학생들에게 도움이 될 수 있는 도서를 추천해주세요.

▶ 만약은 없다 (남궁인 저 | 문학동네)
▶ 골든아워 (이국종 저 | 흐름출판)
▶ 간호사라서 다행이야 (김리연 저 | 원더박스)

남궁인 선생님의 『만약은 없다』, 이국종 교수님의 『골든아워』, 김리연 선생님의 『간호사라서 다행이야』 이 3가지 책을 추천합니다. 고등학생 때 실제로 제가 읽었던 도서이기도 하고, 실제 임상에서 일하시는 분들의 이야기를 읽으면서 간호사에 대한 꿈을 키웠던 책입니다.

7 | 간호학과 진학을 위해 '학생부종합전형'을 준비하는 학생들에게 추천할 만한 장기적인 프로젝트 또는 연구가 있다면 좋은 아이디어 소개 부탁드립니다.

저는 고등학생 때부터 응급실 간호사를 희망했기에 5번에 말씀드린 활동처럼 응급상황에서 적용할 수 있는 처치에 대해 배우는 활동을 많이 했습니다. 만약 본인이 희망하는 부서가 정확하다면 거기에 맞는 활동을 찾아서 해보는 것도 좋을 것 같습니다. 또한 저는 모의유엔에서 스위스 대사로 '아프리카 지역 여자청소년의 에이즈 감염 예방 및 에이즈 종식을 위한 방안 모색'에 대해서 회의하고 활동했습니다. 구체적인 의제에 대해서 의논해볼 기회가 잘 없기 때문에 에이즈 질병에 대해 심층적으로 알아볼 수 있는 좋은 기회였고, 자기소개서에서도 충분히 전공에 대한 관심을 드러낼 수 있는 요소라고 생각합니다.

동국대학교(WISE) 재학생 인터뷰

2학년 재학생

1 간호학과 진학을 희망하는 학생들에게 필요한 역량과 길러야 할 자질은 무엇인가요?

간호사로서 반드시 갖추어야 할 자질은 끊임없는 탐구 정신과 흥미 그리고 남을 도울 수 있는 봉사 정신이라고 생각합니다. 간호학과 2학년만 되어도 모두 전공수업으로 이루어지며 전공이 11개로 공부량이 엄청 많습니다. 또한 성실한 학생들이 많아 높은 학점을 받으려면 열심히 노력해야 합니다. 따라서 간호학에 대한 애정과 탐구 정신이 꼭 필요하다고 생각합니다. 간호의 본질은 봉사 정신에서 비롯된 것이라고 생각합니다. 간호사는 환자의 건강을 위해 존재하는 직업이기 때문입니다.

2 간호대학에서는 구체적으로 무엇을 배우나요?

1학년 때는 교양과 전공과목을 병행해서 배웁니다. 특히 동국대학교 간호학과에서는 다른 학교와 다르게 한의대가 있어 한방간호학을 배웁니다. 이는 양방 간호가 아닌, 한방 간호로서 좀 더 다양하게 간호에 대한 견문을 넓힐 수 있습니다. 이 외에 생물학개론, 간호학개론 등 2학년 때 배울 과목을 위해서 쌓아야 할 지식을 배웁니다. 2학년부터 전문적인 간호지식을 배웁니다. 각 기관의 병리적인 상태, 각 질병에 적합한 영양을 제공하는 법, 신체의 계통 체계별 건강 문제 등 학문적인 것뿐만 아니라 실제 실무에서 활용할 수 있도록 배운 내용을 토대로 교내·대학병원 실습을 합니다. 실습 과목은 본인이 학생 간호사임을 가장 잘 느끼게 해주는 과목으로 배운 내용을 행동으로 익히며 다시 한 번 공부할 수 있는 기회입니다. 2학년까지는 실제 병원과 유사한 교내 실습실에서 실습하고 3학년부터 일산, 경주에 위치한 동국대학교 병원에서 1,000시간의 실습을 하게 됩니다. 이 외에 해부학, 약물의 작용기전을 배우는 약물과 간호에 관한 법규, 다문화사회에서의 간호 등 여러 분야의 간호를 총체적으로 배웁니다. 특히 간호사가 되려면 국가고시를 봐서 간호사 면허를 취득해야 합니다. 그래서 국가고시 과목인 성인간호, 모성간호, 아동간호, 지역사회간호, 정신간호, 간호관리학, 기본간호, 보건의약관계법규의 총 8과목은 간호학과를 다니면서 가장 중요한 과목입니다. 또한 동국대 간호학과는 교직이수가 돼서 졸업 후 보건교사가 될 수 있습니다. 간호학이라는 전문지식을 배우기 전에 필요한 기초부터 심화 내용까지 전 학년에 걸쳐 배우게 될 것인데 순서는 학교마다 조금씩 차이가 있어 각 학교의 간호대학 홈페이지를 참고하시면 알 수 있습니다.

3 | 간호대학에서 하는 학과 활동에는 무엇이 있나요?

동국대학교 간호학과에서는 음악과 함께 수화로 관객과 소통하는 무대를 꾸미는 동아리, 공부로 지친 몸과 마음을 운동하면서 풀 수 있는 운동 동아리, 간호학과 학생들의 봉사 동아리, 사물놀이 동아리, 의과대학과 연합 통기타 동아리, 한의대와 연합하여 지역사회에 방문해서 의료봉사하는 동아리, 신문 동아리가 있습니다. 한의대학과 의과대학과 연합한 동아리는 특별하다고 생각합니다. 간호학이 아닌 다른 의료계열의 학문과 연합하여 새로운 경험을 할 수 있기 때문입니다. 또 간호학과의 제일 큰 행사인 '백연'을 통해 여러 학술대회와 즐거운 레크리에이션 행사에 참여할 수도 있습니다.

4 간호학과 진학을 희망하는 학생들이 고등학교 때 열심히 공부해야 하는 교과와 과목은 무엇이며, 그 이유는 무엇인가요?

고등학교에서 배우는 모든 과목이 중요하지만, 특히 중요한 과목은 생명과학입니다. 저는 문과에서 간호학과를 간 케이스라 이과 친구들에 비해 상대적으로 전공을 이해하는데 조금 어려움이 있었습니다. 해부학, 병리와 간호, 영양대사와 간호, 인체구조와 기능 등 많은 과목이 생명과학에 기초합니다. 따라서 고등학교에서 배우는 생명과학의 기초를 탄탄하게 해놓으면 공부하는 데 도움이 될 것입니다.

5 간호학과 공부에 도움이 되는 구체적인 학교 활동은 무엇이 있을까요?

학교에 과학 관련 동아리 활동이 있으면 하는 것을 적극적으로 추천합니다. 한 동기는 간호사, 의사, 한의사 등 의료계열에 꿈이 있는 친구들과 동아리를 개설하여 머리를 맞대고 각자 관심 있는 분야에서 뇌 질병에 관련해 직접 논문을 찾아보고 자문하여 진단을 내리고 의견을 나누는 활동을 했습니다. 또한 심폐소생술을 완벽하게 공부하여 점심시간에 학생들을 대상으로 심폐소생술 교육을 했다고 합니다. 이러한 활동을 통해서 자신이 이 분야에 얼마나 관심이 있는지를 어필하면 좋을 것 같습니다.

6 간호학과 진학을 희망하는 학생들에게 도움이 될 수 있는 도서를 추천해주세요.

▶ 돌봄의 미학 인문간호 (박명희 저 | 푸른 사상)

간호는 학문적인 관점과 의료적인 관점을 간과할 수는 없지만 사람을 간호하고 돌본다는 점에서 전인적이고 총체적인 행위입니다. 간호사는 오로지 치료목적의 간호만 제공하는 것이 아니라, 환자의 기분을 물어봐주고, 환자의 치료의지를 북돋아주며 인문학적으로 환자를 대하는 것이 중요합니다. 따라서 이 책은 간호학에서 인간을 이해하고 해석하는 것이 중요하다는 깨달음을 주며 인간을 대하는 간호학에 있어서 올바른 방향은 무엇인지 성찰하게 해주기 때문에 이 책을 추천합니다.

7 간호학과 진학을 위해 '학생부종합전형'을 준비하는 학생들에게 추천할 만한 장기적인 프로젝트 또는 연구가 있다면 좋은 아이디어 소개 부탁드립니다.

학교에서 진행하는 과학 탐구 경진대회에 참여하는 것을 추천드립니다. 학생 스스로 정한 주제를 토대로 가설을 설정하고 실험을 하여 결론을 도출해낸 후 논문을 작성하는 활동은 이 학생이 관심을 관심에서만 그치지 않고 탐구하려는 정신이 있음을 보여줍니다. 주제가 무조건 간호와 관련된 주제가 아니더라도 좋습니다. 또한 논문을 작성하여 교내 도서관에 많은 학생들이 볼 수 있게 비치한다든가, 또는 블로그에 올려 많은 사람들이 볼 수 있도록 하면 좋을 것 같습니다.

동명대학교 재학생 인터뷰

1 간호학과 진학을 희망하는 학생들에게 필요한 역량과 길러야 할 자질은 무엇인가요?

1학년 재학생

학업에 대한 호기심이 중요합니다. 처음에는 간호학과 많은 관련이 없는 과목이라고 느껴질 수도 있지만, 해당 과목이 간호의 어떤 부분에 사용될지 생각해보고 앞으로 어떤 공부를 하면 좋을지 생각해보는 것도 좋을 것 같습니다.

2학년 재학생

수용성과 적극성이 중요합니다. 2학년은 간호학의 기본과 실습과정을 처음으로 학습하는 과정이 있습니다. 생소한 간호학의 시작을 잘 받아들이는 것이 중요하며, 교내 실습 과정을 통해 여러 가지 기본술기에 적극적으로 참여하는 것이 중요합니다.

3학년 재학생

계획성을 가지고 시간 관리를 하는 것이 필요합니다. 임상실습을 시작하고 많은 시간표를 소화해야 합니다. 병원실습을 하는 중에 시간을 내어 간호과정을 수행하고, 이론 수업 기간에는 짧은 기간 동안 많은 시간표와 평가를 계획적으로 수행해야 합니다.

4학년 재학생

마지막 학년인 만큼 인내심을 가지고 학습하는 것이 가장 좋은 것 같습니다. 이론, 실습의 과정을 많은 시간을 투자하여 최대한의 능률을 끌어내고 각자의 마지막 목표를 이룰 때까지 노력하는 것이 중요합니다.

2 | 간호대학에서는 구체적으로 무엇을 배우나요?

1학년 재학생

간호학과 입학 후 1학년은 전공과 교양을 함께 배우게 됩니다. 해부생리학, 간호학개론, 성격심리학, 인간심리와 의사소통 등과 같은 기본적인 간호의 입문에 있어 간호에 대한 흥미를 느낄 수 있고, 여러 가지 교양 과목을 통해 전공 외에도 다양한 활동을 할 수 있습니다.

2학년 재학생

모든 간호 핵심 술기의 기본이 되는 기본간호학, 건강사정과 임상에서 사용되는 의학용어를 전반적으로 배우게 됩니다. 선행 과목인 해부생리학을 기본으로 기본적인 간호술기를 학습하고, 이론 내용을 바탕으로 교내 실습을 통해 환자와 대면하고, 환자의 건강을 사정하는 연습을 하게 됩니다. 간호사로서 가장 중요한 업무인 간호과정과 비판적 사고의 학습을 통해 환자의 간호진단을 내리고 간호 수행을 하는 과정을 배울 수 있습니다.

3학년 재학생

국가고시 과목인 성인간호학, 아동간호학, 여성간호학, 정신간호학, 간호관리학 등을 배우게 됩니다. 임상실습과 이론수업을 병행하며 이론에서 배웠던 과정을 임상실습에 직접적으로 응용할 수 있는 과정입니다. 3학년부터는 교양수업이 없기 때문에 전공과목에만 집중할 수 있고 병원실습을 통해 자신의 능력을 확인하고 경험을 쌓을 수 있습니다.

4학년 재학생

임상실습과 함께 국가고시 과목의 심화된 과정을 학습하게 됩니다. 병원 지원을 시작하며 취업 준비와 학업을 같이 하게 됩니다.

3 | 간호대학에서 하는 학과 활동에는 무엇이 있나요?

1학년 재학생

앞으로의 즐거운 학과 생활을 위한 단합을 합니다. 동기들과 1박 2일 동안 맛있는 것을 먹고 즐거운 활동을 하면서 학과 생활의 시작을 하게 됩니다. 또한 동아리 활동을 통해 관심 분야에 자율적으로 참여할 수 있는 시간을 가지게 됩니다. 또한, 학생회 활동의 시작으로 선배님들과 함께 학생들을 도와주고 이끌어나감으로써 책임감을 배울 수 있는 기회를 가지게 됩니다.

2학년 재학생

봉사 활동을 위해 동아리에 가입하는 학생들이 많습니다. 우리 학교의 대표적인 동아리로 대한적십자 RCY 활동을 통해 봉사, 구호활동 협력을 할 수 있습니다. 또한 학과에서 시행하는 지역사회 봉사를 통해 지금까지 학습한 내용을 재능기부하며, 자신이 배운 간호학을 어떻게 사용하면 좋을지 생각해 보는 시간을 가질 수 있습니다.

3학년 재학생

비교과 활동을 통해 정규 수업 외에도 추가적인 학습을 통해 학습 효율을 높일 수 있습니다. 핵심 술기 동영상을 찍어 학과 학생들과 함께 보며 공부도 하고 직접 학습 내용에 대한 문제를 만들거나 친구들이 만든 문제를 풀어볼 수 있습니다. 수업 시간에 배우지 못했던 부분에 대해 집중적으로 공부할 수 있고 결과적으로 학습에 집중력을 끌어올릴 수 있는 과정이 됩니다.

4학년 재학생

취업에 필요한 토익, 면접 준비를 할 수 있습니다. 학교에서 지원해주는 부분을 통해 취업 준비 활동을 더욱 효과적으로 할 수 있습니다.

---

4 간호학과 진학을 희망하는 학생들이 고등학교 때 열심히 공부해야 하는 교과와 과목은 무엇이며, 그 이유는 무엇인가요?

해부생리학을 인체의 모든 구성과 기능을 배우는 과목입니다. 인체는 과학적이고 모든 활동은 화학작용과 생명 활동에 관련이 있으므로 화학, 생명 과목을 통해 기본을 익히는 것이 좋다고 생각합니다. 특히 생명과학의 유전학 부분이 해부생리학을 이해하는 데 가장 도움이 되는 것 같습니다.

과학 탐구 선택 중 생명과학 과목을 선택하는 것이 가장 좋은 것 같습니다. 고등학교 때 배우는 생명과학과 간호학은 직접적인 관련은 없지만, 생명과학의 기본과 원리는 간호학을 이해하는 데 많은 도움이 되는 것 같습니다. 화학도 인체의 화학반응을 이해하는 데 도움이 됩니다. 하지만 1학년 때 배우는 해부생리학 수업 중 교수님의 설명을 듣고 천천히 이해하려고 노력하면 화학과 생명과학을 배우지 않았어도 충분히 따라올 수 있다고 생각합니다.

처음에는 과학을 배운 이과 친구들이 간호학에 좀 더 유리할 것이라고 생각했지만, 간호학을 이해하는 부분에 있어서는 과학적인 부분보다 환자의 입장에서 생각하는 마음이 가장 중요하다고 생각합니다. 물론 과학 이론 지식이 인체의 기본적인 원리를 배우는 데 도움이 되지만 해부생리학을 반복적으로 학습하다 보면 이해할 수 있습니다.

5 간호학과 공부에 도움이 되는 구체적인 학교 활동은 무엇이 있을까요?

BUP 비교과 활동이 학습에 많은 도움이 되었습니다. 정규 과목 시간 외에도 교수님과 보충 수업을 통해 수업 시간에 이해되지 않는 부분을 따로 학습하고 선행학습을 통해서 수업 시간의 내용을 이해하는데 도움이 되었습니다. 친구들과 자율적으로 학습한 내용을 정리하면서 협력하는 과정에서 따라가기 힘든 부분도 극복했던 기억이 있습니다.

CUP 활동은 BUP의 심화 과정으로 학습을 할 수 있는 비교과 활동입니다. 교수님의 설명을 듣는 것뿐만 아닌 직접 수업 내용을 준비해서 학생들에게 자신이 이해한 내용을 설명해보고 서로 보충해 주는 시간을 가집니다. 팀원과 각 단원의 시험문제를 예상해 보고 문제를 만들어 같이 풀어보는 과정이 많은 도움이 되었습니다.

CO-UP 활동을 통해 가장 어려운 과목을 더 공부할 수 있습니다. 3학년이 되면서 각 과목의 심화 과정을 배우게 되는데 따라가지 못하는 부분이 생길 수 있습니다. 각 조의 조장이 조원들을 이끌어 활동을 진행합니다. 이해가 되지 않는 부분은 조장을 중심으로 전에 학습했던 내용을 다시 학습하게 됩니다. 정규 수업 시간에 과목을 이해하고 쪽지시험, 중간고사와 기말고사 공부도 더 효과적으로 할 수 있는 기회가 됩니다.

6 간호학과 진학을 희망하는 학생들에게 도움이 될 수 있는 도서를 추천해주세요.

▶ 간호사가 말하는 간호사 (권혜림 저 | 부키)

『간호사가 말하는 간호사』라는 책을 추천합니다. 처음에 간호사라는 꿈을 정했을 때 막연하게 간호사가 되고 싶다는 생각만으로는 꿈을 이루기 어려울 것이라고 생각했습니다. 적어도 간호사가 어떤 일을 하는지, 어떤 마음가짐을 가지고 간호를 하는지에 대해 알기 위해 읽은 책이었습니다. 이 책은 각 분야별 간호사가 수행하는 과정을 표면적으로 보여주는 것이 아닌 우리가 보이지 않은 곳에서 일하는 모습도 볼 수 있습니다. 또한, 간호사의 책임감, 사명감에 대해 생각해보면서 간호사의 꿈을 더 키울 수 있는 책이었습니다.

▶ 골든아워 (이국종 저 | 흐름출판)

『골든아워』는 환자를 대하는 마음을 볼 수 있는 책입니다. 간호사가 아닌 의사의 이야기이지만 간호사의 목표를 세우는 데 있어 많은 영향을 주었습니다. 환자는 돈을 지불하는 손님이 아닌 우리의 도움이 절실히 필요한 사람임을 깨닫게 되었고, 앞으로 간호를 하면서 환자를 대하는 마음에 대해 생각해보았습니다. 의료인의 봉사정신, 희생정신에 대해 생각해보면서 나도 내가 바라는 간호사 상을 만들고 앞으로 어떤 노력을 해야 할지에 대해 계획할 수 있게 되었습니다.

---

7 간호학과 진학을 위해 '학생부종합전형'을 준비하는 학생들에게 추천할 만한 장기적인 프로젝트 또는 연구가 있다면 좋은 아이디어 소개 부탁드립니다.

간호사, 보건 관련 동아리 활동을 하는 것이 도움이 됩니다. 교내 동아리 활동을 통해 대학 진학에 도움이 되는 활동을 하고 활동 결과나 느낀 점을 자세하게 작성하는 것이 좋습니다. 어려운 활동이 아니더라도 함께 관련 책을 읽거나 작은 공모전에 도전한 결과와 협력한 과정을 작성하는 것이 도움이 됩니다. 독서 활동은 간호사와 관련된 책을 읽고 느낀 점과 생각을 자세하게 작성합니다. 단순하게 많이 읽는 것이 아닌 꾸준히 간호 관련 독서를 하고 다양한 분야의 책을 읽어보는 것이 중요합니다. 봉사 활동은 병원, 재활센터, 복지센터 등에서 간호사의 역할을 할 수 있는 봉사 활동을 하고 활동을 하면서 느낀 점을 매일 기록합니다. 적극적으로 봉사 활동에 참여하며 목표를 더 명확히 세우고 꿈에 더 가까이 다가갈 수 있습니다. 단기간이 아닌 최대한 꾸준하게 봉사를 하는 과정을 기록할 수 있도록 노력하는 것이 중요합니다.

동서대학교 재학생 인터뷰

3학년 재학생

1 간호학과 진학을 희망하는 학생들에게 필요한 역량과 길러야 할 자질은 무엇인가요?

체력과 책임감이라고 생각합니다. 간호학과는 다른 학과 친구들보다 과제도 많고 수업량이 많아서 체력이 굉장히 중요한 것 같습니다. 특히 실습을 나가게 되면 내가 생각보다 체력이 부족한 사람이었구나 하는 생각이 많이 들게 될 것입니다. 주변 친구들이 실습을 나갔다가 쓰러지거나 실습지에서 졸음을 이기지 못해서 힘들어하는 것들을 많이 보았는데, 그런 모습을 볼 때면 간호사는 정말 체력이 좋아야 할 수 있는 직업이구나 생각이 듭니다. 체력과 더불어 책임감 또한 굉장히 중요합니다. 조별 과제가 아무래도 많은 편인데 자신이 맡은 역할을 수행하지 않거나 대충하려고 해서 다른 친구들에게 피해를 주는 학생들이 있습니다. 작게는 조별 과제에서 책임을 지지 않는 것이지만, 실습을 나가거나 간호사가 되어서 책임감이 없는 사람이라면 환자의 생명이 위험할 수도 있으므로 자신이 맡은 일에는 책임을 꼭 지고 끝까지 마무리하려는 마음이 필요합니다.

2 간호대학에서는 구체적으로 무엇을 배우나요?

인체의 구조와 기능을 시작으로 질병의 병태생리 및 발생기전, 그에 따른 간호를 배웁니다. 또한, 간호의 역사와 의사소통 방법, 간호와 관련된 법률, 윤리, 사회적인 구조와 체계 등을 배웁니다. 1학년 때는 학교의 기초 교양과목과 함께 전공과목인 간호학개론, 기초해부학, 학과 교양과목인 인간발달의 이해, 심리학의 이해 등을 배웁니다. 1학년 때의 과목들은 2, 3, 4학년 때 배우게 될 과목의 가장 기초가 되는 부분들입니다. 2학년 때는 전공과목으로 건강사정, 비판적사고와 간호과정, 병리학, 기본간호학, 간호윤리, 보건의사소통, 성인간호학, 약리학, 진단검사, 영양, 통계학 등이 있고 기본간호학에서는 핵심술기라고 하는 간호에서 가장 중요한 것들을 교내에서 실습하며 배우게 됩니다. 3, 4학년 때는 실습과 수업을 병행하게 되고 저희는 이러한 수업방식을 더블 수업이라고 부릅니다. 배우는 과목은 아동간호, 성인간호, 여성건강간호, 정신간호, 지역사회간호, 간호관리학, 조사방법론, 보건의료법규가 있고, 자신이 선택해서 들을 수 있는 과목들도 있는데 이러한 과목들에는 호스피스간호, 보건교육학, 보건프로그램 개발 및 평가, 중환자간호, 응급재난 간호, 통합임상추론이 있습니다.

3 간호대학에서 하는 학과 활동에는 무엇이 있나요?

여러 동아리가 있습니다. 매년 학술제에서는 간호 술기 체험과 함께 여러 행사를 합니다. 특히 학과 내에 있는 동아리들이 접근성이 높은데, 학과 동아리 중 RCY, 의학용어 동아리, 소록도 봉사, 나도람 등 많은 동아리들이 있고 동아리를 하다가 동아리 장을 할 수 있는 기회가 많기 때문에, 학과생활이 바쁜 간호학생들에게는 접근성 높은 학과 내 동아리를 하는 것을 추천드립니다. 또한, 학생회 활동을 통해서 사회성과 리더십을 키울 수 있습니다.

4 간호학과 진학을 희망하는 학생들이 고등학교 때 열심히 공부해야 하는 교과와 과목은 무엇이며, 그 이유는 무엇인가요?

자연계 친구들이라면 생명과학을 열심히 하는 것이 좋다고 생각합니다. 생명과학이 정말 많이 필요하기 때문입니다. 대학교 1학년 때 생리학을 배우게 되는데, 생리학이 모든 과목의 기초가 됩니다. 이러한 생리학은 고등학교 때 배우는 생명과학과 밀접하게 관련이 있고, 고등학교에서 한 번 이해하고 대학교에 와서 공부한다면 훨씬 더 쉽게 이해하며 공부할 수 있을 것입니다. 만약 어쩔 수 없이 문과를 가게 된 친구들이라면 윤리와 영어가 도움이 될 것 같습니다. 특히 영어의 경우 토익을 할 때 필요한데, 대부분의 병원에서 취업 시 토익 점수를 많이 보기 때문입니다.

5 간호학과 공부에 도움이 되는 구체적인 학교 활동은 무엇이 있을까요?

아무래도 공부하고 성적 관리를 하는 법을 아는 것이 가장 중요할 것 같습니다. 고등학교에서는 야간 자율 학습 시간이나 자습 시간을 주면서 공부할 시간을 만들어 주지만 대학교에서는 공부할 시간을 자신이 만들고 정하기 시간을 정해서 공부하는 습관이 중요합니다. 간호학과에 오시면 체력을 기르는 것 또한 중요한데, 3학년 때부터 실습과 공부를 병행해야 하기 때문에 체력이 쉽게 고갈될 수 있습니다. 특히, 실습을 할 때 day, evening 으로 나누어서 가기 때문에 새벽에 일어날 때도 있고 그러다 보니 체력적으로 힘들어집니다. 그래서 대부분 학생들이 자신이 즐겁게 할 수 있는 운동을 주로 하고 있는 것 같습니다. 그리고 시간이 된다면 봉사활동이나 시사 동아리를 통해서 사회를 보는 눈을 넓히거나 의료 관련 동아리를 하는 것도 좋을 것 같습니다.

간호학과 진학을 희망하는 학생들에게 도움이 될 수 있는 도서를 추천해주세요.

▶ 죽음과 죽어감 (엘리자베스 퀴블러 로스 저 | 청미)

자신이 생각하는 전공접합성에 맞는 책을 읽는 것을 추천해드립니다. 저는 고등학생일 때 호스피스 간호사가 되고 싶다고 생각했었고 그에 맞는 책을 찾아서 읽었습니다. 그때 저는 엘리자베스 퀴블러 로스의『죽음과 죽어감』을 읽었던 기억이 납니다. 실습병원에서 실습병동에 따라 죽음을 보는 경우가 많을 수도 있고 적을 수도 있지만 사람이라면 한 번쯤은 주변인의 죽음을 겪고 자신을 죽음을 겪기 때문에 이에 대해서 생각하고 면접 때 활용하면 좋을 것 같습니다.

7 **간호학과 진학을 위해 '학생부종합전형'을 준비하는 학생들에게 추천할 만한 장기적인 프로젝트 또는 연구가 있다면 좋은 아이디어 소개 부탁드립니다.**

학생부종합전형에서는 일관성이 중요하다고 생각합니다. 내가 이 학과에 정말 가고 싶다는 것을 어필하기 위함이라고 생각됩니다. 저 같은 경우도 1, 2, 3학년 장래희망란에는 호스피스 간호사를 적어두고 학생부에 모든 내용을 관련된 사항으로 작성했습니다. 그리고 학교 자율동아리에서 의학 동아리를 하는 것을 추천해드립니다. 없다면 하나 만들어보는 것도 좋습니다. 동아리장이 귀찮은 일이 많기는 하지만 리더십 부분에서도 점수를 받을 수 있기 때문에 좋은 경험이 될 것입니다. 그리고 동아리를 통해 근처 대학교에서 하는 BLS수업을 들어보거나 빼빼로 데이나 부활절에 간식을 만들어서 근처 노인복지관이나 복지관에 연락드린 후 가져다드리는 것도 좋은 활동이 될 수 있습니다. 봉사활동은 정기적인 것이 가장 좋고, 1365보다는 VMS가 정기적인 봉사활동이 많은 편입니다. 그리고 되도록 관련 봉사(예: 독거노인 봉사, 병원 내시경 봉사, 건강검진 문진 봉사 등)를 하는 것이 좋을 것 같습니다.

성신여자대학교 재학생 인터뷰

1학년 재학생

1 | 간호학과 진학을 희망하는 학생들에게 필요한 역량과 길러야 할 자질은 무엇인가요?

간호학과에 와서 공부하고 싶은 학생이라면 성실함과 끈기는 필수적인 역량이라고 생각합니다. 간호학과는 1학년 때 배우는 전공 수업들부터 만만치가 않습니다. 낯선 내용도 많고 무엇보다 공부량이 고등학교 때보다 훨씬 많다 보니 짧은 시간에 공부하는 것이 매우 힘듭니다. 평소에 성실하게 필기를 해두고 미리 복습해두어야 시험 기간에 공부를 제대로 할 수 있습니다. 그리고 수업을 들을 때 이해하기 힘든 내용이 많은데 이 내용을 졸지 않고 끝까지 이해하려고 하는 끈기도 있어야 합니다. 포기하지 말고 하나라도 이해하고 외우려는 마음이 있어야 간호학과에서 공부할 수 있다고 생각합니다.

2 | 간호대학에서는 구체적으로 무엇을 배우나요?

1학년 때 배운 전공과목으로는 간호학개론, 성장과 발달, 인간관계와 의사소통, 미생물학이 있습니다. 또, 필수교양과목이지만 전공과목만큼이나 중요한 인체생리학을 배웁니다. 간호학개론에서는 간호의 역사, 이론, 윤리, 연구에 대해서 배워서 간호학에 대한 전반적인 이해를 할 수 있습니다. 단순 암기 과목이지만 간호학과에 들어왔다면 꼭 알아야 할 내용이라 열심히 들어놓으면 좋습니다. 성장과 발달 과목에서는 과목명 그대로 인간이 성장하고 발달하는 과정에 대해서 배우게 됩니다. 프로이드, 에릭슨, 피아제 등 이론가들의 발달이론과 신생아기부터 노년기까지의 성장발달, 건강문제에 관해 배웁니다. 인간관계와 의사소통 과목은 '애니어그램'이라는 테스트를 통해 사람의 성격을 분석하기도 하고 다양한 의사소통 방법도 배워 환자와 간호사 간의 좋은 의사소통 방법을 배웁니다. 저는 개인적으로 굉장히 흥미롭고 재미있게 수업을 들었던 과목입니다. 조별 과제가 굉장히 잦은 수업인데 부담되지 않는 과제들이라 편하게 하며 수업에 대한 이해도를 높일 수 있습니다. 미생물학은 말 그대로 정말 미생물에 대해 배우는 과목입니다. 내용이 어렵지만 1학점짜리라 부담이 되지는 않았습니다. 인체생리학은 순환계, 심장, 내분비계, 호흡, 혈액, 신경계 등등 인체생리에 대해 배웁니다. 이 과목이 필수교양과목이긴 하지만 1학년 때 잘 공부해놓으면 나중에 2, 3, 4학년 때도 여러모로 도움이 되는 과목이라고 합니다. 꼼꼼히 공부할수록 좋은 과목입니다. 학교마다 간호학과 1학년 때 배우는 과목들이 다르기 때문에 가고 싶은 대학의 간호학과 교육과정을 잘 살펴보시길 권합니다.

3 ▍ 간호대학에서 하는 학과 활동에는 무엇이 있나요?

대표적인 것은 유대감 프로그램이 있습니다. 자율적으로 신청을 받아서 하는 학과 활동인데 저는 꼭 신청해서 가시길 추천드립니다. 이 프로그램은 아직 어색한 1학년들을 모아 어색함을 없애고 친목을 다질 수 있게 하는 프로그램입니다. 1부에서는 저희 학교 간호 시뮬레이션센터인 스완즈 센터를 구경합니다. 교수님들이 직접 설명해주어 자세한 설명을 들으며 구경할 수 있습니다. 그 후, 2부에서는 다 같이 게임을 하며 어색한 분위기를 풀고 3부에서는 교실에 모여 조를 짜서 빙고 게임을 하며 서로에 대해 알아가는 시간을 가집니다. 잘 몰랐던 동기들과 서로 잘 알게 되고 친해지는 시간을 가지면서 더욱 돈독해질 수 있습니다. 저도 이 프로그램을 통해 좋은 친구들을 많이 만났습니다. 그 외에도 학술, 봉사 등 다양한 학과 동아리들이 많으니 원한다면 관심이 가는 동아리에 지원하여 열심히 활동할 수 있습니다.

간호학과 진학을 희망하는 학생들이 고등학교 때 열심히 공부해야 하는 교과와 과목은 무엇이며, 그 이유는 무엇인가요?

모든 과목을 열심히 해야 하는 건 당연합니다. 그중에서도 더 열심히 하면 간호학과에 진학했을 때 도움이 되는 과목이 있다면 영어라고 생각합니다. 영어로 수업자료를 주는 전공 수업들도 있고 과 특성상 의료 용어들을 많이 사용하는데 이것들이 대부분 영어입니다. 교수님들도 수업하시면서 평소에 영어를 자주 쓰시기 때문에 영어가 약하다면 좀 힘들 수 있습니다. 그래도 대학에 와서 열심히 한다면 문제가 될 것은 없습니다. 또, 생명과학과 화학을 열심히 해둔다면 공부할 때 수월합니다. 인체생리학과 미생물학은 고등학교 때 공부했던 내용이 겹쳐 나오기도 하고 다들 배웠던 것으로 생각하여 넘어가는 부분들도 있기 때문입니다. 하지만 문과인 저도 다 해냈기 때문에 너무 겁먹지 않으셔도 됩니다.

5 간호학과 공부에 도움이 되는 구체적인 학교 활동은 무엇이 있을까요?

학교에 과학 관련 동아리 활동이 있으면 하는 것을 추천합니다. 제가 나중에 와서 후회한 것 중 하나가 과학 관련 동아리를 안 한 것이었습니다. 과학에 흥미 있는 친구들과 함께 실험도 하고 연구도 하며 과학을 좀 더 쉽게 받아들이면 나중에 간호학과에 와서 공부에 도움이 될 것으로 생각합니다.

6 간호학과 진학을 희망하는 학생들에게 도움이 될 수 있는 도서를 추천해주세요.

▶ 무너지지 말고 무뎌지지도 말고 (이라윤 저 | 문학동네)

이 책은 생과 사의 경계에 있는 중환자실에서 일하는 간호사가 쓴 책입니다. 저는 이 책을 정말 감명 깊게 읽어서 도서관에서 빌려보고 직접 구매해서 또 읽은 책입니다. 중환자실에서 겪은 이야기들과 간호사로서 느낀 자신의 감정을 풀어낸 이야기로 쉽게 읽을 수 있는 내용입니다. 또한, 저는 이 책을 읽으며 간호사에 대한 가치관을 성립할 수 있는 계기가 되었습니다. 간호학과에 진학하기 전 이 책을 읽으며 자신의 가치관을 제대로 성립할 수 있는 책이기 때문에 읽어보길 추천합니다.

7 | 간호학과 진학을 위해 '학생부종합전형'을 준비하는 학생들에게 추천할 만한 장기적인 프로젝트 또는 연구가 있다면 좋은 아이디어 소개 부탁드립니다.

한 가지 주제만을 연구하는 것보다 두 가지 주제를 연결하여 연구하는 것을 추천합니다. 예를 들어 간호학과를 준비하는 친구와 생명과학과를 준비하는 친구가 함께 간호와 생명과학을 연결한 하나의 공통된 주제를 장기적으로 연구하는 것입니다. 이렇게 프로젝트를 진행한다면 협업 능력도 기를 수 있고 간호뿐만 아니라 생명과학에 관해서도 연구할 수 있기 때문에 지식의 폭도 넓어질 수 있습니다. 학교에서 장기적인 프로젝트를 한다면 학생부종합전형에 무조건 도움이 될 것이니 망설이지 말고 참여해보는 것을 추천합니다.

수원대학교 재학생 인터뷰

3/4학년 재학생

1 간호학과 진학을 희망하는 학생들에게 필요한 역량과 길러야 할 자질은 무엇인가요?

책임감, 끈기, 환자에 대한 따뜻한 마음이 간호사에게 가장 중요한 역량이라고 생각해요. 하지만 그 무엇보다도 간호사를 하고 싶은 의지가 있으면 대학교 입학 후 잘 헤쳐나갈 수 있을 거라고 생각합니다.

2 간호대학에서는 구체적으로 무엇을 배우나요?

1학년 때는 간호 전공과목보다는 학교 내에 있는 교양과목과 영어, 일본어, 중국어, 의학용어, 간호학개론 등을 배워요. 그리고 생물학 같은 전공을 배우기 전 기초지식을 쌓는 수업을 듣게 됩니다. 2학년 때는 인체구조와 기능, 생리학, 건강사정, 기본간호학 그리고 핵심기본간호술기를 배우는 기본간호학 실습을 듣게 됩니다. 3, 4학년 때는 이론수업과 실습이 병행됩니다. 주로 교양보다는 국시에 출제되는 전공필수과목과 전공선택과목을 듣습니다.

3 | 간호대학에서 하는 학과 활동에는 무엇이 있나요?

저희 간호학과는 현재 2개의 간호과 봉사동아리가 있어요. 하나는 '꾹'이라는 발반사요법·이압요법 봉사동아리로 요양병원에 직접 가서 노인 환자 분들께 말동무가 되어드리며 발마사지, 이압요법을 해드립니다. 다른 하나는 '드림팀'으로 독거노인 분께 직접 찾아가서 혈압, 혈당 등을 재드리며 말동무를 하고 여러 가지 프로그램을 함께 진행하는 동아리입니다. 개강파티·종강파티, MT, LT, 짝선배·짝후배 등 간호학과 학생들의 단합과 친목을 쌓을 수 있는 활동도 진행됩니다. 이외에도 카데바 실습, bls 자격증 취득, 취업준비 동아리 등 다양한 활동을 할 수 있습니다!

4 | 간호학과 진학을 희망하는 학생들이 고등학교 때 열심히 공부해야 하는 교과와 과목은 무엇이며, 그 이유는 무엇인가요?

1학년이 되자마자 생물학을 배우기도 하고, 전공과목을 배울 때 생물학적인 지식이 기반으로 잘 다져져 있으면 이해하는 데도 수월할 수 있다고 생각합니다. 제가 이과였고 고등학교 때 생물학을 좋아해서 열심히 한 덕분에 좋은 영향이 있었던 것 같아요.

5 | 간호학과 공부에 도움이 되는 구체적인 학교 활동은 무엇이 있을까요?

간호, 의료, 보건 관련 동아리활동, 봉사활동이 도움이 될 것 같아요. 간호학과는 공부량이 비교적 많으므로 고등학생 때 본인에게 맞는 공부법을 다양하게 시도해보면서 굳혀가는 것도 간호학과 공부에 도움이 될 것 같습니다.

6 | 간호학과 진학을 희망하는 학생들에게 도움이 될 수 있는 도서를 추천해주세요.

▶ 간호사가 말하는 간호사 (권혜림 저 | 부키)
▶ 간호사라서 다행이야 (김리연 저 | 원더박스)

『간호사라서 다행이야』『간호사가 말하는 간호사』『드림원탑』 등 간호사 관련 책 무엇이든 읽어보시면 도움이 될 겁니다. 스트레스 관리, 인간관계(『데일카네기 인간관계론』) 관련 등 자기계발서도 읽어보면 좋을 것 같아요.

7 | 간호학과 진학을 위해 '학생부종합전형'을 준비하는 학생들에게 추천할 만한 장기적인 프로젝트 또는 연구가 있다면 좋은 아이디어 소개 부탁드립니다.

생명윤리 관련 찬·반 토론 동아리(대회), 간호 관련 장기적인 봉사활동, 간호·의료 관련 주제탐구보고서 작성 추천드립니다.

8 | 간호학과 면접을 준비하는 학생들에게 준비 방법 소개 부탁드립니다.

자신감이 가장 중요해요. 면접에서 내가 하는 말에 대한 스스로의 확신이 있어야 합니다. 따라서 예상 질문을 뽑아 철저한 준비를 통해 자신감을 갖고 나라는 사람이 어떤지 적극적으로 알려줘야 해요. 본인이 이 학과에 열의가 있고, 이 학교와 학과에 온 이유, 동기를 잘 말할 수 있어야 합니다. 부모님이나 친구, 선생님 앞에서 모의 면접을 자주 보며 말하는 연습을 키우고 본인 동영상을 찍어서 내가 면접에 임하는 자세가 어떤지 구체적으로 모니터링하는 것도 좋은 방법입니다!

■ 면접 기초질문 목록 예시

- 자기소개
- 자신의 장단점
- 도서목록 정독 후 관련 도서 간략하게 요약 정리하기
- 간호학과 진학 이유
- 간호학과 진학 후 포부/하고 싶은 일
- 졸업 후에 간호사가 되면 어떤 간호사가 되고 싶은지
- 학창시절 중에 기억에 남는 일 등등
- 마지막으로 하고 싶은 말

CHAPTER
11

우석대학교 재학생 인터뷰

4학년 재학생

1 간호학과 진학을 희망하는 학생들에게 필요한 역량과 길러야 할 자질은 무엇인가요?

저는 자기관리역량과 긍정적인 마음이 가장 중요하다고 생각해요. 자기관리역량은 자신을 이해하고 스스로를 지속적으로 개발하고자 하는 역량을 말하는데요, 자기주도학습을 하고, 스스로 계획을 세우고 실행하며, 자신의 감정과 정서를 다루고 조절할 수 있는 능력이라고 볼 수 있어요. 간호학과는 다른 과에 비해 공부량과 과제가 정말 많아요. 가장 편하다는 1학년 때도 과제와 공부량이 많았기 때문에 정신을 차린 순간 한 학기가 끝나고 있었어요. 물론 학년이 올라갈수록 더 많아지고 어려워졌고요. 친구들끼리 '우리는 대학생이 아니라 고등학교 4학년이다'라는 농담도 정말 많이 했어요. 4학년인 지금도요. 학교 일정만 쫓아가기에도 시간이 부족하다고 느껴질 때가 많고, 무언가를 해야 할 순간에 하지 않는 자신을 보며 좌절감도 많이 느끼게 돼요. 그렇다고 공부와 과제만 하다가 졸업하고 싶은 대학생이 있을까요? 저는 다양한 활동, 다양한 관계를 경험하고 싶더라고요. 아무리 전공 공부로 바빠도 다양한 교내활동 및 대외활동을 하면서 보람 있는 대학 생활을 하려면, 모든 순간에 자기관리역량이 꼭 필요해요. 스스로 수많은 목표를 세우고 그것을 실행하려면 삶에 대한 주도권이 자신에게 있어야 하거든요. 스스로 삶을 끌고 나가려면 내가 무엇을 원하는지 어디서 힘들어하는지, '나'라는 존재에 대한 이해가 선행되어야해요. 자기 자신을 잘 아는 사람들은 체력이란 한정된 자원을 적재적소에 쓸 수 있고, 적은 노력으로 더 많은 성취를 할 수 있어요. 제가 말하는 성취는 꼭 공부가 아니에요. 좋아하는 사람들과 시간을 더 보내거나 취미생활을 하면서 스트레스를 푸는 것도 성취라고 생각하거든요. 나와의 관계, 타인과의 관계도 삶에서 매우 큰 부분을 차지하니까요. 또 하나, 긍정적인 성격이 정말 중요하다고 생각해요. 굉장히 뻔한 말이라고 생각할 수 있는 데, 저는 체력적인 부분에서 긍정적인 성격이 큰 무기가 된다고 강조하고 싶어요. 똑같은 상황에서도 긍정적인 사람이 훨씬 덜 피곤해져요. 쓸 수 있는 에너지와 체력은 한정적이 기 때문에 자신을 아껴야 해요. 남들보다 천천히 닳도록. 당연히 긍정적인 사람도 소진되 고 지치는데, 결국 마지막에 한 발 더 나가는 사람은 상황을 긍정적으로 보는 사람이었어 요. 시험 전날 새벽 2시에 '너무 늦은 것 같아. 해도 안 돼'라고 두려워하며 공부를 회피하 는 사람과, '조금이라도 더 보면 낫겠지' 하고 책을 펼치는 사람은 결과가 달라요. 친구들 한테도 간호학과에서 가장 중요한 자질이 뭐냐고 물어봤는데, 하나같이 '강한 멘털과 체 력'이라고 대답했어요. 결국 긍정적인 마음 말이에요.

2 | 간호대학에서는 구체적으로 무엇을 배우나요?

먼저 1학년까지는 전공 교과목에 기초가 되는 의학용어, 해부학, 생리학, 미생물학 등 자 연과학 영역의 과목을 배우고, 간호의 역사나 개념, 지식체계 등 간호과학에 대한 이해를 위해 간호학개론이라는 과목을 배워요. 또한 간호는 전인간호, 즉 인간 전체에 대한 간 호이기 때문에 인간 이해를 위한 셀프리더십, 철학과 윤리, 마음과 행동 등 인문사회과학 교과목을 배웠어요. 그리고 2학년 때는 자연과학과목 중에서도 조금 더 전공과 가까운 병 리학, 약리학과 함께 기본간호학, 건강사정, 성인간호학, 여성간호학, 아동간호학 등 전 공 교과목을 본격적으로 배우는 것 같아요. 이론에서 배운 내용들을 직접 해보는 기본간 호학실습, 건강사정실습 등의 교내 실습도 함께 배웠어요. 3, 4학년에는 매 학기마다 임 상실습과 이론수업이 진행돼요. 이론수업은 성인간호학, 아동간호학, 모성간호학, 정신 간호학, 지역사회간호학, 간호관리학, 노인간호학 등을 배웠고, 성인간호학실습, 아동간 호학실습, 모성간호학실습, 정신간호학실습, 지역사회간호학실습, 간호관리학실습, 노인 간호학실습 등 여러 병원에서 현장 실습을 했어요. 지역사회간호학실습은 보건소로 나가 서 했고, 병원도 내외과뿐만 아니라 특수파트인 수술실, 중환자실, 응급실 등 다양한 곳 에서 실습을 경험했어요. 또한, 간호사는 계속해서 환자에게 근거에 기반한 더 나은 간호를 제공하기 위해 연구를 계획하고 자료를 통계분석하는 간호연구개론과 보건통계학을 배웠어요. 이 과목을 배우면서 졸업논문을 작성하는데, 논문 한 편을 친구들과 함께 완성하면서 앞으로도 스스로 연구를 할 수 있겠다는 자신감을 얻었어요. 그 외에도 환자안전과 감염관리, 다문화사회와 건강, 미디어시대와 간호, 보건의료정책과 이해, 보건교육, 비판적 사고와 문제해결과정 등 다양한 전공선택 교과목을 배웠어요.

3 | 간호대학에서 하는 학과 활동에는 무엇이 있나요?

정말 다양한 학과 활동이 있어요. 처음 입학하면 신입생 오리엔테이션을 통해 학과 및 동아리, 학생회 활동에 대한 안내를 받아요. 선후배 간의 친목은 동아리 활동을 통해서 활성화되어 있어요. 학과 내에 다양한 목적으로 운영되는 동아리들이 많이 있는데, 예를 들면 지역사회로 나가 봉사활동 및 다양한 프로그램을 하는 봉사 동아리, 전공 공부에 더욱 집중하는 스터디 동아리, 후배들을 위한 장학기금을 운영하는 동아리, 같은 신앙으로 활동하는 기독교 동아리, 취미생활인 운동이나 밴드 등을 목적으로 모인 친목동아리 등이 있어요. 동아리 안에서 여행도 떠나고, 다양한 프로그램을 진행해서 상도 타고, 자격증도 따고, 정말 많은 활동을 해요. 동아리 활동뿐만 아니라 학생회 활동도 많은데, 학생회에 들어가게 되면 신입생 오리엔테이션, 체육대회, 축제 같은 큰 행사부터 정기총회나 분기별로 진행되는 여러 이벤트, 학생들의 복지를 위한 크고 작은 활동들까지 다양한 행사를 직접 계획하고 운영할 수 있어요. 그 외에도 간호를 위해선 자기 이해가 굉장히 중요하기 때문에 교내 학생상담센터와 연계하여 여러 심리검사 및 상담 프로그램, 의사소통 증진 프로그램 등을 진행해요. 다양한 분야에서 일하고 계신 전문가와 선배들을 초청하는 간호직 특강, 간호 정책과 관련된 정책 특강 등 수많은 특강은 기본이구요. 선배들에게 직접 물어보며 생생한 현장 얘기를 들을 수 있으니, 그때 구체적인 꿈을 정하는 친구들도 정말 많았어요. 실습복, 전공책, 문제집 등 선배들의 물건을 기부 받아 후배들에게 전달하는 행사도 주기적으로 개최되고, 시험 기간 때마다 간식을 나눠주는 간식 사업, 재학생에게 필요한 물품으로만 구성된 재학생 키트 등을 나눠주는 행사도 매년 열렸어요. 소모임 스터디 운영을 지원 받아서 활발하게 운영한 우수 스터디는 장학금을 받기도 하고, 지도교수님마다 특색 있는 프로그램이 진행되기도 했어요. 저희 지도교수님은 방학 때마다 학생들에게 자유롭게 신청 받아서 영어 논문을 읽는 스터디 활동을 하셨는데, 평소 궁금했던 내용을 공부하면서 선후배와도 굉장히 친해지고 영어 논문에 대한 거부감이나 불안감도 줄어들었던 아주 재밌는 활동이었어요. 3학년 때는 BLS provider 자격증을 다 함께 취득했고, 농촌재능나눔 대학생 활동지원사업 등도 있었어요. 4학년의 취업을 지원하는 프로그램들도 준비되어 있었는데, 취업설명회, 면접 특강, 자소서 첨삭, 면접 등의 프로그램이 취업지원센터의 전문가 선생님들과 병원 관계자분들이 직접 오셔서 진행해주셔서 정말 많은 도움을 받았어요. 마지막으로 매년 가을에 나비제(간호대학 나이팅게일 비상하는 축제)가 개최되는데, 4학년의 핀수여식과 학술제가 진행되며, 간호학과 정기총회 및 재학생의 건의사항을 수렴하고 교직원들과 정기적으로 만나서 의견을 나누는 교학간담회 등의 활동 등이 있어요.

4 간호학과 진학을 희망하는 학생들이 고등학교 때 열심히 공부해야 하는 교과와 과목은 무엇이며, 그 이유는 무엇인가요?

과학과 영어를 추천하고 싶어요. 과학은 1학년 때 배우는 교과목들이 자연과학교과목과 연계되어 기초과학 지식이 있는 만큼 1학년 공부가 훨씬 수월해요. 아주 깊게 알 필요는 없지만, 이온이나 세포의 개념 정도만 알고 있어도 생리학을 공부하는 데 많은 도움이 되요. 생물과 화학은 공부할 기회가 있다면 기초적인 개념이라도 공부했으면 좋겠어요. 그리고 1학년 때 성적을 잘 받으면 교직 이수의 기회도 생기고, 4년 동안의 학업성취도나 학습효능감에도 크게 영향을 주는 것 같아요. 당연히 1학년 때 조금 여유롭게 대학생활을 하고, 2, 3학년 때 더 열심히 하는 친구들도 있지만, 1학년 때 좋은 성적을 받았던 친구들도 더 잘하고 싶어서 더 열심히 하더라고요. 간호학과는 성적이 취업에 큰 영향을 주기 때문에 성적에 민감한 친구들이 많고, 열심히 하고 성실한 친구들을 더 좋아하는 분위기가 있는 것 같아요. 저는 공부를 잘하는 것과 성적이 좋은 것이 동의어라고 생각하지 않지만, 어떤 사람들은 결과를 보고 과정을 평가하기도 하므로 1학년 성적을 잘 받으면 남은 3년이 조금 편해져요. 과학 지식이 있으면 전공 공부가 훨씬 쉬워지기 때문에 꼭 추천해드려요. 영어도 정말 중요한데, 영어성적이 아니라 영어를 공부하는 습관이 도움이 돼요. 대학교 전공은 학자들이 약속한 학문의 언어를 가지고 학문을 이해하는 과정이에요. 한글과 알파벳으로 되어 있지만, 한국어와 영어가 아니에요. 전공의 언어는 새로운 언어이기 때문에, 언어를 학습하는 기능을 훈련해두면 공부 자체가 편해져요. 특히 의학용어는 전공 교과목의 기본 언어인데, 영어 단어를 잘 외우는 사람들은 의학용어 암기에 시간이 훨씬 적게 걸려요. 의학용어 외우는 것도 영어 단어 외우는 것과 같은 단순 암기이기 때문이에요. 대체로 영어 공부를 좋아하지 않던 친구들은 의학용어 암기에도 두려움을 가지는 걸 자주 봤어요. 영어 성적이 중요한 것이 아니라, 낯선 언어를 계속해서 암기하고 적용하려는 뇌신경이 학과 공부를 도와줘요. 뇌세포는 계속 써야 발달하기 때문에 영어 공부를 게을리 하지 않고 계속 친근하게 대하려는 자세와 습관을 기르면 좋을 것 같아요. 또 조금 더 현실적인 문제를 얘기하자면, 토익 점수가 취업에 중요해요. 토익을 안 보는 병원으로 취업할 거라고 얘기했던 친구들도 결국 4학년 되니까 토익 학원에 다니고 있었어요. 매 학기 주는 학과 내 장학금, 대한간호협회에서 진행하는 외부 활동, 학과졸업 기준 등도 토익이 반영되기 때문에 토익 성적은 4년 내내 필요한 경우가 많았어요. 1학년 때 만든 토익 점수를 4학년 취업 때 쓰지는 못해도, 3학년 때까지 다양한 기준으로 사용했어요. 학년이 올라갈수록 전공 수업은 더 빡빡해지고 여유는 없어지기 때문에 영어 공부는 미리 하는 습관이 있으면 굉장히 도움 될 것 같아요.

5 간호학과 공부에 도움이 되는 구체적인 학교 활동은 무엇이 있을까요?

간호학과 재학생 친구들에게도 물어봤는데, 다들 생명과학이나 화학 같은 과학과 관련된 활동이 도움이 된다고 대답했어요. 화학 및 생명 동아리 활동 중에 세미나를 개최해서 자신이 꿈꾸는 진로와 연관 지어 생명과학 교과목을 발표하는 것도 도움이 되고, 동아리에서 매주 기관계를 해부하는 공부도 좋아요. 과학 교과목 실험을 주제로 부스를 운영하는 것도 도움이 되는데, 예를 들어 삼투압 변화나 아스피린 실험, 3D 펜을 이용하여 몸의 구조를 파악하는 실험 등을 진행할 수 있어요. 생명공학 캠프에도 참여해보고, 학교에서 진행했던 심폐소생술 등 응급처치 교육도 도움 되는 것 같아요. 그 밖에도 학교 수업을 열심히 참여하는 것도 굉장히 도움이 되었어요. 예를 들면, 생활과 윤리 교과목이나 국어 교과목에서 안락사와 낙태 등 생명의료윤리 토론대회나, 정신건강과 약물 오남용에 대한 교육 등 보건 수업을 열심히 듣는 것도 도움이 되었어요. 영어 교과목 수업에서 테드 강연을 활용해서 생명과학 교과목을 강연해보는 활동을 했었는데, 그때 생명과학, 화학, 영어를 동시에 공부하면서 논리력과 발표 능력도 함께 향상할 수 있었던 기회였어요. 간호학과에 오면 발표하는 수업이 많은데, 발표 연습을 미리 많이 할수록 도움이 되는 것 같아요. 물리학 교과목 수업 중에는 영화 속에서 보이는 의료기술과 4차 산업혁명 속 의료산업 발전 현황을 알아보기도 했었는데, 이렇게 고등학교 교과목에서 배운 내용들이 전부 배경지식이 되기 때문에 간호학과 공부에 도움 되는 것 같아요.

6 간호학과 진학을 희망하는 학생들에게 도움이 될 수 있는 도서를 추천해주세요

▶ 나는 간호사, 사람입니다 (김현아 저 | 쌤앤파커스)

굉장히 유명한 책이고 간호학과에 오기 전 꼭 한 번 읽어보고 깊이 생각해봤으면 좋겠어요. 어떤 사람들은 너무 감상적이고 부정적인 면만 써놓은 것 아니냐는 평도 있는데, 저는 21년이나 일했던 간호사조차 임상을 떠나게 했던 현실의 단면을 잘 서술했다고 생각해요. 저도 병원에서 일해본 적이 없는 간호 학생이지만, 병원으로 실습을 나가고, 또 임상에서 오래 계셨던 교수님들께 많은 이야기를 들으면서 '단 한 번의 실수도 허락되지 않는 삶'을 간접적으로나마 느끼고 있어요. 이 책의 표지에 있는 이 말이 어떤 의미인지 꼭 한번 내용을 읽어보고, 자신과 비추어 생각해보는 시간을 가지면 좋을 것 같아요.

▶ 처음부터 간호사가 꿈이었나요 (안아름 저 | 원더박스)

간호사 하면 아무래도 병원에서 일하는 모습을 제일 먼저 떠올리게 되죠. 저도 간호학과에 입학하기 전까지는 이렇게까지 병원마다 병동마다 제각기 다양한 모습이라는 것을 상상할 수 없었어요. 임상뿐만 아니라 병원 밖 더 다양한 곳에서 간호사의 정체성을 가지고 일하는 선생님들이 많다는 것도 몰랐고요. 1학년 때는 주로 내외과, 수술실이나 응급실, 중환자실, 소아청소년과 등 이렇게 병원에 한정 지어서 꿈을 이야기하던 친구들도 4학년이 되니 저마다 다양한 미래를 꿈꾸고 있네요. 이 책은 34명의 다른 직업을 가진 간호사들이 나와요. 인터뷰 모음집이라고 할 수 있는데, 그 자리에서 일해보지 않으면 알 수 없는 내용들을 자세히 알 수 있어서, 졸업한 이후의 미래를 미리 그려보기에 도움이 될 것 같아요. 뚜렷한 목표를 가진 친구들은 1학년 때부터 차근차근 준비를 하더라고요. 그 외에도 간호사나 간호학과 관련된 책이 아니더라도 자기 이해를 돕는 책들이면 무엇이든 읽어보셨으면 좋겠어요. 정신없이 바쁜 간호학과 생활부터 훨씬 더 바쁜 간호사의 삶까지 자신을 돌아볼 시간이 정말 부족한데도, 간호는 자기 이해가 바탕이 되어야 더 잘할 수 있는 일이거든요. 그래서 시간이 있을 때, 인문학 서적도 읽으면서 자신을 알아가는 노력이라면 무엇이든 아끼지 않았으면 좋겠어요.

7 간호학과 진학을 위해 '학생부종합전형'을 준비하는 학생들에게 추천할 만한 장기적인 프로젝트 또는 연구가 있다면 좋은 아이디어 소개 부탁드립니다.

꾸준한 관심을 보여줄 수 있는 일이면 무엇이든 좋은 것 같아요. 보건의 날마다 아침 활력 프로젝트로 '대변 모양으로 알아보는 건강 신호'를 홍보한다든지, 일상생활에서 흔히 발생할 것 같은 안전사고 관련 사례들을 모으고 대처법을 정리한 책자를 전문가에게 내용타당도를 검토 받은 후 학교 주변 어르신 댁에 찾아가며 나눠드리기, 치매국가책임제 같은 의료 관련 이슈나 간호법 등 간호 정책에 대하여 친구들끼리 조사하고 토론해서 발표하기, 관심 있는 내용으로 주제탐구보고서 대회나 통계 포스터 대회에 참가하기, 봉사활동 및 헌혈 꾸준히 하기, 국경없는의사회가 주관하는 스쿨펀드레이저(School Fundraiser) 활동 등을 소개하고 싶어요.

원광대학교 재학생 인터뷰

3학년 재학생

1 | 간호학과 진학을 희망하는 학생들에게 필요한 역량과 길러야 할 자질은 무엇인가요?

간호학과 진학을 희망하는 학생들에게 필요한 것은 끈기와 성실함이라고 생각합니다. 간호학과는 미래의 의료인을 양성하는 곳으로 전문적인 지식과 술기를 배우고 익힐 수 있도록 합니다. 그만큼 4년이라는 과정 속에서 방대한 양의 공부, 생소한 의학 용어, 병원 실습 등은 생각보다 힘들고 어렵게 느껴집니다. 하지만 끈기와 성실함을 통해 쉽게 포기하지 않고 성실히 주어진 과제를 수행해나간다면 간호학과에 적응하는 것이 어렵지 않을 것이라 생각합니다.

2 | 간호대학에서는 구체적으로 무엇을 배우나요?

1학년 때는 전공과 관련된 기초 수업(일반생물학, 간호과학용어, 일반화학, 해부학수업 등)을 이수하며 2학년 때부터 본격적으로 간호 전공 수업을 듣습니다. 구체적으로 성인간호학, 모성간호학, 아동간호학, 정신간호학, 지역사회간호학, 보건의료법규, 간호관리학 같이 국가시험에서 평가하는 과목뿐만 아니라 간호경영, 감염관리, 재활간호 등과 같은 선택 과목을 배웁니다. 또한, 과목(성인, 아동, 모성 등)과 관련된 병동으로 실습을 나가 직접 대상자를 선정하여 그 대상자에게 제공해야 하는 간호 지식을 습득하고 수행하는 방법에 대해 배웁니다.

3 | 간호대학에서 하는 학과 활동에는 무엇이 있나요?

간호대학에서 하는 학과 활동에는 동아리 활동, 학술제, 메디컬 축제가 있습니다. 동아리 활동의 경우 봉사 동아리, 댄스 동아리, 검도 동아리 등 다양한 분야의 동아리가 개설되어 있어 관심이 있는 동아리에 가입하여 활동할 수 있습니다. 학술제의 경우 직접 시행한 간호 연구 논문을 바탕으로 그동안 해온 연구의 시작부터 끝까지 발표하는 활동입니다. 마지막으로 메디컬 축제의 경우 여러 과(의대, 치대, 한의대, 간호대 등)가 모여 부스 제작, 장기자랑 등을 통해 친목을 나누고 대학 생활 동안 쌓인 스트레스를 풀 수 있는 활동입니다.

4 | 간호학과 진학을 희망하는 학생들이 고등학교 때 열심히 공부해야 하는 교과와 과목은 무엇이며, 그 이유는 무엇인가요?

고등학교 때 열심히 공부해야 하는 과목은 생명과학이라고 생각합니다. 간호학과에서 배우는 전공과목의 내용 중 신체의 기능, 질병의 발생 기전, 간호 등은 생명과학에서 배우는 내용과 밀접한 관련이 있다고 느껴지기 때문입니다. 생명과학을 열심히 공부하여 기초를 탄탄하게 세워둔다면 간호학과에 진학하여 전공 수업을 듣게 되었을 때 좀 더 수월하게 관련 내용을 이해할 수 있을 것이라고 생각합니다.

5 **간호학과 공부에 도움이 되는 구체적인 학교 활동은 무엇이 있을까요?**

간호학과 공부에 멘토·멘티 활동, 체육 동아리 활동이 도움이 될 것 같습니다. 간호학과에서 약 4년간 공부하면서 힘들었던 것을 꼽아보자면 많은 지식을 머릿속에 집어넣어야 한다는 것과 긴 시간 책상에 앉아 수업을 듣고 집중을 해야 하는 것이었습니다. 멘토·멘티 활동과 체육 동아리 활동은 이런 어려움을 완화시켜줄 것이라고 생각합니다. 멘토·멘티 활동을 통해 친구와 서로 부족한 과목에 대해 가르쳐주면서 단순하게 외우기 힘든 지식들을 보다 쉽게 기억할 수 있는 장점은 간호학과 공부를 하는 것에 있어서 잘 적용할 수 있습니다. 또한, 꾸준한 체육 동아리 활동을 통해 체력을 기른다면 긴 시간 책상에 앉아 수업을 듣고 집중하는 것에 있어 긍정적인 영향을 줄 것입니다.

6 **간호학과 진학을 희망하는 학생들에게 도움이 될 수 있는 도서를 추천해주세요.**

▶ **간호사가 말하는 간호사 (권혜림 저 | 부키)**

『간호사가 말하는 간호사』라는 책을 추천하고 싶습니다. 간호사라는 직업이 전문직이라는 것, 사람의 생명을 다룬다는 것 정도는 익히 알고 있는 사실이지만 정확하게 간호사가 어떤 환경에서 일을 하는지 자세하게는 알지 못할 것입니다. 그렇기 때문에 간호학과 진학을 희망하고 미래의 간호사로 진로를 잡았다면 간호사가 실제 병원에서 경험하는 일이 무엇이고, 어떠한 감정을 느끼는지 책으로나마 경험하는 것이 간호사라는 직업을 이해하는 것에 있어 도움이 될 수 있을 것이라 생각합니다.

주기적으로 의료 관련 이슈를 정리하고 그에 대한 자신의 생각을 공유하는 프로젝트를 추천하고 싶습니다. 자신이 미래에 일하게 될 수 있는 환경의 이슈에 대해 미리 알아보고 그에 대해 친구들과 생각을 공유하면서 이후 비판적인 사고를 할 수 있는 학생으로 성장하는 데 도움을 줄 수 있을 것이라고 생각합니다.

한국교통대학교 재학생 인터뷰

1학년 재학생

1 간호학과 진학을 희망하는 학생들에게 필요한 역량과 길러야 할 자질은 무엇인가요?

간호사로서 갖춰야 할 자질은 끝까지 해내야겠다는 끈기와 인내심입니다. 매주 시험이 있거나 많은 과제가 있고 3, 4학년 때는 5, 6월에 실습을 나가기 때문에 3, 4월에 중간, 기말 시험을 몰아서 보게 됩니다. 그렇기 때문에 시험 범위가 매우 넓어, 포기하고 싶을 때가 많습니다. 그러므로 끝까지 포기하지 않는 인내심, 그리고 정신력을 뒷받쳐 주는 체력도 중요합니다. 이뿐만 아니라 학교를 넘어, 직장에서도 간호사는 3교대 근무를 하고 계속 움직이면서 일해야 하기 때문에 체력이 더욱 강조된다고 생각합니다.

2 간호대학에서는 구체적으로 무엇을 배우나요?

간호에 관한 전반적인 내용을 배우는데 1학년 때는 간호학개론, 해부학, 생리학, 간호영어, 심리학, 실용영어 등 몸의 조직과 기능과 간호에 관한 기초적인 지식부터 쌓습니다. 2학년 때는 간호윤리, 미생물학, 기본간호학, 간호통계 등 여러 가지를 배웁니다. 그리고 약리학, 병리학을 배우면서 약과 병에 대해서 세부적으로 배웁니다. 1학년 때 배우는 해부학은 몸의 정상인 부분을 배운다면, 2학년 때 배우는 약리학과 병리학은 몸의 비정상인 부분을 배웁니다. 교내 실습을 통해 바늘 넣는 법, 활력징후 측정하는 법 등 실습을 가기 위한 준비를 합니다. 3, 4학년 때는 성인간호학, 아동간호학, 노인간호학, 정신간호학 등을 배우면서 실습을 나갑니다. 3, 4월은 이론을 나가면서 중간고사, 기말고사, 과제를 모두 끝내고 5, 6월은 실습을 나가면서 경험을 쌓습니다.

3 간호대학에서 하는 학과 활동에는 무엇이 있나요?

간호대학에서 하는 학과 활동에는 학생회와 봉사, 자율방범, 댄스, 절주, 밴드 동아리 등 여러 동아리가 있습니다. '뻔 문화'가 있는데 학번 뒤에 두 자리가 같은 번호인 후배와 선배 총 4명이 한 뻔이 되어 학교생활이나, 진로, 실습 다녀온 후기, 시험 족보, 책을 물려주는 등 정보를 공유할 수 있습니다.

4 간호학과 진학을 희망하는 학생들이 고등학교 때 열심히 공부해야 하는 교과와 과목은 무엇이며, 그 이유는 무엇인가요?

간호학과로 진학을 하기 위해서는 모든 과목을 잘해야 하겠지만 간호학과 1학년 때 배우는 해부학이나 생리학과 같은 과목은 몸의 조직이나 기능을 배우기 때문에 생명과학을 열심히 하는 것이 좋습니다. 그리고 소위 말하는 빅5 병원에 가려고 한다면 토익 점수가 매우 중요하기 때문에 영어도 열심히 하는 것이 좋습니다.

5 | 간호학과 공부에 도움이 되는 구체적인 학교 활동은 무엇이 있을까요?

간호사라는 직업은 공동체 안에서 한 팀으로 일하기 때문에 리더십과 팔로우십 모두 있어야 합니다. 자신의 사회성 그리고 사람과의 의사소통이 매우 중요하기 때문에 체험할 수 있는 활동 위주로 해본다면 좋을 것 같습니다. 또한 간호 관련 동아리를 하면서 의료 정보나 기사를 공유하면서 자신의 진로에 대한 정보를 찾아보며 구체적으로 간호학에 대해 이해하려 하고 무엇이 필요한가 스스로 알아보는 시간을 가지는 것 또한 중요합니다.

6 | 간호학과 진학을 희망하는 학생들에게 도움이 될 수 있는 도서를 추천해주세요.

▶ 간호사를 간호하는 간호사 (오성훈 저 | 경향비피)

이 책의 내용은 간호학과를 준비하는 학생, 간호학과를 다니는 학생, 그리고 신규 간호사까지의 모든 과정을 알려주고 꿀팁도 많습니다. 그리고 그림도 많기 때문에 한 번에 읽기 좋은 책이기도 합니다. 책 안에서도 추천도서를 많이 알려줘서 도움이 많이 될 것 같습니다.

7 | 간호학과 진학을 위해 '학생부종합전형'을 준비하는 학생들에게 추천할 만한 장기적인 프로젝트 또는 연구가 있다면 좋은 아이디어 소개 부탁드립니다.

학교가 주최하는 주제탐구보고서대회를 나가는 것이 좋을 것 같습니다. 저에게 있어서는 간호사라는 저의 목표를 확고하게 해주었던 기회였기 때문에 개인적으로 추천합니다. 병원학교에 관해 알아보는 연구 프로젝트를 썼는데 병원학교라는 개념이 생소한 저에게 프로젝트를 통해 알게 되는 계기가 됐습니다. 병원학교라는 장소가 단순히 간호사들이 아픈 환자를 치료해주는 것만이 아니라 병원학교 선생님들과 환자들 사이의 다리 역할을 하며 환자가 학교생활을 시작할 수 있게 도와주는 역할도 하는 것을 알게 됐습니다. 이처럼 몰랐던 사실을 알게 되고, 미래에 자신이 되고자 하는 간호사의 모습을 정할 수 있었던 경험이었습니다.

04

간호학과
면접

총론

가 | 간호학과 수시모집 면접 유형

간호학과 대입 수시모집 면접은 학생부를 활용하는 '서류 기반 면접(서류 활용 면접)'과 제시문을 활용하는 '제시문 기반 면접(제시문 활용 면접)' 그리고 기본소양·전공소양을 평가하는 '일반 면접'으로 구분할 수 있다.

1. 서류 기반 면접

서류 기반 면접은 기본적으로 학생의 제출서류(학생부, 자소서)에 기초한 서류 진위여부나 기본적인 학업소양을 확인하는 면접이다. 서류에 기재돼 있는 내용 중 지원자에게 궁금한 사항을 묻거나 학생의 학업역량과 인성을 대화를 통해 확인한다. 이를 통해 지원 모집단위에 대한 관심과 열정이 있는지 발전가능성이 있는지를 판단한다.

종합전형에서는 주로 지원자 1명에 입학사정관과 학과 교수 등 2~4명의 면접관이 한 조가 되어 평가하는 '다대일 면접[1]'이 일반적인데 10분 내외가 소요된다. 다대일 면접은 여러 명으로부터 질문을 받기 때문에 긴장감과 압박감이 크다. 따라서 본인이 제출한 서류를 꼼꼼히 읽고 숙지해야 한다. 전임입학사정관과 위촉입학사정관들은 지원자들의 서류를 철저히 검토하고 면접에 들어오는데 오히려 지원자가 자신의 학생부와 자소서[2]를

---

[1] 면접 유형을 면접관 수와 지원자 수에 의해 분류하면, 다대일(多對一) 면접과 다대다(多對多) 면접으로 나눌 수 있다. 다대다 면접은 교대와 전문대 등에서 볼 수 있다. 일대일(一對一) 면접은 의대 등의 다중미니면접에서 볼 수 있다.

[2] 고등교육법에 의해 설치된 일반대학은 2024학년도 대입부터 자소서를 전형요소로 반영하지 않는다.

숙지하지 못하고 들어온다면 좋은 평가를 받기는 어렵다.

'지피지기(知彼知己)' 즉 상대방을 알고 자기를 알면, 백 번 싸워도 위태롭지 않다고 했다. 면접 전 가장 중요한 준비 사항은 역시 제출 서류를 꼼꼼히 살피고 또 살피는 일이다. 제출 서류를 통해 본인을 확인하는 '지기(知己)' 작업을 반드시 선행해야 한다. 서류 기반 면접은 기본적으로 학생의 제출서류(학생부, 자소서)에 기초해서 이루어지기 때문이다. 서류에 기재돼 있는 내용 중 지원자에게 궁금한 사항을 묻거나 학생의 학업역량과 인성을 대화를 통해 확인한다. 이를 통해 지원 모집단위에 대한 관심과 열정이 있는지 발전가능성이 있는지를 판단한다.

서류 기반 면접을 사례를 통해 살펴보면, '사회적 기업이나 윤리적 소비에 관한 주제 탐구 보고서 작성'이 학생부에 기재돼 있는 경우, 보고서 작성의 동기나 과정 질문으로 지원자의 윤리의식을 확인할 수 있다. '생명, 인공 지능에 관한 독서'가 자소서에 기재된 경우 독서 내용과 연관 지어 내용에 대한 학생의 분명한 생각을 알아볼 수 있다. '교내 장애우 학생의 도우미 역할' 내용이 자소서에 기재된 경우, 활동으로 느낀 점을 통해 공동체의식이나 책임의식을 평가할 수 있다.

면접을 준비하는 가장 좋은 방법은 제출서류에 기재돼 있는 내용을 면밀히 살펴보고 본인의 경험과 활동에 어떤 의미가 있었는지 되짚어 보는 것이다. 별도의 비용을 들이기보다는 틈이 날 때마다 자신이 어떤 사람인지, 고등학교 때는 어떠했고, 대학에 가서는 무엇을 하고 싶은지 고민해보자. 그리고 친구들이나 선생님 앞에서 자신의 생각을 논리적으로 표현하는 모의면접 연습을 꾸준히 하면 된다. 기본적인 전공 관련 질문의 빈도가 잦아지고 있으므로 지원 전공에 관해서도 자세히 알아보자.

2. 제시문 기반 면접

제시문 기반 면접은 제시문을 활용하여 전공 적성 및 학업 능력을 평가하는 면접이다. 제출서류에 드러나지 않는 지원자의 논리적 사고력, 창의적 사고력 등을 확인한다. 말로 하는 논술이라고 보면 된다. 서류 기반 면접과 달리 감점 방식의 모범답안이 있다. 인문·사회계는 제시문을 읽고 주어진 질문에 답변하는 방식이며, 자연계는 수학 또는 과학 문제의 답과 풀이과정을 답변하는 방식이다.

출제범위는 고등학교의 정규 교육과정 범위에서 출제된다. 즉, 고등학교 교육과정의 기본 개념 이해를 토대로 한 종합적인 사고력을 평가하는 데 중점을 두고 있으며, 주어진 제시문과 질문을 바탕으로 면접관과 수험생 사이의 자유로운 상호 작용을 통해 문제 해결 능력과 창의적인 사고력을 종합적으로 평가한다. 서울대, 연세대, 고려대 등 상위권 대학에서 실시하고 있다.

제시문 기반 면접은 고사실 입실 전에 제시문과 면접문항을 보고 답변할 시간이 제공된다. 제시문의 문항을 중심으로 면접이 이루어지며 제시문과 관련된 추가적인 질의가 이루어지기도 한다. 지원 계열 및 전형에 부합하는 문항을 통하여 지원자가 얼마나 논리적으로 답변을 구성하고 해당 지원 계열에 알맞은 학업역량을 준비해왔는가를 확인하게 된다. 따라서 고교 교육과정 내에서 충실히 공부했다면 큰 어려움 없이 이해할 수 있는 수준에서 출제가 이루어진다. 면접 문제지를 받으면 문항에서 묻고자 하는 바가 무엇인지 정확하게 파악하고 논리적 일관성을 바탕으로 답변하면 된다.

인문·사회계의 경우 일반적인 고등학교 교육과정을 바탕으로 인문학 분야, 사회과학 분야 제시문이 각각 제공된다. 국어, 사회, 영어 교과에서 주로 출제하고 있다. 국어는 '국어' '독서' '문학' 교과서에서 주로 출제되고 있다. 사회는 '통합사회' '윤리와 사상' '생활과 윤리' '정치와 법' '사회·문화' '경제' 교과서가 도움이 된다. 출제되는 제시문에 따라서 고등학교 수준의 영어 또는 한자도 활용될 수 있다. 주어진 제시문(도표, 그래프 포함 가능)을 이해하고, 이에 기반하여 자신의 생각이나 경험을 논리적으로 답변하는 과정에서 지원자의 논리적 사고력을 확인한다. 제시문에 사용된 이론이나 용어 그리고 고등학교 때 배운 교과 지식을 답변에 활용하면 논리적으로 길게 말할 수 있다.

특히, 시사 내용 중 특히 '딜레마 이슈'가 많이 출제된다. 예를 들어 고려대 2018학년도 일반전형 문제는 '공동체주의 vs 개인주의(자유주의)'라는 대립적 관점으로 키워드를 설정하고 제시문의 연관 관계를 이해했다면 쉽게 풀 수 있었다. 이 때문에 인문·사회계 지원 학생들은 찬성과 반대로 갈리는 시사 쟁점을 정리하여 친구들과 토론해보면 큰 도움이 된다. 중요한 시사 주제는 교과서에서 관련 단원을 찾아 공부하고, 해당 단원의 '탐구 활동, 학습활동, 심화학습, 생각해보기 문제' 등을 반드시 풀어보자.

자연계 모집단위에서는 수학, 과학, 영어 교과에서 주로 출제되고 있다. 수학은 '수학 Ⅰ' '수학Ⅱ'에서 꾸준히 출제되고 있다. '확률과 통계'는 경우의 수, 확률 분야에서 빈출되고 있다. 상위권 대학은 통계 분야까지 출제된다. '기하'의 경우는 출제여부를 확인해야 한다. 기하는 어렵게 출제되지 않는 편이다. '미적분'은 출제 빈도가 매우 높다. 변별력 문제로 사용하기 때문에 준비에 만전을 기해야 한다. 자연계는 정답을 도출하지 못했더라도 재질문이나 힌트를 받아서 문제를 해결하는 것도 가능하다. 논리적 풀이과정이 매우 중요하기 때문이다.

과학은 주로 '통합과학' '물리학' '생명과학' '화학' 교과에서 주로 출제되고 있다. 과학 Ⅱ 범위까지 준비해야 한다. 면접위원들은 정답 여부보다는 지원자가 문제를 풀어가는 과정에서 보이는, 고등학교 교육과정에서 이수한 교과 지식, 깊이, 사고력, 응용력 등을 평가하며 모집단위에서 필요한 소양을 확인하고자 한다. 따라서 지원자들은 바로 답변하지 못하거나, 정답에서 벗어났다고 생각되더라도 당황하지 말고, 그동안 공부한 지식을 바탕으로 침착하게 답변을 이어나가는 것이 중요하다.

제시문 기반 면접고사에서는 고등학교 교육과정 내에서 충분한 학습 경험을 통해 학업 역량을 길러온 학생들의 학업소양을 평가한다. 각 교과목 수업을 통해서 해당 과목의 내용을 깊이 이해하고 소화하는 공부가 필요하다. 학습 과정 속에서 관련 도서도 찾아 읽고, 토론, 탐구, 과제 등 학습활동을 하면서 더욱 깊이 있는 학습 경험을 하는 것이 중요하다.

인문학, 사회과학 관련 면접 및 구술고사는 다소 깊이 있는 제시문을 활용하기 때문에 평소에 독서활동을 성실히 하면 도움이 된다. 단기간의 면접 및 구술고사 준비로는 해결할 수 없으며, 독서와 각 교과목의 깊이 있는 이해가 바탕이 되어야 우수한 학업소양이 드러나게 된다.

자연과학도 각 과목에 대한 깊이 있는 이해가 우선되어야 한다. 그러기 위해서는 평소 단순 문제풀이 위주의 학습에서 벗어나 사고력을 요구하는 문제를 다뤄보거나 관련 이론 등에 대한 이해와 응용 연습을 해 보는 경험도 필요하다. 고등학교 교육과정의 교과수업

내에서 깊은 생각이 필요한 문제를 만들어 친구들과 토론 학습을 해 보는 경험, 수학·자연과학 이론이나 관심 주제에 대해 질문을 만들어 고등학생 수준에서 과제를 해결해보고 발표하는 활동 등도 각 교과목에 대한 지식의 폭을 넓힐 수 있는 방법이 될 것이다.

기출문제 풀이도 매우 중요하다. 대학마다 출제유형이나 출제범위가 다르기 때문이다. 지원대학 입학처 홈페이지에 탑재된 '기출문제'나 '선행학습 영향평가 결과보고서'를 활용하면 된다. 출제유형이나 출제범위가 비슷한 논술 문제 풀이도 제시문 기반 면접 준비에 큰 도움이 될 수 있다.

3. 일반 면접

일반 면접은 지원자의 기본소양과 전공소양을 확인하는 면접이다. 학생부를 기반으로 하지 않기 때문에 서류 기반 면접과는 차이가 있다. 기본소양 영역에서는 지원자의 태도 및 의사소통 능력을 평가하며, 전공소양 영역에서는 지원동기, 학업의지, 전공 관련 시사이슈 질문을 한다. 특히 전공소양 영역에서 지원한 모집단위 관련 시사이슈나 시사쟁점을 묻는 대학이 많기 때문에 준비해야 한다. 수도권 중하위권 대학, 지방대학, 전문대학 등에서 주로 실시하고 있다. 면접 질문을 미리 공개하는 대학도 있는 점 유의하자.

■ 일반 면접 기출 문항 [1] 중부대학교

- 만약 당신이 코로나19가 자가격리자가 되었다고 상상해봅시다. 핸드폰을 가지고 나가지만 않으면 특별히 통제되지 않습니다. 같이 격리된 가족의 응급약이 당장 필요하지만, 지금 주변에 급하게 당신을 도울 만한 사람이 없다면 당신은 어떻게 하시겠습니까?
- 매우 더웠던 올 여름, 자신의 더위 대처법으로 기억나는 것은 무엇인가요?
- 메르스같은 감염병을 피하기 위해 개인의 위생습관 중 중요한 것은 무엇일까요?
- 코로나와 같은 감염성 질환이 앞으로도 지속적으로 생겨날 것으로 예상하고 있습니다. 이러한 상황에서 보건의료전문가가 갖추어야 할 역량은 무엇이 있을까요?
- 최근 AR, VR, 메타버스 등 가상현실을 기반한 과학기술이 발달하고 있습니다. 이러한 기술이 보건의료환경에 적용될 수 있는 예는 어떤 것이 있을까요?

■ 일반 면접 기출 문항 [2] 수원대학교

평가항목	질문
인성 (자기소개)	● 1분간 자유롭게 자기소개를 해보세요.
학업계획 및 포부	● 지원자는 본인의 학습능력을 10점 만점에 몇 점이라고 생각하나요? 그 점수를 준 이유는 무엇인지 말해보세요. ● 수원대학교의 인재상은 큰 꿈을 가진 인재, 창의적 인재, 실행력 있는 인재입니다. 지원자는 어떤 꿈을 가지고 있는지 말해주세요. ● 대학생활을 통해 꼭 이루고 싶은 목표가 있다면 무엇인지 말해보세요. ● 전공지식 외에 대학생활을 통하여 변화시키고 싶은 나의 모습이 있다면 무엇인지 말해보세요.
창의력 및 사고력	● 정확하고 객관적인 정보를 수집하는 자신만의 노하우가 있다면 말해보세요. ● 현대인들의 스마트폰 사용 시간은 점점 길어지고 있습니다. 핸드폰의 장시간 사용과 관련하여 긍정적인 측면과 부정적인 측면에서 지원자의 의견을 말해보세요. ● 지원자가 자주 보는 방송프로그램은 무엇이며, 어떤 점이 본인에게 흥미를 주는지 말해보세요. ● 지원자의 핸드폰 어플리케이션 중에서 가장 많이 사용하는 어플리케이션은 무엇이며, 해당 어플리케이션의 기능 중 추가되거나 바뀌기를 바라는 부분이 있다면 무엇인지 말해보세요.
전공적합성	● 지원자는 현재의 지원전공을 언제쯤 결정했고, 지원 분야를 선택한 이유는 무엇인지 말해보세요. ● 지원하는 전공이나 계열과 관련하여 이해도를 높이기 위해 탐구했던 경험이 있다면 말해보세요. ● 지원분야가 사회에 가져올 기여를 말해보세요. ● 간호학과에 지원하기 위해 준비한 가장 대표적인 노력을 한 가지만 말해보세요.

■ 일반 면접 기출 문항 [3] 송원대학교

평가항목	질문
인성 및 가치관	● 자신의 성격에 대한 장단점은 무엇이고, 단점을 보완하기 위한 어떤 노력을 했는지 이야기해보세요. ● 학교생활에서 배려, 나눔, 협력 등 실천한 사례가 있으면 이야기하고, 그 사례를 통해 깨달은 점은 무엇이지 이야기해보세요. ● 같이 살아가는 사회에서 가장 중요한 덕목은 무엇이고, 그렇게 생각하는 이유를 설명해보세요 ● 자신의 직업을 선택할 때 가치관에 대해 말해보세요. ● 단체생활에서 가장 중요하게 생각하는 것이 무엇인지 이야기해보세요.
학업계획 및 포부	● 간호사가 되기 위한 자신만의 역량이 있다면 무엇인가요? ● 간호학과에 입학한 동기가 무엇입니까? ● 입학 후 학업계획에 대해 말해보세요. ● 본인의 스트레스 해결방법이 있다면 무엇입니까? ● 지금까지 자신의 인생에서 가장 큰 영향을 주었던 사람(책, 영화 등)은? 그 이유는 무엇입니까?
창의력 및 사고력	● 부모나 친구 사이에 갈등을 경험한 적이 있는지, 경험했다면 어떻게 대처해 나갔는지 자신의 경험을 설명하시오. ● 의사소통에서 가장 중요한 부분은 무엇이며 그렇게 생각하는 이유는? ● 연명치료에 대한 자신의 생각을 이야기해 보세요. ● 지금까지 가장 인상 깊게 읽었던 책은 무엇이며, 그 책을 읽고 어떤 영향을 받았습니까? ● 자기발전을 위해 무엇을 어떻게 할 것인지 설명하시오.
전공적합성	● 간호사의 역량에 대해 설명하고 그중 가장 중요하다고 생각하는 역할에 대해 설명하시오. ● 본인이 생각하는 간호사의 자질은? ● 건강의 정의, 내가 생각하는 건강이란 무엇인가요? ● 고령화 사회에서의 간호사의 역할은 무엇인가? ● 고등학교 재학 중 가장 열심히 공부한 과목과 지원 학과의 관련성에 대해 설명하시오.

4. '찬·반형' 면접

면접에는 시사이슈나 지원전공 지식 등에 관해 찬성과 반대를 묻는 유형이 있다. 어찌 보면, 면접관과 면접자 사이의 시소게임과 같은 토론 과정으로도 볼 수 있다. 우선 개념 정리부터 하면, '토론(討論)'은 '토의(討議)[3]'와는 달리 어떤 문제에 대해 각각 의견을 말하며 논의하는 것으로 서로 다른 주장을 가지고 있는 사람들이 자기의 주장을 펼쳐 상대방을 설득하는 것이 목적이다. '찬·반형 면접' 유형 과정은 '입론(立論)[4]' '예상 반론(反論)[5]' '예상 반론에 관한 재반론'의 논증 형태이므로 말하기 연습을 부단히 해야 한다. 논증이란, 자신의 주장을 근거를 들어 말하는 것이다. 찬·반 면접은 주장 대신 근거의 정합성을 평가한다. 마찬가지로 반론도 주장이 아닌 근거를 반박해야 한다.

> ### '입론-예상 반론-예상 반론에 관한 재반론'으로 대답하자!!!

---

3   어떤 문제에 대해 검토하고 협의하는 것으로 여러 의견을 견주어 보고 가장 좋은 해결책을 찾아가는 협동적인 의사소통.

4   토론 주제에 대한 찬성 또는 반대하는 논거를 '서론–본론–결론'의 형식에 맞춰 발언하는 것.

5   찬성과 반대 양 측의 입론에서 제시된 논거에 대해 반박하는 발언.

■ 질문: 배아 복제 허용에 관한 찬성과 반대 입장 중 자신의 입장을 설명해보세요.

구분	찬성 입장	반대 입장
근거(논거, 전제)	배아 줄기세포를 이용해 난치병 및 불치병을 치료할 수 있고, 이식용 장기를 대량 생산해 현재 이식용 장기 수급의 극심한 불균형을 완화할 수 있기 때문에 배아 복제를 허용해야 합니다.	치료용 배아 복제를 허용하면 이에 관한 기술이 점점 완벽해지면서 인간 복제의 가능성이 높아질 수 있습니다. 또한 인간이 될 잠재성을 가지고 있는 배아는 인간으로서의 지위를 가지고 있기 때문에 배아 복제를 허용해서는 안 됩니다.
구분	찬성 입장에 관한 추가질문 (예상 반론 질문)	반대 입장에 관한 추가 질문 (예상 반론 질문)
근거(논거, 전제)	배아 역시 인간과 같은 존재이기 때문에 배아는 복제의 대상이 되어서는 안 됩니다.	배아는 완전한 인간이 아니기 때문에 복제의 대상이 될 수 있습니다.
구분	추가 질문에 관한 재반박 (예상 반론에 관한 재반론)	추가 질문에 관한 재반박 (예상 반론에 관한 재반론)
근거(논거, 전제)	배아는 아직 완전한 인간이 아니며, 배아의 줄기세포를 활용해 난치병 치료를 할 수 있습니다.	배아는 성인과 동일한 상태는 아니지만 완전한 인간이 될 수 있는 가능성을 가진 존재이기 때문에 배아도 인간으로서 존중받아야 합니다. 배아는 초기 인간 생명입니다. 또한 많은 수의 난자 사용은 여성의 건강권과 인권 훼손의 우려가 있습니다.

■ 질문: 소수 집단 우대 정책에 관한 찬성과 반대 입장 중 자신의 입장을 설명해보세요.

구분	찬성 입장	반대 입장
근거(논거, 전제)	학생의 인종 민족, 경제 배경을 고려해 시험 점수를 평가하는 것은 학업 성취 가능성의 측면에서 합리적이기 때문에 소수 집단 우대 정책은 정당합니다. 과거의 차별 때문에 고통받아 온 사회적 약자는 그 고통에 관해 보상을 받을 권리가 있습니다.	사회적 소수자에게 가산점을 주는 소수 집단 우대 정책은 부당하고 차별적인 정책입니다. 다른 집단에 대한 또 다른 차별이 발생할 수 있기 때문입니다.
구분	찬성 입장에 관한 추가질문 (예상 반론 질문)	반대 입장에 관한 추가 질문 (예상 반론 질문)
근거(논거, 전제)	다른 집단에 대한 또 다른 차별로 이어질 수 있습니다. 소수자에게 유리한 기회를 주는 것은 업적주의에도 위배됩니다. 또한, 과거 차별에 잘못이 없는 현세대에게 보상의 책임을 지우는 것은 부당합니다.	과거의 차별 때문에 고통받아 온 사회적 약자에게 그 고통에 관해 보상받은 권리를 보장하는 것은 정당합니다. 소수자에게 기회를 부여하는 것은 사회 전체의 평화와 행복 그리고 다양성을 증진할 수 있습니다.
구분	추가 질문에 관한 재반박 (예상 반론에 관한 재반론)	추가 질문에 관한 재반박 (예상 반론에 관한 재반론)
근거(논거, 전제)	장기적으로 볼 때 소수 집단 우대 정책은 사회적 긴장을 완화하고 사회 전체의 평화와 행복 그리고 다양성을 증진할 수 있습니다.	보상받은 사람이 애초의 피해자가 아닐 수 있으며, 보상하는 사람에게 과거의 잘못을 바로잡을 책임이 없는 경우도 많습니다.

■ 질문: 사형제에 관한 찬성과 반대 입장 중 자신의 입장을 설명해보세요.

구분	찬성 입장	반대 입장
근거(논거, 전제)	피해자의 생명을 앗아간 범죄자의 생명권을 제한해야 합니다. 사형제는 예방 효과가 있기 때문입니다.	아무리 흉악한 범죄자라도 생명권은 보장받아야 합니다. 사형제는 예방 효과가 없습니다.
구분	찬성 입장에 관한 추가질문 (예상 반론 질문)	반대 입장에 관한 추가 질문 (예상 반론 질문)
	사형제는 생명권을 부정하는 행위이며, 범죄 통계를 보면 사형제는 범죄 예방 효과는 없습니다.	피해자의 생명권을 제한하는 것은 당연한 일입니다. 사형제는 응보주의 관점에서 타당한 제도입니다.
구분	추가질문에 관한 재반박 (예상 반론에 관한 재반론)	추가질문에 관한 재반박 (예상 반론에 관한 재반론)
근거(논거, 전제)	사형제는 국민의 일반적 법 감정과 일치하며, 사회적 정의의 실현에 기여합니다.	사형제는 교화의 가능성 부정과 오판의 가능성이 있습니다. 정적을 제거할 수 있는 수단으로 악용될 수도 있습니다.

■ 질문: 동물 실험에 관한 찬성과 반대 입장 중 자신의 입장을 설명해보세요.

구분	찬성 입장	반대 입장
근거(논거, 전제)	동물은 근본적으로 인간과 다른 열등한 존재이므로 인간을 위해 동물을 이용할 수 있으며, 인간과 동물은 생물학적으로 유사하므로 동물 실험의 결과가 안전하면 인간에게 적용할 수 있습니다.	인간의 이익을 위해 동물 종에게 고통을 가하는 것은 옳지 않으며, 인간과 동물은 생물학적으로 긴밀한 유사성을 가지지 않아서 동물 실험의 결과를 그대로 인간에게 적용해서는 안 됩니다.

구분	찬성 입장에 관한 추가질문 (예상 반론 질문)	반대 입장에 관한 추가 질문 (예상 반론 질문)
근거(논거, 전제)	인간과 동물은 존재 지위에 별 차이가 없습니다. 동물도 생명으로 고통을 피할 권리가 있습니다. 생물학적으로도 유사하지 않아서 동물 실험의 결과가 반드시 안전하지는 않습니다. 또한, 과학기술의 발전으로 동물실험을 대체할 실험이 개발되고 있습니다. 사람의 피부 조직을 이용한 제품, 인공 세포나 인공 피부로 동물을 본 뜬 모델링의 대체 방법, 인공 각막 배양세포 대체 실험, 인공 배양피부 대체 실험, 사체 연구 등 꼭 살아 있는 동물이 아니어도 필요한 정보를 얻는 것은 충분합니다.	인간과 동물은 존재 지위가 다르며, 생물학적으로 유사하기 때문에 동물 실험의 결과도 안전합니다. 또한, 과학기술의 발전으로 컴퓨터 기술이나 인공조직을 만들면 동물을 대체할 수 있을 거라고 생각하지만, 그건 어디까지나 인공일 뿐 인공으로 실험을 하면 부작용을 정확하게 인지할 수가 없습니다. 컴퓨터는 수치에 대한 계산이 가능할 뿐이여 살아 움직이는 대사 반응에서 나올 엄청난 경우의 수를 생각하며 실험할 수가 없기 때문입니다.

구분	추가 질문에 관한 재반박 (예상 반론에 관한 재반론)	추가 질문에 관한 재반박 (예상 반론에 관한 재반론)
근거(논거, 전제)	동물도 생명이라면 식용으로 쓰이는 동물에 대해서도 똑같은 논리를 적용해야 합니다. 이미 동물 실험을 통한 좋은 결과물들이 나왔습니다. 덕분에 오늘날의 많은 질병들을 고칠 수 있었으며, 예방을 할 수도 있고 앞으로 더 많은 질병을 고쳐 인류의 생명을 보존하고 살릴 수 있습니다. 예를 들어, 암과 결핵, 소아마비, 에이즈 등 연구가 필요한 질병 같은 경우 동물 실험을 통해 치명적인 부작용을 미리 알아내 문제를 해결할 수 있어 백신과 치료제를 빠르고 효율적으로 제작할 수 있습니다. 그리고 과학기술의 발전으로 컴퓨터 기술이나 인공조직을 만들면 동물을 대체할 수 있을 거라고 생각하지만, 그건 어디까지나 인공일 뿐 인공으로 실험을 하면 부작용을 정확하게 인지할 수가 없습니다. 컴퓨터는 수치에 대한 계산이 가능할 뿐이여 살아 움직이는 대사 반응에서 나올 엄청난 경우의 수를 생각하며 실험할 수가 없기 때문입니다.	인간을 위해서 동물을 희생시키는 것은 동물권 침해입니다. 동물 실험은 비윤리적이며 생명의 존엄성을 해칩니다. 또한, 동물 실험으로 안전이 확인됐다고 해서 인간에게도 똑같이 안전하다는 보장은 없습니다. 인간은 동물과 유전자 구조가 다르기 때문에 병이 발행하는 과정 및 증상 그리고 치료방법도 다른 경우가 많기 때문입니다. 동물과 인간에게 공통되는 질병은 겨우 350가지 정도로 겨우 1.16%에 불과합니다. 그리고 과학기술의 발전으로 동물실험을 대체할 실험이 개발되고 있습니다. 사람의 피부 조직을 이용한 제품, 인공 세포나 인공 피부로 동물을 본 뜬 모델링의 대체 방법, 인공 각막 배양세포 대체 실험, 인공 배양피부 대체 실험, 사체 연구 등 꼭 살아 있는 동물이 아니어도 필요한 정보를 얻는 것은 충분합니다.

나 | 비대면 면접

비대면 면접은 크게 동영상 업로드 면접, 현장 녹화 면접, 실시간 화상 면접으로 구분할
수 있다. 면접의 비중과 영향력 측면에서는 실시간 화상 면접이 대면 면접과 가장 유사하
므로 면접의 실질 영향력도 가장 높다. 그 다음은 현장 녹화 면접, 동영상 업로드 면접 순
이다. 반대로 대본(메모) 활용도는 동영상 업로드 면접이 지원자가 직접 작성하므로 대본
(메모) 활용도가 가장 높다. 그 다음은 현장 녹화 면접, 실시간 화상 면접 순이다.

1. 동영상 업로드 면접

대학이 사전 공개한 질문에 대한 답변을 지원자가 동영상으로 녹화해 온라인으로 업로
드하는 방식이다. 업로드 마감 시간과 업로드 용량만 준수하면 'P/F'이지만, 지원자 성명,
출신지역과 고교명 등을 말하는 경우 불합격 처리됨을 유의해야 한다.

면접관이 아닌 카메라를 보고 답변을 해야 하기 때문에 촬영에 익숙하지 않은 지원자
는 부담이 될 수 있다. 다른 비대면 면접에서도 역시 카메라 촬영이 기본이므로, 사전에
면접 연습할 때는 반드시 휴대폰으로 동영상 촬영하며 실전에 대비하는 것이 좋다.

동영상 면접과 대면 면접이 다른 점은 또 있다. 대면 면접에서는 면접관이 지원자의 전
체 모습을 볼 수 있지만, 동영상 촬영은 얼굴을 중심으로 하기 때문에 표정 관리가 무엇
보다 중요하다. 자신감 있고 확신에 찬 표정과 안정적인 시선 처리가 면접관에게 긍정적
인 이미지를 심어줄 수 있다.

대면 면접에서는 면접관의 눈을 바라보고 답변하는 것이 일반적이다. 동영상 촬영 때는
카메라 렌즈의 상단이나 중앙에 약간 위쪽에 표시를 해두고 그것을 바라보며 답변하는
연습을 해보자.

2. 현장 녹화 면접

지원자가 면접고사일에 직접 대학교 면접고사실을 찾아 감독자의 안내에 따라 지원자에
게 주어진 컴퓨터 기기에서(태블릿 PC 등) 제시된 질문에 답하면, 그 과정을 동영상으로
녹화해 평가하는 방식이다.

대면 면접은 지원자와 면접관이 질문과 답변을 주고받으며 대화하는 형식으로 실시된

다. 반면, 현장 녹화 면접은 오직 지원자 혼자만이 말하게 돼 있어, 문답을 이어가는 순발력이 떨어지거나 낯가림 있는 수험생에게는 오히려 유리한 방식일 수 있다.

하지만 지원자와 면접관의 소통이 없다는 점이 불리하게 작용할 수도 있다. 대면 면접에서는 질문에 대한 첫 답변을 명료하게 하지 않았어도, 면접관의 추가질문에 답할 때 오류를 정정할 수 있는 기회가 주어진다. 녹화 면접에서는 이런 과정이 생략되고, 한두 번의 연습 후에 바로 답변을 해야 한다. 태블릿 PC를 보고 답변을 해야 하기 때문에 집중하지 못하고 당황할 수 있다. 연습을 꾸준히 해야 하는 이유다.

3. 실시간 화상 면접

실시간 온라인 화상 면접은 두 가지 방식이 있다.

첫 번째, 지원자가 면접고사일에 직접 대학교 면접고사실을 찾아 화상회의 프로그램 (ZOOM 등)을 이용해 실시간으로 면접관이 제시한 질문에 화상으로 답변하면 이를 평가하는 방식이다. 면접관과 지원자가 머무는 방이 다르다.

두 번째, 지원자가 지원대학교를 미방문하고, 화상회의 프로그램(ZOOM 등)을 이용해 집이나 편한 공간에서 실시간 온라인으로 면접고사를 치르기도 한다.

화상회의 프로그램을 통해 면접관과 실시간으로 질문과 답변을 주고받기 때문에 대면 면접과 별 차이가 없다. 따라서 실시간 화상 면접은 대면 면접과 같은 방식으로 준비하면 된다.

즉, 첫 질문에 물론 답변을 똑 부러지게 해야겠지만, 추가질문에 대한 명료한 답변이 중요하므로 모의면접을 통해서 면접 실제 과정 연습을 반복하면 된다.

4. 비디오 촬영 TIP

- 일반적으로 조명이 머리 위에 있는 환경에서 영상을 촬영하면 얼굴, 특히 눈 아래 등 움푹 들어간 부분에 그늘이 지게 됨. 따라서 출연자 얼굴 아래에 뭔가를 받치는 건 효과가 있다.
- 반사판은 A4용지 한 장으로는 효과를 보기 어려움. 최소 5장 정도는 넓게 펼쳐서 깔아야 함. 또 종이보다는 쿠킹호일 등 반짝거리는 재질이 반사판으로는 더 효과가 있다.
- 반사판을 쓸 때도 주의사항이 있음. 손을 위로 뻗었을 때, 조명이 손보다 뒤에 있는 환경에선 효과가 없음. 이런 환경에선 반사판을 쓰든 안 쓰든 인물이 잘 나오지 않음.

손을 위로 뻗었을 때, 조명이 바로 위에 있는 환경에서 반사판 효과가 좋다.

● 카메라보다 조금 뒤쪽에(출연자 시선에서는 카메라 앞쪽에) 스탠드 등 조명을 함께 켜주면 효과가 더 좋을 수 있음. 스탠드가 없다면 핸드폰 조명만 놓아도 상당히 효과가 좋음. 단 조명과 얼굴의 거리가 너무 가까우면 얼굴이 하얗게 날아가는 경우도 있으니 주의하자.

면접 기출문제

가 | 유사한 질문과 의도

질문 내용	질문 의도
지원자의 장점은?	우리 대학과 학과(학부)에서 찾고 있는 인재상에 얼마나 근접한 지원자인가?
우리 대학이 지원자를 선발해야 하는 이유는?	
지원자가 합격하면 우리 대학에 어떤 기여를 할 수 있나?	
지원자의 10년 후의 진로계획은 무엇인가?	
지원자가 이 학과(학부)에 적합한 이유는?	
지원자가 우리 대학 추천전형에 추천된 이유는?	
지원자를 사물에 비유해본다면?	
지원동기가 뭔가?	우리 대학과 우리 학과(학부)에 얼마나 관심을 갖고 연구했나?
그 많은 대학 중에서 왜 우리 대학, 우리 학과(학부)를 지원했나?	
우리 대학을, 우리 학과(학부)를 어떻게 생각하나?	
지원자의 단점은 무엇인가?	자신에 대해 얼마나 솔직한가?
지원자가 고쳐야 할 점은 무엇인가?	
가장 어려웠던 역경은 무엇인가?	
지원자가 가장 후회하는 경험은 무엇인가?	

[1] 학교생활기록부 기반 기출문제

1. 인적·학적사항

학교생활기록부 미반영

2. 출결상황

- ○○학년 때 질병결석을 여러 번 한 이유를 말해보세요.
- ○○학년 때 미인정지각이 있는데 이유를 말해보세요.

3. 수상경력

- 재학 중 가장 인상 깊은 수상경력에 관해 말해보세요.
- 공동수상을 했는데, 본인의 역할을 말해보세요.
- 수상경력 중 가장 의미 있는 수상이 무엇이고, 어떤 활동으로 수상했나요? 수상을 준비하면서 배우고 느낀 점을 말해보세요.
- 과학토론대회에서 수상을 했는데 주제가 무엇이었나요? 이 상이 본인에게 어떤 의미인지 말해보세요.

4. 자격증

학교생활기록부 미반영

5. 창의적 체험활동상황(자율활동, 동아리활동, 봉사활동, 진로활동)

- 본인이 참여했던 가장 인상 깊었던 학교활동과 그 이유에 관해 자세히 말해보세요.
- ○○ 활동이 가장 활발해 보이는데, 이 활동은 무엇인지 설명해보세요.

- 간호학과와 관련된 학교활동을 자세히 말해보세요.
- 학교생활기록부를 보니 학교에서 한 활동이 많은데, 이 중에 가장 기억에 남는 활동이 있다면 어떤 것인지 말해보세요.
- ○학년 때 학급 회장이었는데, 본인이 왜 뽑혔다고 생각하는지 말해보세요.
- 고등학교 때 리더십을 발휘한 사례에 관해서 말해보세요.
- 재학기간에 무슨 동아리를 했고, 동아리에서 어떤 활동을 했는지 말해보세요.
- 자율동아리에서 베르누이 법칙을 잘 이해했다고 했는데, 베르누이 법칙을 간단히 설명해보세요.
- 정규동아리 시간에 활동에 많은 시간이 소요됐을 것 같은데요. 힘든 점은 없었는지 말해보세요.
- 재학 중 주도적으로 참여했던 동아리활동을 소개하고, 본인은 어떤 역할을 했는지 말해보세요.
- ○학년 때 간호자율동아리를 했는데 주로 어떤 활동을 했는지 말해보세요.
- 재학 기간에 무슨 동아리를 했고, 동아리에서 어떤 활동을 했는지 구체적으로 말해보세요.
- 본인이 참여했던 봉사활동에 대해 자세히 말해보세요.
- 봉사활동하면서 어려웠던 점과 기억에 남는 분이 있다면 말해주세요.
- 봉사활동을 100시간을 넘게 했네요. 봉사활동에서 배우고 느낀 점을 말해보세요.
- 가장 인상 깊었던 봉사활동이 뭔지 말해보세요.
- 1학년 때 어르신 반찬 배달 봉사를 했는데 2학년 때 활동한 교내 급식 봉사는 어떤 계기로 참여한 건가요? 어르신 반찬 배달 봉사를 하고 깨달음이 있어 연계해서 봉사한 것인지 말해보세요.
- 재학기간에 봉사활동에서 어떤 일을 했는지 말해보세요.
- 봉사하면서 어려웠던 점과 기억에 남는 분이 있다면 말해보세요.
- 소아병동 주사기캡 발명을 했다고 하는 데 구체적으로 설명해보세요.
- 의료 복지와 관련된 활동들 중 중요 개념을 설명해보세요.
- 교내에서 간호 관련 경험을 한 것이 많은데 가장 기억에 남는 활동을 말해보세요.
- 간호학과 진로에 영향을 준 인물에 관해 말해보세요.
- 아동간호학 강의를 수강했다고 했는데 아동통증관리에 관해 설명해보세요.
- 간호학과 진로주제탐구활동 때 어떤 내용을 조사했는지 말해보세요.

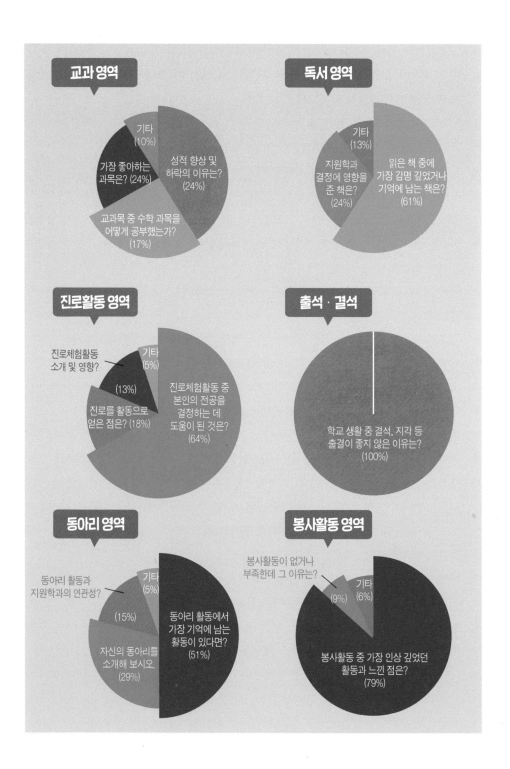

교과 영역

- 성적 향상 및 하락의 이유는? (24%)
- 가장 좋아하는 과목은? (24%)
- 교과목 중 수학 과목을 어떻게 공부했는가? (17%)
- 기타 (10%)

독서 영역

- 읽은 책 중에 가장 감명 깊었거나 기억에 남는 책은? (61%)
- 지원학과 결정에 영향을 준 책은? (24%)
- 기타 (13%)

진로활동 영역

- 진로체험활동 중 본인의 전공을 결정하는 데 도움이 된 것은? (64%)
- 진로를 활동으로 얻은 점은? (18%)
- 진로체험활동 소개 및 영향? (13%)
- 기타 (5%)

출석 · 결석

- 학교 생활 중 결석, 지각 등 출결이 좋지 않은 이유는? (100%)

동아리 영역

- 동아리 활동에서 가장 기억에 남는 활동이 있다면? (51%)
- 자신의 동아리를 소개해 보시오. (29%)
- 동아리 활동과 지원학과의 연관성? (15%)
- 기타 (5%)

봉사활동 영역

- 봉사활동 중 가장 인상 깊었던 활동과 느낀 점은? (79%)
- 봉사활동이 없거나 부족한데 그 이유는? (9%)
- 기타 (6%)

6. 교과학습발달상황 및 세부능력 및 특기사항

※ 세특에 있는 간호 관련된 내용은 다수 출제됨. 특히 수학, 과학, 영어 세특은 숙독하고 예상질문 만들어 연습해야 함.

● 본인이 좋아하는 과목과 그 이유를 말해보세요.

● 본인이 싫어하는 과목과 그 이유를 말해보세요.

● 생명과학 수업에서 가장 기억나는 것은 무엇인지 말해보세요.

● 생명과학 수업 시간에 가장 기억에 남는 실험을 말해보세요.

● 과학 수업시간에 실험한 내용을 구체적으로 말해보세요.

● '세포'란 무엇인지 아는 대로 말해보세요.

● 본인의 과학 교과목들의 성취도에 대해 어떻게 생각하는지 말해보세요.

● 1, 2학년 성적이 좋다가 3학년 때 많이 하락했는데, 성적이 떨어진 이유를 말해보세요.

● 고등학교 교과목 중에 간호와 가장 관련 있는 과목이 무엇인지 말해보세요.

● 고등학교 3년 동안 학업성취를 이룬 교과목 하나를 말해보세요. 그리고 어떻게 공부를 했는지도 설명해보세요.

● 지원자가 교내활동을 많이 했음에도 높은 성적을 유지했는데 시간배분은 어떻게 해서 공부했는지 말해보세요.

● 치매에 관심이 많고, 생명과학 시간에 알츠하이머병에 대해 발표했다는데, 치매에 대해 아는 것과 발표한 내용에 대해 간단히 설명해보세요.

● 내신 성적이 점점 올랐는데 학습 방법이 달라졌나요? 아니면 특별한 이유를 말해보세요.

● 본인의 가장 취약 교과목은 무엇이며, 성적 향상을 위해 어떤 노력을 했는지 말해보세요.

● 본인의 학업능력은 어느 수준이라고 스스로 판단하며, 그 근거를 말해보세요.

● 전반적인 성적보다 교과 성적이 좋은데(혹은 나쁜데) 이유를 말해보세요.

7. 독서활동

● 가장 인상 깊게 읽은 책을 말해보세요.

● 간호학과 진학에 영향을 준 책을 말해보세요.

● 읽었던 책 중에 가장 감동 받은 부분에 관해 말해보세요.

- 간호 관련 심화독서 활동을 말해보세요.

8. 행동특성 및 종합의견

- 본인의 성격의 장단점을 구체적으로 말해보세요.
- 본인의 단점을 극복하기 위해 노력했던 점을 설명해보세요.
- 친구들이 지적하는 자신의 단점은 말해보세요.
- 본인의 단점을 고치기 위해 어떤 노력을 했는지 말해보세요.
- 본인의 단점을 단점은 무엇이고 그 단점을 극복한 사례를 말해보세요.
- 자신의 말과 행동으로 다른 사람을 곤경에 처하게 한 경험을 말해보세요.
- 고등학교 때 적극적으로 성실하게 노력한 경험을 말해보세요.
- 인생의 멘토 혹은 존경하는 인물은 누구이며 그 이유는 무엇인지 말해보세요.
- 살면서 가장 힘들었던 시기가 언제였나요? 그 힘들었던 시기를 어떻게 극복했는지 말해보세요.
- 스트레스를 받으면 어떻게 극복하는지 말해보세요.
- 본인의 잘하는 운동을 말해보세요.
- 본인이 다룰 줄 아는 악기를 말해보세요.
- 본인의 취미를 말해보세요.
- 고등학교 시절에 여가생활을 어떻게 보냈는지 말해보세요.
- 고등학교 생활 중 타인을 도왔던 경험을 구체적으로 말해보세요.
- 고등학교 생활 중 가장 의미 있었던 활동을 구체적으로 말해보세요.
- 극복하기 힘들었던 경험을 어떻게 해결했는지 말해보세요.
- 지금까지 살아오면서 가장 힘들었던 일은 무엇이며, 어떻게 극복했는지 말해보세요.
- 자신이 생각하기에 자신의 어떤 성격이 가장 싫은지 말해보세요.

[2] 학업역량 / 진로역량 / 공동체 역량 기반 기출문제

1. 지원동기

- 우리 대학 간호학과에 지원하게 된 동기를 말해보세요.
- 간호학과에 지원한 동기와 포부를 말해보세요.
- 간호학과를 지원한 이유를 말해보세요.
- 간호학과는 많은 대학에 있는데요. 왜 우리 대학교에 지원했는지 구체적으로 말해보세요.
- ○○대에 실제 와보니까 느낌이 어떤지 말해보세요.
- 간호학과를 지원했는데 고등학교 때는 문과를 택한 이유를 말해보세요.
- 문과인 학생이 이과계열인 간호학과를 지원한 이유를 말해보세요.
- 간호사라는 진로희망을 가진 동기를 말해보세요.
- 간호사라는 진로희망은 언제부터 갖게 됐는지 말해보세요.
- 우리 대학에 관해 아는 대로 말해보세요.
- 우리 대학을 어떻게 알고 지원했는지 말해보세요.
- 우리 대학에서 왜 지원자를 선발해야 하는지 말해보세요.
- 간호사라는 진로를 결정하게 된 결정적인 활동을 구체적으로 설명해보세요.

2. 자기소개

- 자기소개를 간략히 해보세요.
- 간단하게 자기소개 부탁드립니다.
- 본인의 장·단점을 말해보세요.
- 본인의 단점과 극복과정을 말해보세요.
- 다른 지원자와 차별화되는 본인만의 장점·강점을 말해보세요.
- 훌륭한 간호사가 되는데 도움이 되는 자신의 장점이나 특기를 말해보세요.

3. 입학 후 학업계획

- 입학 후 어떤 공부를 하고 싶은지 학업계획을 말해보세요.

- 입학 후 학업계획에 대해 말해보세요.
- 대학 입학 후 간호학과 어떤 과목을 배우고 싶으세요? 그 이유를 말해보세요.
- 간호학과 입학 후 어떤 과목이 어려울 것 같은지 말해보세요.
- 그동안 지원자의 자기주도적 학습경험과 간호학과 입학 후 많은 학습량을 극복할 수 있는 본인의 학업계획에 대해 말해보세요.
- 주변에서 간호학과 공부량이 많다는 것을 들어본 적이 있나요? 대학 입학 후 전공 공부에 관한 부담감을 이겨낼 수 있는지 말해보세요.
- 우리 대학에 입학한다면 간호학과 어떤 교육과정을 공부하고 싶은지 그리고 이와 관련하여 고교시절 어떤 준비를 했는지 말해보세요.

4. 졸업 후 진로계획

- 졸업 후 희망하는 간호사 분야를 말해보세요.
- 특별히 희망하는 간호사 분야를 말해보세요.
- 응급 전문 간호사가 꿈인데, 전문 간호사가 되려면 어떤 과정을 거쳐야 하는지 말해보세요.
- 군이 소아병동 간호사가 되기로 다짐한 이유는 뭔지 말해보세요.
- 전문간호사가 큰 이슈가 되고 있는데, 필요한 이유는 뭔지 말해보세요.
- 젊은 사람들이 노인요양원에서 싫어하는데, 그럼 노인전문간호사가 되는 과정과 본인이 노인전문 간호사가 된다면 노인전문요양원에서 일할 생각이 있는지 말해보세요.
- 학업 및 진로계획에 간호사가 꿈이라고 했는데, 관심을 갖게 된 동기를 말해보세요.

5. 간호사의 역량·자질, 전공에 관한 관심·이해도

- 간호사가 되기 위해 어떤 자질이 필요하다고 생각하는지 말해보세요.
- 간호사가 되면 나 자신을 못 지키고 버려야 하는 경우도 있는데, 그런 경우 나 자신을 지킬 건가요? 버릴 건가요? 말해보세요.
- 본인이 생각하는 간호 가치관과 현실에서의 간호 가치관의 차이를 말해보세요.
- 본인이 생각하는 간호사의 역량 세 가지를 말해보세요.
- 대학교에 입학하게 된다면 간호학생으로서 지역사회에 이바지할 수 있는 면이 무엇이 있을지 말해보세요.

- 대학생활 중 간호 대학생으로서 추구해야 할 가치가 있다면 무엇이 있을지 말해보세요.
- 간호사의 장점 세 가지와 단점 세 가지를 말해보세요.
- 노인성 질환자에 대한 이해와 관심이 생겼다고 했는데, 대표적인 질병 세 가지를 말해보세요.
- 전문간호사가 큰 이슈가 되고 있는데, 필요한 이유를 말해보세요.
- 전문간호사 종류 중 가장 전망이 좋다고 생각하는 분야를 말해보세요.
- 응급 전문 간호사가 꿈인데, 전문 간호사가 되려면 어떤 과정을 거쳐야 하는지 말해보세요.
- 의사와 간호사의 차이는 무엇이라고 생각하는지 말해보세요.
- 간호사 일을 하면서 어떤 점이 가장 힘들 것 같은지 말해보세요.
- 최근 1년 동안 병원 방문한 적이 있다면 그 느낌을 말해보세요.
- 병원을 방문한 적이 있다면, 기억에 남는 간호사에 관해 말해보세요.
- 졸업 후 병원에서 간호사로 근무 중 의사, 환자 등과 갈등 상황이 생겼을 때, 어떻게 해결해 나갈 것인지 말해보세요.
- 본인이 생각하는 간호 가치관과 현실에서의 간호 가치관의 차이를 말해보세요.
- 코로나19의 긍정적인 면과 부정적인 면에 관해 말해보세요.
- 본인이 간호학과와 잘 맞는다고 생각하는 강점과 그 이유를 설명해보세요.
- 올해 관심 있게 주목한 간호, 보건 분야 시사 이슈에 관해 말해보세요.
- 간호학과 올해 이슈가 있는지, 특히 관심이 있는 분야는 무엇인지 말해보세요.
- 좋은 간호사가 되려면 어떤 준비가 필요하며, 본인의 준비 정도에 관해 말해보세요.
- 책이나 영화, 드라마에서 본 기억에 남는 간호사가 있다면 말해보세요.
- 간호사가 근무할 수 있는 기관이나 분야에는 어떤 것이 있는지 말해보세요.
- 간호사 외모가 환자간호에 도움이 되는지 자신의 생각을 말해보세요.
- 본인이 가지고 있는 선입견이나 편견이 있다면 무엇인지 말해보세요.
- 코로나 백신 접종에 대한 본인의 생각을 말해보세요.
- 코로나 백신 접종을 두려워하는 일반인에게 어떻게 설명할지 말해보세요.
- 코로나 바이러스 이후 보건의료계에 어떤 변화가 있을지 말해보세요.
- 코로나 시국에 간호사로서 가져야 할 자세를 말해보세요.
- 코로나와 관련하여 병문안 문화를 어떻게 개선할 건지 말해보세요.
- 코로나 사태에 간호대학 학생으로 할 수 있는 일이 무엇일지 말해보세요.

- 코로나 사태에 간호사 대우가 어떻다고 생각했으며, 어떤 방법으로 개선할 수 있을지 말해보세요.
- 최근 AI 기술을 간호에 어떻게 적용할 수 있을지 구체적으로 말해보세요.
- 4차 산업혁명시대에 간호에는 뭘 적용할 수 있을지 말해보세요.
- 인공지능 돌봄로봇의 간호와 간병에 관한 본인의 생각을 말해보세요.
- 코로나백신 접종에 대한 본인의 생각을 말해보세요.

6. 마지막으로 하고 싶은 말

- 수고하셨습니다. 혹시, 마지막으로 준비해오거나 하고 싶은 말이 있다면 해보세요.
- 우리 대학이나 지원한 학과에 관해 마지막으로 하고 싶은 말이 있다면 해보세요.

05

간호학과
입학결과

수시모집

1 간호학과 일반대학 수시모집 입학 결과 [2022학년도]

대학	모집단위	전형명	50%cut	70%cut	지역
가야대	간호학과	인문계고출신자	3.3	3.5	경남
가야대	간호학과	일반학생	2.5	2.6	경남
가야대	간호학과	기초생활수급자	4.0	4.1	경남
가야대	간호학과	농어촌학생	4.0	4.1	경남
가야대	간호학과	특성화고졸업자	2.0	2.4	경남
가천대	간호학과	가천바람개비		2.6	경기
가천대	간호학과	논술		2.7	경기
가천대	간호학과	지역균형		2.7	경기
가천대	간호학과	학생부우수자		1.7	경기
가천대	간호학과	농어촌(교과)		3.1	경기
가천대	간호학과	농어촌(종합)		2.4	경기
가톨릭관동대	간호학과	CKU종합	3.2	3.2	강원
가톨릭관동대	간호학과	교과일반	3.0	3.1	강원
가톨릭관동대	간호학과	기초생활및차상위 특별	4.9	4.9	강원
가톨릭관동대	간호학과	기회균형	3.5	3.5	강원
가톨릭관동대	간호학과	농어촌학생 특별	3.6	3.8	강원
가톨릭관동대	간호학과	지역인재	3.2	3.4	강원

대학	모집단위	전형명	50%cut	70%cut	지역
가톨릭꽃동네대	간호학과	일반학생	4.9	5.0	충북
가톨릭꽃동네대	간호학과	가톨릭인재	5.0	5.7	충북
가톨릭대	간호학과	지역균형	1.9	2.0	서울
강릉원주대	간호학과	해람교과	2.6	2.7	강원
강릉원주대	간호학과	해람인재	3.2	3.3	강원
강릉원주대	간호학과	지역교과	3.0	3.0	강원
강릉원주대	간호학과	지역인재	3.1	3.3	강원
강서대	간호학과	지역인재	3.7	4.1	서울
강원대	간호학과(인문사회계열)	일반학생	2.9	4.2	강원
강원대	간호학과(자연과학계열)	일반	2.5	2.6	강원
강원대	간호학과(인문사회계열)	지역인재	3.0	3.2	강원
강원대	간호학과(자연과학계열)	지역인재	2.6	2.7	강원
강원대(삼척)	간호학과	일반	2.0	2.2	강원
강원대(삼척)	간호학과	지역인재	2.7	2.8	강원
강원대(글로컬)	간호학과	Cogito자기추천	2.4	2.5	충북
강원대(글로컬)	간호학과	학생부(교과)	1.9	2.0	충북
강원대(글로컬)	간호학과	지역인재특별	2.0	2.2	충북
건양대	간호학과	건양사람인(人)	2.8	3.0	충남
건양대	간호학과	일반학생(A)	2.1	2.2	충남
건양대	간호학과	일반학생(B)	2.5	2.7	충남
건양대	간호학과	농어촌학생	2.7	2.7	충남
건양대	간호학과	지역인재(A)	2.2	2.3	충남
경남대	간호학과	일반계고교	2.3	2.3	경남
경남대	간호학과	일반학생	2.4	2.6	경남
경남대	간호학과	한마인재	3.0	3.1	경남
경남대	간호학과	농어촌학생	2.5	2.5	경남
경남대	간호학과	지역인재	2.4	2.6	경남
경동대	간호학과	일반학생		3.6	강원

대학	모집단위	전형명	50%cut	70%cut	지역
경동대	간호학과	자기추천제		4.0	강원
경동대	간호학과	지역인재		4.0	강원
경북대	간호학과	일반학생	2.0	2.0	대구
경북대	간호학과	일반학생	2.1	2.4	대구
경북대	간호학과	농어촌학생	2.5	2.7	대구
경북대	간호학과	지역인재	2.0	2.1	대구
경북대	간호학과	지역인재	2.7	2.8	대구
경상국립대	간호학과	일반	2.4	2.5	경남
경상국립대	간호학과	일반	3.4	3.6	경남
경상국립대	간호학과	지역인재	3.0	3.0	경남
경상국립대	간호학과	지역인재	3.3	3.4	경남
경성대	간호학과	일반계고교과		2.4	부산
경성대	간호학과	학교생활우수자	4.0	4.1	부산
경운대	간호학과	교과	2.8	3.1	경북
경운대	간호학과	면접	3.2	3.7	경북
경운대	간호학과	지역인재	2.9	3.2	경북
경일대	간호학과	면접		3.4	경북
경일대	간호학과	일반		2.4	경북
경일대	간호학과	학생부종합		3.8	경북
경일대	간호학과	지역인재면접		3.7	경북
경주대	간호학과	면접	4.0	5.0	경북
경희대	간호학과(인문)	고교연계	1.5	1.5	서울
경희대	간호학과(자연)	고교연계	1.4	1.4	서울
계명대	간호학과	일반	2.5	2.6	대구
계명대	간호학과	일반	2.0	2.1	대구
계명대	간호학과	지역	2.8	2.9	대구
계명대	간호학과	지역	2.2	2.3	대구
고려대	간호학과	학교추천	1.7	1.9	서울

간호대학 진로 진학 특강

대학	모집단위	전형명	50%cut	70%cut	지역
고려대	간호학과	학업우수형	2.2	2.4	서울
고신대	간호학과	일반고	1.8	2.0	부산
고신대	간호학과	지역인재	1.9	2.0	부산
공주대	간호학과	일반	3.4	3.5	충남
공주대	간호학과	일반	2.8	2.9	충남
공주대	간호학과	지역인재	3.0	3.0	충남
공주대	간호학과	일반학생	4.6	4.8	광주
광주대	간호학과	지역학생	3.7	4.1	광주
광주여대	간호학과	일반학생 II	4.9	5.1	광주
광주여대	간호학과	기초/차상위	5.2	5.3	광주
광주여대	간호학과	농어촌학생	4.7	4.7	광주
군산대	간호학과	일반	2.1	2.3	전북
군산대	간호학과	새만금인재	3.7	3.9	전북
군산대	간호학과	지역인재	2.6	3.0	전북
극동대	간호학과	일반학생	2.5	2.8	충북
김천대	간호학과	일반교과		4.1	경북
김천대	간호학과	일반면접		4.4	경북
김천대	간호학과	지역인재	4.8	5.2	경북
나사렛대	간호학과	일반학생	2.8	3.5	충남
나사렛대	간호학과	창의융합인재	4.1	4.1	충남
나사렛대	간호학과	기초생활수급자	3.7	3.8	충남
나사렛대	간호학과	나눔품성인재	3.8	4.0	충남
나사렛대	간호학과	농어촌학생	3.4	3.7	충남
남부대	간호학과	일반학생	5.4	5.7	광주
남부대	간호학과	기초생활수급자 및 차상위계층 학생	4.7	5.2	광주
남부대	간호학과	농어촌학생	4.7	5.6	광주
남서울대	간호학과	교과면접		3.3	충남
남서울대	간호학과	일반		2.8	충남

대학	모집단위	전형명	50%cut	70%cut	지역
남서울대	간호학과	다문화 · 다자녀		4.4	충남
남서울대	간호학과	지역인재		3.3	충남
단국대(천안)	간호학과	DKU인재	2.0	2.2	충남
단국대(천안)	간호학과	학생부교과우수자	2.4	2.5	충남
대구가톨릭대	간호학과	교과우수자	2.0	2.0	경북
대구가톨릭대	간호학과	종합인재	2.4	2.6	경북
대구가톨릭대	간호학과	가톨릭지도자추천	2.7	2.7	경북
대구가톨릭대	간호학과	농어촌학생	2.1	2.1	경북
대구가톨릭대	간호학과	지역교과우수자	2.0	2.0	경북
대구대	간호학과	서류	2.5	2.8	경북
대구대	간호학과	서류면접	2.7	2.8	경북
대구대	간호학과	일반	1.7	1.8	경북
대구대	간호학과	지역인재	1.7	1.9	경북
대구한의대	간호학과	기린인재	4.0	4.0	경북
대구한의대	간호학과	면접	2.8	2.8	경북
대구한의대	간호학과	일반	2.5	2.7	경북
대구한의대	간호학과	고른기회	3.6	3.7	경북
대구한의대	간호학과	기초 및 차상위계층	4.0	4.3	경북
대구한의대	간호학과	농어촌학생	3.1	3.3	경북
대구한의대	간호학과	지역인재	4.0	4.2	경북
대전대	간호학과	교과면접	2.7	2.8	대전
대전대	간호학과	교과중점	2.2	2.2	대전
대전대	간호학과	혜화인재	3.0	3.1	대전
대전대	간호학과	지역인재	2.5	2.6	대전
대전대	간호학과	윈윈대진	3.1	3.3	경기
대전대	간호학과	학생부우수자	2.8	2.9	경기
동국대(WISE)	간호학과	교과	2.9	3.0	경북
동국대(WISE)	간호학과	참사람	3.3	3.6	경북

대학	모집단위	전형명	50%cut	70%cut	지역
동국대(WISE)	간호학과	지역인재	3.6	3.9	경북
동명대	간호학과	일반교과	1.9	2.0	부산
동명대	간호학과	일반고면접	2.5	2.8	부산
동명대	간호학과	농어촌학생	2.5	2.8	부산
동서대	간호학과	교과성적	1.8	2.0	부산
동서대	간호학과	교사추천자	2.4	2.4	부산
동서대	간호학과	일반계고교	1.5	1.7	부산
동서대	간호학과	학생부종합	2.8	2.8	부산
동서대	간호학과	사회배려대상자	1.0	1.0	부산
동서대	간호학과	특성화고교	1.0	1.0	부산
동신대	간호학과	일반	4.2	4.4	전남
동신대	간호학과	농어촌학생	4.2	4.4	전남
동신대	간호학과	지역학생	4.1	4.4	전남
동아대	간호학과	교과성적우수자, 지역인재교과	1.9	2.0	부산
동아대	간호학과	잠재능력우수자	3.2	3.2	부산
동아대	간호학과	지역인재종합	2.8	3.2	부산
동양대	간호학과	일반	3.5	3.5	경북
동양대	간호학과	지역인재	3.9	3.9	경북
동의대	간호학과	일반고교과	2.3	2.3	부산
동의대	간호학과	학교생활우수자	3.5	3.5	부산
동의대	간호학과	지역인재종합	3.3	3.5	부산
목포가톨릭대	간호학과	일반학생	3.8	4.0	전남
목포가톨릭대	간호학과	지역인재	4.1	4.1	전남
목포대	간호학과	교과일반	3.0	3.2	전남
목포대	간호학과	종합일반	3.4	3.8	전남
배재대	간호학과	서류100	2.5	2.6	대전
배재대	간호학과	일반 I	1.8	1.8	대전
배재대	간호학과	일반 II	2.4	2.4	대전

대학	모집단위	전형명	50%cut	70%cut	지역
배재대	간호학과	기초생활수급자및차상위계층	2.6	3.0	대전
배재대	간호학과	농어촌학생	2.7	2.9	대전
배재대	간호학과	지역인재	2.4	2.4	대전
백석대	간호학과	백석인재	2.7	3.0	충남
백석대	간호학과	일반	2.0	4.5	충남
백석대	보건학부(간호학과)	창의인재	3.0	3.4	충남
백석대	보건학부(간호학과)	기초생활수급자및차상위계층	1.9	1.9	충남
백석대	보건학부(간호학과)	농어촌학생	2.6	2.6	충남
백석대	보건학부(간호학과)	사회기여자및배려대상자	2.5	2.5	충남
백석대	보건학부(간호학과)	지역인재	2.4	2.5	충남
백석대	보건학부(간호학과)	특성화고교	2.3	2.3	충남
부경대	간호학과	교과성적우수인재	2.4	2.6	부산
부경대	간호학과	학교생활우수인재	2.8	2.8	부산
부경대	간호학과	지역혁신인재	2.7	2.7	부산
부산가톨릭대	간호학과	고교생활우수자	3.4	3.6	부산
부산가톨릭대	간호학과	교과성적우수자	1.9	2.0	부산
부산가톨릭대	간호학과	자기추천	3.7	3.9	부산
부산가톨릭대	간호학과	고른기회대상자	3.6	3.8	부산
부산가톨릭대	간호학과	농어촌학생	2.2	2.2	부산
부산가톨릭대	간호학과	사회배려대상자	2.1	2.1	부산
부산가톨릭대	간호학과	성직자·수도자추천	3.4	3.7	부산
부산가톨릭대	간호학과	지역인재	3.2	3.3	부산
부산대	간호학과	학생부교과	1.9	1.9	부산
부산대	간호학과	학생부종합	2.2	2.3	부산
부산대	간호학과	지역인재	1.8	1.9	부산
부산대	간호학과	지역인재	2.1	2.3	부산
삼육대	간호학과	세움인재	2.9	3.1	서울
삼육대	간호학과	일반	2.0	2.0	서울

간호대학 진로 진학 특강

대학	모집단위	전형명	50%cut	70%cut	지역
삼육대	간호학과	학생부교과우수자	3.0	3.1	서울
상명대(천안)	간호학과	상명인재	3.4	3.6	충남
상명대(천안)	간호학과	학생부교과	2.8	2.9	충남
상명대(천안)	간호학과	고른기회	3.4	4.2	충남
상지대	간호학과	일반	4.1	4.6	충남
상지대	간호학과	고른기회	4.5	4.5	서울
상지대	간호학과	지역인재 I	3.6	3.8	서울
서울대	간호학과	일반	1.9	2.2	서울
서울대	간호학과	지역균형선발	1.5	1.7	서울
선문대	간호학과	일반학생	1.7	1.9	충남
선문대	간호학과	고른기회	4.2	4.2	충남
선문대	간호학과	선문인재	3.7	4.0	충남
선문대	간호학과	지역학생	2.9	3.3	충남
성신여대	간호학과	자기주도인재	2.5	2.5	서울
성신여대	간호학과(인문)	지역균형	1.8	1.9	서울
성신여대	간호학과(자연)	지역균형	1.8	1.8	서울
성신여대	간호학과	학교생활우수자	2.4	2.5	서울
성신여대	간호학과	고른기회 I	2.1	2.1	서울
세명대	간호학과	면접		4.2	충북
세명대	간호학과	일반		3.2	충북
세명대	간호학과	사회배려자및봉사자		3.5	충북
세명대	간호학과	지역인재		3.7	충북
세명대	간호학과	지역인재		4.4	충북
세한대	간호학과	일반학생	4.0	4.5	전남
세한대	간호학과	농어촌학생	4.0	4.0	전남
세한대	간호학과	지역인재	4.8	5.1	전남
세한대	간호학과	특성화고졸	4.0	4.0	전남
송원대	간호학과	일반	5.5	5.8	광주

대학	모집단위	전형명	50%cut	70%cut	지역
송원대	간호학과	일반고	5.8	5.8	광주
송원대	간호학과	교육기회	6.8	6.3	광주
송원대	간호학과	농어촌	5.0	6.0	광주
수원대	간호학과	교과논술	3.9	3.8	경기
수원대	간호학과	면접위주교과	2.3	2.8	경기
수원대	간호학과	지역균형선발	3.8	3.1	경기
순천대	간호학과	일반학생	3.4	3.8	전남
순천대	간호학과	전국인재	3.1	3.2	전남
순천대	간호학과	지역인재	3.0	3.2	전남
순천향대	간호학과	일반학생	2.3	2.4	충남
순천향대	간호학과	일반학생	2.7	2.8	충남
순천향대	간호학과	지역인재	2.6	2.8	충남
순천향대	간호학과	지역인재	2.7	2.7	충남
신경대	간호학과	일반	3.7	4.0	경기
신라대	간호학과	면접우수자	2.6	2.6	부산
신라대	간호학과	일반고	2.0	2.1	부산
신라대	간호학과	학생성공	4.4	4.8	부산
신한대(동두천)	간호학과	신한국인	3.8	4.0	경기
신한대(동두천)	간호학과	일반	3.0	3.2	경기
신한대(동두천)	간호학과	지역균형	2.6	2.7	경기
신한대(동두천)	간호학과	고른기회	3.5	4.1	경기
신한대(동두천)	간호학과	교육기회균형	3.8	3.8	경기
신한대(동두천)	간호학과	농어촌학생	3.8	4.0	경기
신한대(동두천)	간호학과	사회기여자	4.2	4.2	경기
안동대	간호학과	ANU미래인재	3.8	4.6	경북
안동대	간호학과	일반학생	2.9	3.0	경북
안동대	간호학과	지역인재	3.4	3.5	경북
연세대	간호학과	추천형	1.6	1.8	서울

대학	모집단위	전형명	50%cut	70%cut	지역
연세대	간호학과	활동우수형	1.9	1.9	서울
연세대(미래)	간호학과	교과우수자	1.9	2.1	강원
연세대(미래)	간호학과	학교생활우수자	2.3	2.4	강원
연세대(미래)	간호학과	강원인재	2.3	2.4	강원
영산대	간호학과	면접	2.9		경남
영산대	간호학과	일반계교과	2.5		경남
예수대	간호학과	일반	3.7	3.9	전북
예수대	간호학과	기회균형	4.4	4.4	전북
예수대	간호학과	지역인재	3.4	3.5	전북
우석대	간호학과	교과중심	3.7	3.8	전북
우석대	간호학과	기회균형	3.7	3.9	전북
우석대	간호학과	농어촌학생	3.9	3.9	전북
우석대	간호학과	지역인재	3.7	3.8	전북
우송대	간호학과	일반II	3.0		대전
우송대	간호학과	종합I	4.3		대전
우송대	간호학과	종합II	3.8		대전
울산대	간호학과	학생부교과	2.0	2.1	울산
울산대	간호학과	농아촌학생	1.1	1.1	울산
원광대	간호학과	서류면접	3.1	3.2	전북
원광대	간호학과	농어촌학생	2.6	2.6	전북
원광대	간호학과	지역인재(광주·전남)	3.1	3.1	전북
원광대	간호학과	지역인재(전북)	3.0	3.1	전북
위덕대	간호학과	교과		6.3	경북
유원대	간호학과	일반	3.3	3.9	충북
을지대(성남)	간호학과	EU미래인재	2.7	2.7	경기
을지대(성남)	간호학과	EU자기추천	2.6	2.6	경기
을지대(성남)	간호학과	교과면접우수자	2.5	2.6	경기
을지대(성남)	간호학과	교과성적우수자	2.3	2.4	경기

대학	모집단위	전형명	50%cut	70%cut	지역
을지대(성남)	간호학과	지역균형	2.1	2.3	경기
을지대(성남)	간호학과	사회기여및배려대상자	2.4	3.0	경기
을지대(의정부)	간호학과(의정부)	EU미래인재	2.4	2.6	경기
을지대(의정부)	간호학과(의정부)	EU자기추천	2.5	2.8	경기
을지대(의정부)	간호학과(의정부)	교과면접우수자	2.4	2.5	경기
을지대(의정부)	간호학과(의정부)	교과성적우수자	2.4	2.5	경기
을지대(의정부)	간호학과(의정부)	지역균형	2.3	2.3	경기
이화여대	간호학과	고교추천	1.6	1.6	서울
이화여대	간호학과	미래인재	2.0	2.0	서울
인제대	간호학과	간호		1.4	경남
인제대	간호학과	자기추천자		1.4	경남
인천가톨릭대	간호학과	학교생활우수자	2.1	2.5	경기
인하대	간호학과	인하미래인재	2.4	2.8	인천
인하대	간호학과(자연)	인하참인재	1.9	1.9	인천
인하대	간호학과(자연)	지역균형	2.1	2.1	인천
전남대	간호학과	고교생활우수자	2.3	2.4	광주
전남대	간호학과	일반	2.2	2.3	광주
전남대	간호학과	지역인재	2.0	2.1	광주
전북대	간호학과	일반학생	2.6	2.6	전북
전북대	간호학과	지역인재	2.5	2.6	전북
전북대	간호학과	큰사람	2.9	2.9	전북
전주대	간호학과	일반학생	3.6	3.9	전북
전주대	간호학과	일반학생	3.0	3.3	전북
제주대	간호학과	일반학생	3.1	3.2	제주
제주대	간호학과	일반학생	3.4	3.5	제주
제주대	간호학과	지역인재	3.6	3.9	제주
조선대	간호학과	일반	3.0	3.0	광주
조선대	간호학과	일반	2.7	2.8	광주

간호대학 진로 진학 특강

대학	모집단위	전형명	50%cut	70%cut	지역
중부대	간호학과	학교생활우수자	3.4	3.5	충남
중부대	간호학과	학교부우수자	2.5	2.6	충남
중부대	간호학과	지역인재	2.9	3.0	충남
중앙대	간호학과(인문)	다빈치형인재	2.0	2.1	서울
중앙대	간호학과(자연)	다빈치형인재	1.8	1.9	서울
중앙대	간호학과(인문)	지역균형	1.8	1.9	서울
중앙대	간호학과(자연)	지역균형	1.7	1.8	서울
중앙대	간호학과(인문)	탐구형인재	4.1	4.5	서울
중앙대	간호학과(자연)	탐구형인재	2.2	2.4	서울
중원대	간호학과	일반전형II	3.9	4.2	충북
중원대	간호학과	기회균형선발	4.3	5.1	충북
중원대	간호학과	농어촌학생	4.3	4.7	충북
중원대	간호학과	지역인재	4.2	4.5	충북
중원대	간호학과	특성화고교졸업자	3.6	3.8	충북
차의과학대	간호학과	CHA학교장추천	2.2	2.2	경기
차의과학대	간호학과	CHA학생부교과	2.9	3.3	경기
창신대	간호학과	일반계고교	4.3	4.4	경남경남
창신대	간호학과	창신인재추천	4.0		경남
창신대	간호학과	기회균형선발	4.6	6.0	경남
창신대	간호학과	농어촌학생	5.3	5.6	경남
창원대	간호학과	일반	3.5	2.9	경남
창원대	간호학과	학업성적우수자	3.1	3.2	경남
창원대	간호학과	지역인재	3.3	3.4	경남
청운대	간호학과	학생교과	3.4	3.6	충남
청주대	간호학과	일반	2.6	2.6	충북
청주대	간호학과	창의면접	3.3	3.4	충북
청주대	간호학과	지역인재	2.6	2.8	충북
초당대	간호학과	일반	4.6	5.0	전남

대학	모집단위	전형명	50%cut	70%cut	지역
초당대	간호학과	일반계고교출신자	4.4	5.0	전남
초당대	간호학과	기회균형선발	4.4	5.0	전남
초당대	간호학과	농어촌학생	4.8	5.5	전남
초당대	간호학과	지역인재	3.9	4.8	전남
초당대	간호학과	특성화고교출신자	4.4	4.8	전남
충남대	간호학과	일반	2.1	2.2	대전
충남대	간호학과	지역인재	2.1	2.2	대전
충남대	간호학과	학생부교과	2.5	2.7	충북
충남대	간호학과	학생부종합 I	2.3	2.4	충북
충북대	간호학과	학생부종합 II	2.8	2.9	충북
충북대	간호학과	지역인재	2.4	2.5	충북
한국교통대	간호학과	일반	2.1	2.5	충북
한국교통대	간호학과	나비인재	3.2	3.4	충북
한국교통대	간호학과	지역인재	3.1	3.1	충북
한국성서대	간호학과	KBU인재	3.6	3.7	서울
한국성서대	간호학과	교과성적우수자	3.6	3.6	서울
한국성서대	간호학과	일반학생	3.5	3.7	서울
한남대	간호학과	일반	2.7		대전
한남대	간호학과	한남인재	3.4	3.5	대전
한남대	간호학과	지역인재	3.8	4.0	대전
한남대	간호학과	지역인재교과우수자	3.0	3.0	대전
한림대	간호학과	교과우수자	3.1	3.3	강원
한림대	간호학과	학교생활우수자	2.7	2.8	강원
한림대	간호학과	지역인재	2.4	2.7	강원
한서대	간호학과	학생부교과	3.8	4.0	충남
한서대	간호학과	한서인재	3.0	3.3	충남
한서대	간호학과	사회기여(배려)자	4.0	4.1	충남
한세대	간호학과	일반	3.1	3.2	경기

대학	모집단위	전형명	50%cut	70%cut	지역
한세대	간호학과	학생부우수자	2.6	2.6	경기
한양대	간호학과	일반	1.5	1.5	서울
한양대	간호학과	지역균형발전	1.2	1.3	서울
호남대	간호학과	일반고	3.9	4.2	광주
호남대	간호학과	일반학생	4.2	4.4	광주
호남대	간호학과	기초차상위한부모	5.2	5.5	광주
호남대	간호학과	종합고특성화고	3.4	3.5	광주
호서대	간호학과	학생부	2.2	2.5	충남
호서대	간호학과	호서인재	3.2	3.4	충남
호서대	간호학과	지역학생	2.2	2.7	충남
호원대	간호학과	일반	6.1	5.4	전북
호원대	간호학과	기초수급자	6.8	7.0	전북
호원대	간호학과	농어촌	5.7	6.4	전북
호원대	간호학과	지역인재	5.8	5.9	전북

1 간호학과 일반대학 정시모집 입학 결과 [2022학년도]

지역	대학	전형명	모집군	계열	모집단위	대학별 환산점수		영역별 70% cut				
						70% cut	최고점 (수능)	국어	수학	탐구	평균	영어
								백분위				등급
경남	가야대	일반학생	다	자연	간호학과	662.0	663	80.0	41.0	27.0	49.3	2.0
경기	가천대	일반	나	자연	간호학과	91.3					91.3	
강원	가톨릭관동대	수능	다	자연	간호학과	788.8	1000	67.0	70.0	70.9	71.2	2.0
충북	가톨릭꽃동네대	일반학생	나	자연	간호학과	313.8	500	51.0	58.0	56.5	56.5	4.0
경기	가톨릭대	일반	가	인문	간호학과(인문)	732.0	1000	100.0	100.0	97.5	99.0	2.0
경기	가톨릭대	일반	가	자연	간호학과(자연)	657.5	1000	91.0	94.0	76.5	88.3	2.0
강원	강릉원주대	일반	다	자연	간호학과	831.6	1000	39.0	87.0	88.0	71.3	6.0
서울	강서대	일반학생	다	자연	간호학과	635.2	800	85.0	53.0	74.0	72.0	2.0
강원	강원대	일반	나	인문	간호학과(인문사회계열)	433.0	500	87.0	66.0	84.2	80.8	3.0
강원	강원대	일반	나	자연	간호학과(자연과학계열)	424.8	500	64.2	79.0	73.1	75.8	3.0
강원	강원대	지역인재	나	자연	간호학과(자연과학계열)	407.7	500	59.2	62.0	75.6	72.6	2.8
강원	강원대(삼척)	일반	나	자연	간호학과	186.4	200					
충북	건축대(글로컬)	일반	다	자연	간호학과	97.0	100					
충남	건양대	일반학생	나	자연	간호학과	278.0	300					
충남	경남대	일반학생	나	자연	간호학과	940.2	947	69.0	54.0	59.5	61.0	3.0

지역	대학	전형명	모집군	계열	모집단위	대학별 환산점수		영역별 70% cut				
						70% cut	최고점(수능)	국어	수학	탐구	평균	영어
								백분위				등급
강원	경동대	일반학생	가	자연	간호학과	684.0	700	63.0	69.0	45.0	59.0	3.0
대구	경북대	일반	가	자연	간호학과	672.2	1000	82.0	88.0	79.0	83.0	2.0
경남	경상국립대	일반	가	자연	간호학과	844.4	868	89.0	78.0	86.5	84.5	3.0
부산	경성대	일반	가	자연	간호학과	460.0	735					
경북	경운대	일반	나	자연	간호학과	445.2	600				74.2	
경북	경일대	일반	가	자연	간호학과	294.2	400					
경북	경주대	일반	가	자연	간호학과	151.0	300	10.0	33.0	28.0	18.3	
서울	경희대	수능위주	가	인문	간호학과(인문)	564.6	800	96.0	85.0	77.0	88.0	2.0
서울	경희대	수능위주	가	자연	간호학과(자연)	566.1	800	85.0	95.0	86.5	88.0	1.0
대구	계명대	일반	다	자연	간호학과	84.8	103	78.0	74.0	80.0	83.0	3.0
서울	고려대	일반	가	인문	간호대학-교차	662.2	1000	96.0	92.0	87.7	93.2	2.0
서울	고려대	일반	가	자연	간호학과	638.3	1000	80.0	92.5	85.8	87.2	2.0
부산	고신대	일반	다	자연	간호학과	596.9	725	61.0	70.0	72.5	71.3	3.0
충남	공주대	일반	나	자연	간호학과	859.3	1000	61.0	77.5	77.0	74.0	3.0
광주	광주대	일반학생	가	자연	간호학과	694.8	1000	59.0	62.0	56.0	62.0	3.0
광주	광주여대	일반학생	가	자연	간호학과	560.0	600					3.0
전북	군산대	일반학생	다	자연	간호학과	744.0	1000	65.0	66.0	62.0	66.0	3.0
충북	극동대	일반학생	나	자연	간호학과		438	59.0	66.0	79.5	68.2	3.0
충북	김천대	일반	가	자연	간호학과			54.0			3.6	4.0
충남	나사렛대	일반학생	가	자연	간호학과	79.0	86	67.0	56.0	81.0	68.0	2.0
광주	남부대	일반학생	가	자연	간호학과	632.0	1000	55.0	58.0	46.0	55.3	4.0
충남	남서울대	일반학생	나	자연	간호학과	881.1	943	82.3	78.8		80.6	
충남	단국대(천안)	일반학생	가	자연	간호학과	870.0	1000	80.0	80.0	83.0	81.0	2.0
경북	대구가톨릭대	일반	나	자연	간호학과	331.9	400	67.0	68.9	77.3	78.3	3.1
경북	대구대	일반	나	자연	간호학과	708.9	900	63.0	62.0	70.0	69.7	
경북	대구한의대	일반	가	자연	간호학과	794.9	1000	71.0	56.0	65.0		2.0

지역	대학	전형명	모집군	계열	모집단위	대학별 환산점수		영역별 70% cut				
						70% cut	최고점(수능)	국어	수학	탐구	평균	영어
								백분위				등급
대전	대전대	일반	나	자연	간호학과	757.0	1000	71.0	54.0	65.0	65.2	3.0
경기	대진대	일반학생	나	자연	간호학과	814.5	1000	64.0	58.0	85.0	69.8	4.0
경북	동국대(WISE)	수능	다	자연	간호학과							
부산	동명대	일반	다	자연	간호학과	402.0	635	67.0	61.0	61.0	68.7	2.8
부산	동서대	일반	가	자연	간호학과	667.5	1000	53.0	61.0	26.0	54.8	4.0
전남	동신대	일반	가	자연	간호학과	717.1	1000	59.0	62.0	77.0	65.0	3.0
부산	동아대	일반	가	자연	간호학과	544.4	800	67.0	74.0	68.0	72.8	3.0
경북	동양대	수능	가	자연	간호학과	781.0	1000	53.0	4.0	62.0	44.8	5.0
부산	동의대	일반학생	나	자연	간호학과	474.4	800	76.0	47.0	69.0	76.2	4.0
전남	목포가톨릭대	일반학생	가	자연	간호학과	76.2	85	62.2	75.6	73.5	45.8	4.0
전남	목포대	일반	가	자연	간호학과	850.8	1000					
대전	배재대	일반	나	자연	간호학과	822.5	1000	77.0	71.5	77.8	75.4	2.8
충남	백석대	일반	나	자연	간호학과	832.0	700	76.0	48.0	70.0	67.0	3.0
부산	부경대	일반	가	자연	간호학과	675.1	1000	69.6	72.0	70.5	70.7	2.0
부산	부산가톨릭대	일반학생	나	자연	간호학과	339.0	600	78.0	72.0	79.5	72.8	3.0
부산	부산대	수능	가	자연	간호학과	695.1	1000	82.0	84.0	79.0	83.7	2.0
서울	삼육대	일반	다	자연	간호학과	924.9	1000	73.0	82.0	42.0	65.7	4.0
충남	상명대(천안)	수능	나	자연	간호학과	884.0	1000	96.0	84.0	70.0	84.7	
강원	상지대	일반	나	자연	간호학과	67.8	78					
서울	서울대	일반	나	자연	간호학과	399.4		94.0	96.0	90.5	94.5	2.0
충남	선문대	일반	나	자연	간호학과	661.4	800	27.0	79.0	76.0	60.7	3.0
서울	성신여대	일반학생	가	인문	간호학과	440.8	500	85.0	79.0	88.5	85.8	3.0
서울	성신여대	일반학생	가	자연	간호학과	445.0	500	73.0	82.0	85.5	84.0	2.0
서울	성신여대	농어촌학생	가	자연	간호학과	393.8	500	69.0	67.0	80.5	73.8	3.0
충북	세명대	일반	다	자연	간호학과	844.0	1000					
전남	세한대	일반학생	나	자연	간호학과	659.0	700	31.0	33.0	29.0	31.0	3.0

지역	대학	전형명	모집군	계열	모집단위	대학별 환산점수		영역별 70% cut				
						70% cut	최고점(수능)	국어	수학	탐구	평균	영어
								백분위				등급
광주	송원대	수능(나군)	나	자연	간호학과	987.0	1000	5.0	4.0	5.5	5.0	3.0
경기	수원대	수능일반전형1	나	자연	간호학과	855.0	1000	85.0	79.0	79.0	81.0	3.0
충남	순천향대	일반학생	다	자연	간호학과	973.9	1000					
경기	신경대	일반	다	자연	간호학과	755.8	900					
부산	신라대	일반	다	자연	간호학과	473.5	735					2.0
경기	신한대	일반1	가	자연	간호학과	885.0	1000	53.0	80.0	53.0	46.0	4.0
경기	신한대	일반2	가	자연	간호학과	817.0	1000	59.0	76.0	73.0	50.0	4.0
경기	아주대	일반2	다	자연	간호학과	877.3	1000	80.0	89.0	79.5	84.5	2.0
경기	아주대	일반4(교차)	다	자연	간호학과	883.2	1000	85.0	90.0	68.0	84.0	2.0
경기	아주대	농어촌학생	다	자연	간호학과							
경북	안동대	수능	가	자연	간호학과	790.7	1000	67.0	79.0	75.6	78.8	3.0
서울	연세대	일반	가	인문	간호학과(인문)	728.0	1010	99.0	95.0	78.5	88.0	1.0
서울	연세대	일반	가	자연	간호학과(자연)	707.3	1010	93.0	96.0	92.5	93.5	2.0
강원	연세대(미래)	일반		인문	간호학과(인문)	665.7	1010	76.0	80.0	86.5	80.8	2.0
강원	연세대(미래)	일반		자연	간호학과(자연)	661.3	1010	82.0	86.0	73.5	81.3	2.0
전북	예수대	일반		자연	간호학과	920.0	1000	57.0	72.0	61.0	76.0	4.0
전북	우석대	일반학생		자연	간호학과	311.4	346	47.0	48.0	72.0	17.7	4.0
전북	우석대	농어촌학생		자연	간호학과	289.8	290	49.0	79.0	46.0	58.0	4.0
대전	우송대	일반		자연	간호학과	189.0	184					
울산	울산대	수능	나	자연	간호학과	863.0	915	71.0	82.0	88.0	80.3	3.0
전북	원광대	일반	가	자연	간호학과	439.0	449	67.0	64.0	79.0	72.3	3.0
경북	위덕대	일반	나	자연	간호학과	6.3						
충북	유원대	수능위주	가	자연	간호학과	910.0	1000	44.0	42.0	84.0	44.7	2.0
경기	을지대(성남)	일반전형 I	가	자연	간호학과(성남)	858.0	900	71.0	90.0	72.5	77.8	2.0
경기	을지대(성남)	일반전형 II	가	자연	간호학과(성남)	932.5	1000	82.0	62.0	91.5	78.5	2.0
경기	을지대(성남)	일반전형 II	나	자연	간호학과(의정부)	942.5	1000	87.0	54.0	93.5	78.2	2.0

지역	대학	전형명	모집군	계열	모집단위	대학별 환산점수		영역별 70% cut				
						70% cut	최고점(수능)	국어	수학	탐구	평균	영어
								백분위				등급
경기	을지대(성남)	일반전형 I	나	자연	간호학과(의정부)	775.0	900	53.0	79.0	66.5	66.2	1.0
서울	이화여대	수능	나	인문	간호학과(인문·자연)	910.2	1010	93.0	84.0	85.5	89.2	2.0
경남	인제대	수능	가	자연	간호학과	483.0	499	78.0	72.0	68.0	74.8	2.0
경기	인천가톨릭대	일반	다	자연	간호학과	820.6	1000	76.0	84.0	65.5	72.7	2.0
인천	인하대	일반	나	인문	간호학과(인문)	897.5	1000	91.0	84.0	72.5	83.5	2.0
인천	인하대	일반	나	자연	간호학과(자연)	904.9	1000	82.0	84.0	65.5	81.3	2.0
광주	전남대	일반	가	자연	간호학과	870.9	1000	78.0	82.0	82.0	81.8	2.0
광주	전남대	지역인재	가	자연	간호학과	860.4	1000	80.0	87.0	72.0	79.5	2.0
전북	전북대	일반	나	자연	간호학과	325.6	341	76.0	90.0	56.0	74.0	
전북	전주대	일반학생	다	자연	간호학과	698.6	1000	57.0	41.0	59.5	60.7	2.0
제주	제주대	일반학생	다	자연	간호학과	805.5	1000	71.0	74.0	72.5	75.1	3.0
광주	조선대	일반	가	자연	간호학과	657.3	800	82.0	61.0	95.0	79.3	
서울	중앙대	일반	다	자연	간호학과(인문)	750.2	1000	94.0	91.0	76.6	88.2	2.0
서울	중앙대	일반	다	자연	간호학과(자연)	748.7	1000	78.0	95.0	88.6	88.2	2.0
충북	중원대	일반전형 I	가	자연	간호학과	690.1	1000					
경기	차의과학대	일반	나	자연	간호학과	88.7	100	84.0	77.0	84.0	82.0	2.0
경남	창신대	일반학생	가	자연	간호학과	446.0	500	61.0	83.0	35.0	59.7	4.0
경남	창원대	일반	가	자연	간호학과	634.8	668	76.0	69.0	61.5	68.8	3.0
충남	청운대	일반	가	자연	간호학과	377.0	396	88.0	69.0	49.0	70.7	
충북	청주대	일반	다	자연	간호학과	810.0	1000	75.0	53.0	56.5	61.5	3.0
전남	초당대	일반	다	자연	간호학과	416.1	600	45.0	56.0	54.0	69.3	3.0
대전	충남대	일반	가	자연	간호학과	184.7	300	74.6	85.6	76.5	80.8	2.0
대전	충남대	지역인재	가	자연	간호학과	181.5	300	77.4	81.4	66.1	77.5	3.0
충북	충북대	일반	나	자연	간호학과	964.3	1000	65.0	84.0	61.5	70.2	1.0
충북	충북대	지역인재	나	자연	간호학과	962.8	1000	59.0	86.0	83.5	76.2	5.0
충북	한국교통대	일반	나	자연	간호학과	740.0	1000	67.0	62.0	62.0	69.5	3.0

지역	대학	전형명	모집군	계열	모집단위	대학별 환산점수 70% cut	대학별 환산점수 최고점(수능)	국어 백분위	수학 백분위	탐구 백분위	평균 백분위	영어 등급
서울	한국성서대	일반학생	다	자연	간호학과	612.0	700				77.6	2.5
대전	한남대	일반	가	자연	간호학과	232.9	300	61.0	67.0	60.5	64.8	3.0
강원	한림대	일반	나	자연	간호학과	832.2	1000	59.0	80.0	59.9	70.2	2.0
충남	한서대	일반	다	자연	간호학과	417.0	500	84.0	31.0	75.0	63.3	3.0
경기	한세대	일반	가	자연	간호학과	864.4	1000	82.0	82.0	79.0	77.0	3.0
서울	한양대	기군	가	자연	간호학과	913.3	1000	80.0	96.0	89.0	90.0	2.0
전북	한일장신대	일반학생	나	자연	간호학과	874.7	1000	34.0	47.0	35.0	38.0	4.0
광주	호남대	일반학생	나	자연	간호학과	242.0	400	47.0	48.0	41.0	45.3	3.0
충남	호서대	수능	가	자연	간호학과	795.5	1000	47.0	45.0	65.5	62.3	3.0
충남	호서대	기초생활수급자및차상위계층	가	자연	간호학과	615.0	1000	37.0	44.0	44.5	31.0	4.0
충남	호서대	농어촌학생	가	자연	간호학과	668.0	1000	84.0	53.0	49.5	56.5	4.0
전북	호원대	일반	나	자연	간호학과	540.0	600					4.0

CHAPTER 03 경쟁률

1 | 간호학과 일반대학 수시모집 경쟁률 [2023학년도]

지역	대학명	교과전형	경쟁률	인하참인재종합전형	경쟁률	논술전형	경쟁률
서울	가톨릭대	지역균형	15.64	학교장추천	12.56	논술	29.33
서울	경희대	지역균형(인문)	6	네오르네상스	16.22	논술우수자	91.25
서울	경희대	지역균형(자연)	6.29	네오르네상스	21.11	논술우수자	76.75
서울	고려대	학교추천	13.56	학업우수형	16.46		
서울	고려대			계열적합형	14.33		
서울	삼육대	일반	15.1	세움인재	21.13		
서울	삼육대	학생부교과우수자	30				
서울	서울대			일반	6.56		
서울	서울대			지역균형	3.31		
서울	성신여대	지역균형(인문)	5.33	학교생활우수자	7.59	논술우수자(인문)	64.2
서울	성신여대	지역균형(자연)	8.57	자기주도인재		논술우수자(자연)	33.17
서울	연세대	추천형	6.6	활동우수형	4.88	논술	
서울	이화여대	고교추천	3.83	미래인재(인문)	10	논술	59.25
서울	이화여대			미래인재(자연)	13.17		
서울	중앙대	지역균형(인문)	9.08	다빈치인재(인문)	9.69	논술(인문)	66.46
서울	중앙대	지역균형(자연)	6.88	다빈치인재(자연)	12.94	논술(자연)	38.25
서울	중앙대			탐구형인재(인문)	11.85		
서울	중앙대			탐구형인재(자연)	10.94		

지역	대학명	교과전형	경쟁률	인하참인재종합전형	경쟁률	논술전형	경쟁률
서울	강서대	일반학생	20.94				
서울	한국성서대	일반학생	20.4				
서울	한국성서대	교과성적우수자	41				
인천	가천대	학생부우수자	7.31	가천바람개비	16.81	논술	38.18
인천	가천대	지역균형	31.74				
인천	인천가톨릭대	학교생활우수자	5.15				
인천	인하대	지역균형(자연)	10	인하미래인재	27.81	논술우수자(자연)	46.33
인천	인하대			인하참인재	10.5		
경기	대진대	학교장추천	7.29	윈윈대진	7.93		
경기	대진대	학생부우수자	16.37				
경기	수원대	지역균형선발	47.5			교과논술	65.6
경기	수원대	면접위주교과	15.6				
경기	수원대	교과우수	19.43				
경기	화성의과학대	일반	9.48				
경기	신한대	학생부우수자 I	18.6	신한국인	16.94		
경기	신한대	학생부우수자 II	13.5				
경기	신한대	일반	17.58				
경기	아주대	고교추천	18.86	ACE전형	14.72		
경기	을지대(의정부)	교과면접우수자	9.78	EU자기추천	13		
경기	을지대(성남)	교과면접우수자	10.89	EU자기추천	13.13		
경기	을지대(의정부)	지역균형	6.5	EU미래인재	9.83		
경기	을지대(성남)	지역균형	10.94	EU미래인재	12.13		
경기	차의과학대	CHA학생부교과	33.6	CHA학생부종합	15.79		
경기	차의과학대	지역균형	7.63				
경기	한세대	일반	16.92				
경기	한세대	학생부우수자	4.65				
강원	가톨릭관동대	교과일반	8.5	CKU종합전형	7.13		
강원	강릉원주대(원주)	해람교과	5.27	해람인재	9.74		

지역	대학명	교과전형	경쟁률	인하참인재종합전형	경쟁률	논술전형	경쟁률
강원	강원대(춘천)	일반(인문)	50.25	미래인재(인문)	19.63		
강원	강원대(춘천)	일반(자연)	8.94	미래인재(자연)	19.63		
강원	강원대(삼척)	일반	6.43	미래인재	14		
강원	경동대	일반학생	3.84				
강원	경동대	자기추천제	3.88				
강원	상지대	일반 I	21.13	학생부종합	13.4		
강원	연세대(미래)	교과우수자	9.71	학교생활우수자	6.57	논술우수자(미래인재)	35
강원	연세대(미래)					논술우수자(미래인재)	27
강원	한림대	교과우수자	31.85	학교생활우수자	8.41		
대전	건양대	일반학생	12.38	학생부종합	20.5		
대전	대전대	교과면접	11.64	혜화인재	11.25		
대전	대전대	교과중점	7.9				
대전	배재대	교과100	6.54	서류100	9.23		
대전	배재대	일반고-교과100	7.53				
대전	우송대	일반 I	14	종합	27		
대전	우송대	일반 II	25.72	종합	16.08		
대전	우송대	자기추천	19				
대전	충남대	일반	7.55	PRISM인재	13.08		
충남	한남대	일반	6.1	한남인재	13.33		
충남	공주대	일반	6.81	일반	26.63		
충남	나사렛대	일반학생	26.83	청의융합인재	12.25		
충남	남서울대	교과+면접	91.29	면접형	36		
충남	단국대(천안)	학생부교과우수자	6.75	DKU인재	10.6		
충남	백석대	일반	6.33	백석인재	12.79		
충남	백석대			창의인재	17.1		
충남	상명대(천안)	학생부교과	5.27	상명인재	24.8		
충남	선문대	일반학생	5.73	서류	10.83		
충남	선문대			면접	11.2		

지역	대학명	교과전형	경쟁률	인하참인재종합전형	경쟁률	논술전형	경쟁률
충남	순천향대	교과우수자	8.8	일반학생	31.5		
충남	중부대	학교생활우수자	11.93				
충남	중부대	학생부우수자	7.03				
충남	청운대	일반	13.3				
충남	한서대	학생부교과1	43.33	융합인재	8.56		
충남	한서대	학생부교과2	14.33				
충남	한서대	한서인재	6.18				
충남	호서대	학생부	14.88	호서인재	7.36		
충북	건국대(글로컬)	학생부교과	5.9	Cogito자기추천	8.55		
충북	극동대	일반학생	3.96				
충북	극동대	교과우수자	6.69				
충북	가톨릭꽃동네대	일반학생	13.89				
충북	가톨릭꽃동네대	휴먼리더	9.5				
충북	세명대	일반	18.13	학생부종합	25.67		
충북	세명대	면접	30.53				
충북	유원대	유원면접	14				
충북	중원대	일반 I					
충북	중원대	일반 II	5.83				
충북	청주대	일반	6.08				
충북	청주대	창의면접	11.61				
충북	충북대	학생부교과	16.08	학생부종합 I	13.78		
충북	충북대			학생부종합 II	21.8		
충북	국립한국교통대	일반 I	5.28	나비인재	7.74		
충북	국립한국교통대	일반 II	6				
전북	국립군산대	일반	12.25	새만금인재	18.9		
전북	예수대	일반	6.12				
전북	우석대	일반학생(면접중심)	8.1				
전북	우석대	일반학생(교과중심)	9.05				

지역	대학명	교과전형	경쟁률	인하참인재종합전형	경쟁률	논술전형	경쟁률
전북	원광대			서류면접	7.03		
전북	전북대	일반학생	12.63	큰사람	27.2		
전북	전주대	일반학생	9.06	일반학생	13.41		
전북	한일장신대	일반학생	2.62				
전북	호원대	일반	12.54				
광주	광주대		5.74				
광주	광주여대	일반학생전형 II	6.58				
광주	남부대	일반학생전형	5.55				
광주	송원대	일반고	9.2				
광주	송원대	일반	9.3				
광주	전남대	일반	13.8	고교생활우수자 I	9.75		
광주	조선대	일반	25.38	일반	21.4		
광주	호남대	일반학생	7.84				
광주	호남대	일반고	8.38				
전남	동신대	일반	6.1				
전남	목포가톨릭대	일반학생	4.06				
전남	국립목포대	교과일반	30.5	종합일반	9.71		
전남	세한대	일반학생	5.64				
전남	국립순천대	전국인재	12.08	일반학생	16.64		
전남	초당대	일반	6.03				
전남	초당대	일반계고교출신자	5.7				
대구	경북대	교과우수자	8.25	일반학생	15.1	논술(AAT)	41.77
대구	계명대	일반	6.11	일반	14.35		
경북	경운대	교과	7.5	창의인재	8.65		
경북	경운대	면접	15.13				
경북	경일대	일반전형	8	학생부종합	17.19		
경북	경일대	면접전형	13.31				
경북	경주대	면접전형	2.71				

간호대학 진로 진학 특강

지역	대학명	교과전형	경쟁률	인하참인재종합전형	경쟁률	논술전형	경쟁률
경북	김천대	일반교과	8.16				
경북	김천대	일반면접	5.93				
경북	대구가톨릭대	교과우수자	9.14	종합인재	29.43		
경북	대구대	일반	16.9	서류	10.05		
경북	대구대			서류면접	12.2		
경북	대구한의대	일반	13.1	일반	17		
경북	대구한의대	면접					
경북	동국대(WISE)	교과	15.29	참사람	21.3		
경북	동양대	일반	7.4				
경북	국립안동대	일반학생	6.09	ANU인재	28.38		
경북	위덕대	학생부교과	5.85				
부산	경성대	일반계고교과	9.05	학교생활우수자	33.7		
부산	고신대	일반고	8.38	자기추천자	21.43		
부산	동명대	일반고교과	10.23				
부산	동명대	일반학생(면접)	14.46				
부산	동서대	일반계교과	8.33	학생부종합	24.9		
부산	동서대	학생부면접	23.5				
부산	동아대	교과성적우수자	10.3	잠재능력우수자	49.8		
부산	동아대			학교생활우수자	36.83		
부산	동의대	일반고교과	6.93	학교생활우수자(면접)	21.33		
부산	부경대	교과성적우수인재	9.2	학교생활우수인재	23.4		
부산	부산가톨릭대	교과성적우수자	11.61	자기추천자	32.5		
부산	부산가톨릭대	고교학생부	16.44				
부산	부산대	학생부교과	9	학생부종합	15	논술	38.5
부산	신라대	일반고교과	11.34	학교생활종합	30.67		
부산	신라대	면접우수자	21.38				
울산	울산대	학생부교과	8.11	학생부종합	11.74		
경남	가야대	일반학생	12.2				

지역	대학명	교과전형	경쟁률	인하참인재종합전형	경쟁률	논술전형	경쟁률
경남	가야대	인문계고 출신자	8.4				
경남	경남대	일반	6.96				
경남	경남대	한마인재면접	9.28				
경남	경상국립대	일반	6.4	일반	12.3		
경남	영산대	일반계고교과	9.55				
경남	영산대	면접	21.42				
경남	영산대	교과	25.5				
경남	인제대	간호	7.9				
경남	창신대	일반계고교	8.13				
경남	창신대	창신인재추천	7.17				
경남	창원대	학업성적우수자	27.92	계열적합인재	16.29		
제주	제주대	일반학생	11.08	일반학생	20.14		

간호대학 진로 진학 특강

부록

CHAPTER 01

합격자 인터뷰

■ 성명, 재학 중인 대학교, 출신 고등학교

○○○, 가톨릭대학교, 고양시 대화고등학교

소논문과 교내대회 준비하며, 간호사라는 꿈 구체화

○○ 학생은 수시 학종을 목표로 진로 희망학과에 진학하기 위해 성적과 비교과 활동을 꾸준히 관리했다. 전 과목 학교 내신은 1.91이며 지원 학과 모두 수능 최저가 없었기에 수능은 치르지 않았다. 서울대, 중앙대, 가톨릭대, 가천대, 성신여대, 차의과대, 서울여자간호대까지 7개 대학 모두 간호학과를 지원했다. 이중 서울대와 가천대를 제외한 5개 대학에 합격했고, 가톨릭대학교를 최종 선택했다.

고교 시절 가장 염두에 둔 활동으로는 클러스터 교육과정인 '사회과제연구'를 꼽았다. 진로계열이 비슷한 친구와 함께 팀을 이뤄 '현대 의료사회에서 간호사 호칭 문제가 직업 만족도에 미치는 영향'을 제목으로 소논문을 1년에 걸쳐 작성했다. 이 과정에서 대학병원에서 근무하는 간호사, 퇴직 간호사, 개인병원 간호사 등을 직접 만나 심층 인터뷰를 진행했다. 환자를 늘 대해야 하는 간호사의 힘든 점은 무엇인지, 또 현대 의료사회의 다양한 문제점에 대해 이야기를 들었다. 직접 뛰어다니며 자신의 희망 진로인 간호사를 만나 완성한 연구결과라 무척 뿌듯했다고 한다. 교내 대회인 'TED talk 대회' 참가 경험은 자신의 진로를 한 번 더 깊이 성찰해보는 계기가 됐다고 한다. 친구들 앞에서 PPT 자료를 보여주며 꿈에 대해 발표하는 대회였는데, 꿈을 위해 지금까지 노력해온 과정을 스토리텔링으로 서술해 수상을 했다. 질병으로 고통받는 아이를 도울 수 있는 소아청소년과 간호사가 되고 싶다는 꿈을 구체화하게 된 의미 있는 시간으로 기억했다.

수행평가 시 희망 진로 드러내려 노력

학종을 목표로 할 경우 학생부 관리는 필수다. 수정 학생은 특히 교과 세특 관리에 공을 들였는데 스트레스 받지 않으면서 세특을 관리하는 노하우를 다음과 같이 전했다. "세특을 위한 진로 탐구활동과 수행평가를 별개의 것으로 생각해선 안 된다"며 "수행평가를 준비하기 전에 수행평가에서 어떤 방향으로 내 진로를 드러낼 수 있을지 소재를 정하는 것이 중요하다"고 말했다. 일예로 생활과 윤리 시간에 '뇌사의 판정 기준 논쟁'에 대한 수행평가 공지가 나왔다면 수행평가 시 뇌사의 기준에 대해 정확하게 서술하고, 뇌사에 대해 더 자세히 알아본 후 '뇌사와 식물인간의 차이'라는 주제의 자료를 제작해 발표하는 것이다. 그러면 이 내용과 과정을 세특으로 기록할 수 있게 된다. 과목별 발표 때도 큰 틀의 주제는 제시되지만 세부 발표주제는 스스로 정하는 경우가 많다. 이때 수업시간에 배운 주제를 더 연구하고 희망 전공을 드러내 발표할 수 있는 기회로 삼아야 한다고 조언했다. 세특 관리의 또 다른 노하우로 수업 시간의 태도가 중요하다고 덧붙였다. 12년간 수업 시간에 단 한 번도 졸아본 적이 없다고 강조하며, 수업에 집중하고 선생님의 질문에 대답하며 열정적으로 수업에 참여하고자 노력했는데, 이런 과정과 자세가 모두 세특에 잘 반영됐다고 한다.

'개념에 충실하자' 자신만의 공부법 실천

모든 공부의 기본은 개념이다. 하지만 문제 풀이에 급급하다 보면 개념의 중요성을 놓치게 될 때가 많다. 수정 학생은 '개념에 충실하자'라는 자신만의 공부법을 실천했다. '개념을 알아야 문제도 오개념 없이 정확하게 풀 수 있다'라는 생각을 항상 마음에 담아두며 공부했다. 보통 시험 한 달 전부터 본격적인 내신 대비를 시작했다. 수업 시간에 과목마다 꼼꼼하게 선생님의 설명을 필기했고, 필기 내용과 나눠준 보충자료(프린트물)를 모두 암기했다. 암기할 땐 예시를 위주로 했는데 예시를 떠올리면 개념을 쉽게 유추해낼 수 있는 힘이 생기고, 예시가 시험문제로 출제되는 경우가 많아 도움이 됐다. 수학은 한 학기 정도의 분량을 사전 예습하고, 문제집 한 권을 독파한다는 마음으로 공부했다. 시험을 앞두고선 독파하고 있던 문제집과 보충자료를 5번씩 풀었다. 여러 권의 문제집을 풀기보다 한권의 문제집을 반복해 푸는 것이 더 효율적인데, 같은 문제집을 여러 번 풀다 보면 내가 어느 부분이 부족한지를 명확하게 파악할 수 있게 된다. 학기 중엔 주로 내신 공부에만 전념했고, 평균적으로 주중 6시간, 주말 8시간 정도를 공부했다. 하루 공부는 좋아하는 영어 과목부터 시작해서 빠르게 할 수 있는 최대한의 것들을 빨리 끝낸 후 취약 과목에 시간을 쏟아부었다. 취약 과목부터 시작해 시간이 지체될 경우 잘하는 과목까지 공부하지 못하게 될 수 있어 시간 분배를 세심히 했다. 취약 과목인 수학은 쉬는 시간 10분마다 3문제 풀기를 목표로 했다. 문제를 빨리 해결하지 못하는 단점을 극복하고자 쉬는 시간처럼 제한된 시간에 빠르게 해결책을 생각하며 수학 능력을 향상시키고자 했다. 어려운 문제일 경우 1문제를 제대로 고민해보기 위해 시간을 넉넉히 잡았고, '하루에 항상 3시간 이상 수학 공부하기'라는 목표를 세우고 이를 실천했다.

자신이 꿈꾸는 진로 향해 소신껏 나아가길

고3 수험생으로 살아가는 시간은 힘든 시기인 만큼 부정적인 생각도 쉽게 찾아온다. 수정 학생은 1, 2학년 때보다 더 열심히 공부했으나 성적이 떨어지기도 했고, 2등급 받던 과목이 4등급이 되는 경험을 했다. 하지만 이때 부정적인 감정에 사로잡히지 않는 것이 중요하다고 조언한다. 무엇보다 성적이 내 인생의 등급을 의미하는 것은 아니므로 성적이 떨어지면 속상할 수 있지만, 그로 인해 부정적인 생각에 사로잡히지 말기를 당부했다. 고3 때 수정 학생은 '굳이 힘들다는 간호사를 왜 하려 하냐' '체력도 약한 사람이 간호사를 어떻게 하냐' 같은 이야기를 자주 들었다. 하지만 흔들리지 않고 자신의 소신대로 나아갔다. "타인의 조언에 휩쓸리지 말고 내가 꿈꾸는 진로를 향해 나아가는 것이 중요해요. 미래에 다른 진로를 선택하게 될지라도 내가 꿈꾸던 것을 경험해본 후에 진로를 변경해도 늦지 않다고 생각합니다. 후배님들도 자신의 길을 당당하게 개척해 나아가길 바랍니다."

■ 성명, 재학 중인 대학교, 출신 고등학교

○○○, 한국성서대학교, 고양시 대화고등학교

학교생활을 하면서

저는 간호학과 진학을 위해 수강했던 '경기 꿈의 대학' 간호학 수업, 학교에서 개설한 '주문형 강좌' 보건 수업이 간호학 진로 설정에 큰 도움이 됐습니다. 또한 3년간 배운 교과 시간에 진로 관련한 발표, 주제 융합 발표에도 성실히 참여했습니다. 이를 통해 간호학에 관해 자세히 배웠으며, 발표 준비를 통해 여러 이슈를 찾아봤습니다. 발표를 위해 조사한 예를 들면 감염 원리, 주사법, 약물 오용, 병원 쓰레기로 인한 환경오염, 기후변화로 인해 증가하는 질병의 종류와 간호사의 역할, PA간호사이슈, 줄기세포 이슈 등이 있습니다. 종합전형이 아니더라도 간호학과를 준비한다면 주문형 강좌나 경기 꿈의 대학과 같은 강의를 듣는 것이 좋다고 생각합니다. 인문계 학생의 경우 과학을 안 배우기 때문에 주제 융합 발표 때 사회적 이슈를 다루는 것도 좋습니다. 왜냐하면 간호대학은 교과전형도 대부분 면접이 있어서 종합전형을 준비하지 않는다고 해도 학교에서 하는 여러 활동들을 하면 면접 답변을 할 때 수월해지기 때문입니다.

면접은

만약 대학교에서 예상 면접 질문을 준다면 그것에 답변을 달고 완벽하게 준비해야 하며, 예상 면접 질문을 주지 않으면 몇 년간 기출문제를 뽑아서 연습해야 합니다. 많은 질문에 답변하며 연습해 갈수록 실제 면접실에서 생소한 질문을 만나더라도 그동안 연습한 답변 중 여러 개를 섞어가며 답변할 수 있게 됩니다. 또한 몇 년간 기출문제를 풀다 보면 공통된 면접 질문을 알게 될 수 있습니다. 저는 한국성서대의 11년간 면접 기출문제를 찾아서 공부했고 그것을 통해 학교 인재상에 관한 질문과 학교 활동에 성실히 참여할 것이냐는 질문이 매년 나오는 것을 알게 됐고 실제 면접 볼 때 물론 변형되긴 하였지만 두 질문이 모두 나왔습니다. 특히, 한국성서대학교는 학생들의 점수의 차이가 많이 없고 똑같은 점수로 계산되는 학생들이 많아서 면접이 매우 중요하다고 느꼈습니다. 면접준비 시간과 실력은 비례한다고 생각해 많은 질문에 명확한 답변을 하고 버벅대지 않으며 말하기 등 많은 준비하는 것이 중요하다고 생각합니다.

교과 공부는

비록 좋은 성적을 얻지 못했지만 간호대학 준비를 하면서 간호학과는 어느 대학이든지 등급 컷이 높아서 적어도 2점대 중후반은 맞아야 그나마 괜찮은 간호대학을 갈 수 있습니다. 따라서 먼저 좋은 내신 성적을 받는 것이 좋은 간호대학을 갈 수 있는 지름길입니다.

시사이슈

CHAPTER
02

기술 · 과학 · 정보 · 환경

희토류, 드론, 로봇세 부과 주장 타당하나, 노벨과학상 수상자, 4대강 녹조(녹조 라떼), 라돈침대와 방사선, 중력파, 원전 폐기 공론화 위원회, 탈(脫)원전과 비핵화, 정부의 탈원자력 정책은 옳은 방향인가, 대체에너지, 폭염, 기상이변, 지구온난화(교토의정서), 포항 지진 공포 국내는 안전한가, 화산 폭발 국내는 안전한가, 지열 발전, 인공지능(AI), 인공지능 스피커/리모컨, 5G(5세대 이동통신) 상용화, 자율주행자동차/무인자동차 시대의 도래와 윤리적 딜레마, 햄버거병(용혈성 요독 증후군), 카페 일회용컵 규제(머그컵 사용), 옥시 가습기 살균제 사건, 살충제 달걀, 지속가능한 개발 가능한가, 축전지 개발(칼륨 이온 전지, 마그네슘 이온 전지 등), 랜섬웨어, GMO(유전자 변형 생물), 암 게놈 의학(분자 표적 치료제), 게놈 혁명, 유전자 가위(크리스퍼 CRISPR-Cas9), iPSC (유도만능줄기세포, 역분화줄기세포), 오가노이드, 온도와 촉각수용체 발견, 유전자 조작 연구 규제, 인간 배아 연구, 과학자의 가치중립성, 유전자 교정과 윤리, 유전자 편집 아기(맞춤 아기), 홍역의 역습, 질량 단위 재정의, HTTPS 차단 논란, 디지털 포렌식, 태양탐사선 파커, 중국의 우주굴기, 남극 빙하 연구, 보호무역주의(미국과 중국 사이에 놓인 IT기술), 소외지역에 고속 데이터 통신망 설치와 컴퓨터 교육, 클라우드, 중국 폐기물 수입 규제 확대, AI반도체 도입, 남북 ICT교류, 친환경 ICT, 스마트 디바이스 혁신, VOD 서비스, 구글에 지도반출 허용해야 하나, 쓰레기봉투 실명제 필요한가, 무인점포 증가, 무인자동주문기 '키오스크' 확산, ASMR(자율 감각 쾌락 반응), 백색소음(White noise), 코로나19 확진자 동선 추적 조사(국민 알 권리/감염병 확산 방지 효과/선제 대응 vs 인권 침해/사생활 침해), 팬데믹(Pandemic), 독감백신 상온 노출, 2019년 WHO '게임 중독'을 새로운 질병으로 등록, 아프리카돼지열병(ASF) 발병, 조류 인플루엔자(AI) 발병 증가, 틱톡(TikTOK), 성범죄자알림e, 디지털교도소(국민 알 권리/성범죄 경종 vs 사적제재/인권침해/무고한 피해자), CTO(최고기술책임자), 메모리/비메모리/시스템 반도체, 이미지 센서, 전고체 배터리, 2차 전지 배터리, 화학전지, 수소전지, 태양전지, COVID-19 Virus, 코로나 팬데믹과 백신 기술, 코로나 블루, 포스트 코로나/위드 코로나 시대의 장단점, 사회적 거리두기, 집단 면역/면역 우산, PCR 검사, K-방역, 코로나 백신 부스터샷, G7 코로나 백신 저소득 국가에 기부, 백신여권, 코로나19로 중국인 입국 금지 논란, 코로나 불평등, 오미크론 변이, 델타 변이, 코로나 변이 추적, 탄소 중립(넷 제로), 탄소발자국, 탄소세, 탄소국경세, 바이오 에너지, 디지털 트윈, 반도체 '꿈의 신소재'로 불리는 '그래핀' 세계 최초 제작, OTT, 시스템 다이내믹스, GIS(Geographic Information System), 순수 국산 기술로 만든 우주선, '누리호'가 나로우주센터에서 발사, 동물실험 윤리적 찬반, 알고리즘 활용 광고의 장단점, 사회적 거리두기로 인한 쓰레기 배출량 증가, 디지털시대의 독서 유용성, 후성유전학/후성유전체, 계면활성제, 핀테크, 케이블카 설치 찬반, 미세먼지 재난, 2019년 '미세먼지 특별법' 시행, 황사, 미세플라스틱 문제, 생분해성 플라스틱, 요소수 사태, 기후변화와 전기자동차/수소전기자동차 개발, DNA와 미래 과학 기술, 석탄 화력발전소 폐기 찬반, 에코투어리즘, 슬로우시티, 그린시티, 장기기증 옵트인(OPT-IN)-옵트아웃 (OPT-OUT) 찬반, 알파고와 이세돌, 알파고→알파고제로→알파제로, 메타버스(Metaverse), 메타버스 플랫폼-제페토(ZEPETO), 게더타운(Gather town), 이프랜드(ifriend), 4차 산업혁명, 가상현실(VR, 가상 100%), 증강현실(AR, 가상 50%+현실 50%), 사물인터넷(IoT), Reback=Re100(Renewable Electricity 100%) 기업이 사용하는 에너지의 100%를 2050년까지 태양, 풍력 에너지와 같은 재생에너지로 충당하겠다고 약속하는 글로벌 캠페인, 재생 에너지(Renewable energy)=대체 에너지, 유전자 제거(녹아웃, gene knockout, KO), 국산 로켓 탑재한 첫 인공위성 발사, 1회용컵 보증금제도, 약물오남용, 엘니뇨, 라니냐, 초대형 태풍 진화, 다음·카카오 먹통 사태, 플로깅, 네옴시티 더 라인(THE LINE) 프로젝트

법 · 행정 · 정치 · 외교 · 국방

사드 배치와 북한·중국과 외교 마찰, 북한 핵·미사일 도발, 한국도 핵무장해야 하나, 남·북 정상회담, 남·북·미 정상회담, 전시작전권 환수 논쟁, 핵·WMD 대응체계(←한국형 3축 체계), NLL 논란, 한·일 군사정보보호협정(GSOMIA·지소미아) 파기 결정, 한일 군사 갈등 심화, 일본 제품 불매 운동, 일본의 화이트 리스트에서 한국 제외, 일본의 독도·위안부 문제 등 역사왜곡, 베를린 소녀상 전시 중단 논란, 동북공정(고구려, 발해), 서북공정(위구르), 서남공정(티베트), 위안부 배상 문제, 일본의 독도 영유권 주장, 중국의 일대일로(One belt, One road), 중국의 신장 위구르 인권 탄압, 주한 미군 방위비 인상 논쟁, PC(Political Correctness), 검찰 개혁, 패스트트랙(Fast track, 신속처리안건), 조국 법무장관 임명, 국회의원 정원 감축, 청탁금지법(김영란법), 박근혜 전 대통령 탄핵, 착한 사마리아인의 법, 포퓰리즘(대중주의, 인기영합주의), 음주 운전 단속 및 처벌 강화, 윤창호법, 교수·학자들의 정치 참여(폴리페서), 나이 계산 '만 나이'로 바꿔야 하나, 복면금지법 찬반 논란, 24세 이하 술광고 금지 바람직한가, 전직 대법관 변호사 개업 막아야 하나(전관예우), 간통제 폐지 찬반, 블랙리스트 vs 화이트리스트, 흉악범 공소시효 연장 찬반 논쟁, 강력범죄 피의자 공개 소환 전면 폐지/강력범죄 피의자 신상 공개(국민의 알 권리 vs 인권 침해), 2019년 직장 내 괴롭힘 방지법 시행, 미얀마 쿠데타, 브렉시트(Brexit), 촉법소년 나이 인상 논쟁/소년범의 증가와 소년법 폐지 논란/만 19세 미만 소년 범죄 처벌 강화해야 하나(법의 형평성 vs 처벌만능주의), 만 18세 선거권의 연령 낮춰야 하나, 아프가니스탄 미군 철수와 탈레반 여성 인권 탄압(부르카 착용), 위안부 문제와 '피해자 중심주의', 차별금지법 찬반, 고위공직자범죄수사처(공수처) 출범, 중대재해처벌법, 국토보유세, N번방 방지법, 수술실 CCTV 설치 의무화법 국회 통과/수술실 CCTV 설치(의사의 인권 vs 환자의 알 권리), 어린이집 CCTV 설치(교사의 인권 vs 학부모의 알 권리), 탈모약 건강보험 적용, 반려동물 건강보험/보유세 도입, 청소년 게임 셧다운제 폐지 후 보호자·자녀 자율 시간선택제로 변화(인권 침해 vs 청소년 건강권), 코로나 백신 접종 거부(안정성 미검증/백신 부작용/개인의 선택/기본권 제한/신체의 자기결정권 vs 국민 안전·국민건강권 차원의 공익/적극적인 미접종자 보호 정책/의료체계 붕괴 예방/선진국의 높은 백신 접종률), 방역·백신패스제(안정성 미검증/백신 부작용/개인의 선택/기본권 제한/신체의 자기결정권/사회적 왕따 유발 vs 국민 안전·국민건강권 차원의 공익/적극적인 미접종자 보호 정책/의료체계 붕괴 예방/독일, 프랑스, 이탈리아 등도 방역패스 확대), 청소년 방역·백신패스제(학습권 침해/안정성 미검증/백신부작용/개인의 선택/기본권 제한/신체의 자기 결정권 vs 국민 안전·국민건강권 차원의 공익/적극적인 미접종자 보호 정책/의료체계 붕괴 예방/독일, 프랑스, 이탈리아 등도 방역 패스 확대), 도어스테핑(doorstepping, 출근길 약식 기자회견), 어공vs늘공, 경찰국 설치, 경찰대 폐지 논란, 러시아 우크라이나 전쟁, 아베 총리 총격 피살, 윤석열 대통령 취임, 대통령 집무실 청와대에서 용산으로 이전, 국군 장병 월급 인상 논쟁, 모병제 vs 징병제, 영국 엘리자베스 2세의 서거로 왕위 계승한 찰스 왕세자(찰스 3세), 군주제 폐지론, 파킨슨의 법칙, 피터의 법칙, 친족상도례, 여론조사의 오류, 출구조사의 오류, 노란봉투법, 매카시즘(McCarthyism), 공동체주의(마이클 샌델, 매킨 타이어), 전술핵 재배치

층간소음(이웃간 소통 단절 vs 부실공사), 온라인·오프라인 의사소통방식의 장단점, 뉴미디어, SNS(소셜 네트워크 서비스)의 장단점(소통 VS 가짜 뉴스), 튀니지 재스민 혁명(SNS혁명), 소셜 미디어의 영향, 1인 미디어 시대의 장단점, 레거시 미디어(Legacy Media), 드루킹, 여론조사의 함정, 출구조사의 오류, 양심적 병역거부, 대체복무제, 유승준 국민청원, 이공계 등 병역특례 폐지 찬반, 운동선수/순수예술인/BTS 병역특례 논쟁, 낙태 금지는 위헌(여성의/신체의 자기결정권 vs 생명존중/태아 생명권), 낙태죄에 대한 헌법재판소의 헌법불합치 결정, #me too, 페미니즘, 워마드, 일베, 미러링, 젠더프리 교육, 유치원 아동 학대, 이민정책 타당한가, 유럽 난민 수용, 제주도 예멘 난민 수용, 세월호 사건, 혼밥·혼술 혼자의 시대, 1인 가구 증가의 원인과 해결방안, 반려동물 안락사, 반려동물 공공화장장 필요한가, 안락사/존엄사 찬반 논쟁, 사형제 찬반 논쟁, 로스쿨 귀족학교인가, 퀴어 축제(성적 소수자 축제), 복장·두발 자율화, 숙명여고 시험지 유출, 고교상피제, 국정교과서 폐지, 우리말 파괴 현상 '신조어와 줄임말, 이모티콘 남용, 야민정음, 급식체, 잼민이(무개념 초등학생)', 먹방/유튜버/웹툰 열풍, SKY 캐슬 열풍과 학생부종합전형 공정성 논란, 한류의 원인과 지속가능한 발전방안, 데이트 폭력, 교과서 자유발행제 도입, 생존 수영 확대, 서술형 평가 증가, 2025년 특목고 일반 학교로 전환 찬반, 혁신학교 증가, 국제 바칼로레아(IB) 공교육 시범 도입, 문이과 통합교육, 2025년 고교학점제 도입, 코딩교육, 고교 내신성취평가 찬반, 미술품 대작(代作) 허용 찬반, 교내 휴대폰 사용 찬반, 야간자율학습 폐지 찬반, 교육감 직선제 폐지 찬반, 학제단축 필요한가, 대학 가을학기제 도입 옳은가, 특수학교 설립/화장터 유치와 님비(NIMBY) 현상, 핌피(PIMFY) 현상, 악플금지법 도입 논란, 고교 무상교육 2021년 전면시행, 보편적 교육복지(무상급식, 무상교육), 의사고시 거부 의대생 구제 논란(잘못된 정책 추진/정부에 의해 강요된 선택 vs 집단이기주의/특혜·특례), 젠더/페미니즘 갈등, 능력주의와 공정, 주52시간제, 최저임금 인상, ILO 핵심협약 비준, 고용보험 확대, 기초연금 인상, 건강보험 보장성 강화, 치매국가책임제, 가스라이팅, MZ세대의 특징, 가짜 뉴스 처벌 vs 표현의 자유, 기레기와 기자윤리, 의사표현의 자유 어디까지, 댓글의 익명성/익면성, 영화 기생충 칸 영화제와 아카데미를 석권, 기생충과 사회불평등, 미디어 리터러시(Media literacy)/디지털 리터러시(Digital literacy), 오징어 게임과 공정(평등), 무인키오스크 영업/QR 코드 결제 전용 가게 등 '현금 없는 사회'의 장단점, 반려동물로 인한 사고 발생 대처방안, 델파이 기법, K-POP 등 한류의 문제점과 보완점, Black Lives Matter 조지 플로이드 사건, 노년층의 디지털 소외 문제, 간호사 '태움' 문화, 특수학급 vs 통합학급, 문이과 통합교육, 문이과 통합 수능, 채식 급식, 대체 공휴일 확대 논란, 비대면 문화콘텐츠 확산, 코로나19로 청소년들의 인터넷/게임/스마트폰 사용 증가의 문제점, 코로나19로 의한 '원격교육(온라인교육)'의 문제/장단점, 블렌디드 러닝(Blended Learning, 혼합형학습)=온라인수업+오프라인수업, 플립러닝(Flipped Learning, 역전학습, 거꾸로학습)=온라인수업+오프라인수업, 언택트 시대의 도래, 에듀테크(Edutech), 노키즈존 찬반(→카이어트존, 노매너존), 키즈시즘(Kidscism), 레이시즘(Racism, 인종차별), 방탄소년단(BTS) 병역 특례(국위 선양 vs 병역 의무/형평성·공정성), BTS 열풍(버터 빌보드 1위), 포모증후군(소외 공포증)과 소셜미디어, 사이버 불링, 사이버 왕따, 학교폭력 증가, 아동·청소년 자살률 증가, 학생 체벌(교육의 한 방법 vs 인간의 존엄성), '자녀 징계권' 삭제하고 '체벌 금지' 신설 제안, 칭찬표(칭찬스티커) vs 벌점제, 2015 개정교육과정(과정중심평가), 인싸 vs 아싸, 상담에서 라포(Rapport) 형성하기, 저출산·고령화, 학령인구 감소, 다문화주의 vs 동화주의, 다문화교육 vs 한국어교육, 협오와 차별 대응 교육, 차별금지법, 만 5세 초등학교 입학 연령 하향, 젠트리피케이션(gentrification), 합계출산율 세계 최저 수준(0.81명), 오징어게임, BTS 등 K-콘텐츠 세계적 열풍, 엄카족, 학업성취도 자율평가 확대 논란, 이태원 핼러윈 참사, 워라벨 공공부조, 일본 경제 보복, 일본 제품 불매운동, 빅데이터, 사회적 기업, 기업의 사회적 책임과 기업윤리, 윤리경영, 윤리적 기업, AI 마케팅, SNS 마케팅, 스튜어드십 코드(Stewardship Code), 국민연금 고갈 논란, 담뱃값 인상/인하 찬반, 법인세 인상/인하 찬반, 종교인 과세 찬반, 프랜차이즈 갑질 논란, 비정규직 정규직 전환 찬반, 인천국제공항 비정규직 정규직 전환 찬반, 펀드 전성시대, 사모펀드, 복지 확대 축복인가 재앙인가, 빈곤은 누구의 탓인가, 자원의 저주/자원의 역설/풍요의 역설, 우버 택시 도입 논란, 카카오 업체와 택시업계의 '카풀' 논쟁, 경유/휘발유 값 인상, 내국인 카지노 허용해야 하나, 주류 온라인 판매 및 택배 금지 타당한가, 배기량 기준에 따른 자동차세 바꿔야하나, 도서정가제 필요한가, 정보의 비대칭성, 한일 양국 화이트 리스트 제외, 공정무역 찬반 논쟁, 시장 vs 정부, GDP(국내 총생산) 3만 달러 시대 진입, 기회비용, 매몰비용, 로렌츠 곡선, 지니 계수, 대체재(버스 vs 지하철)/보완재(컴퓨터 vs 소프트웨어), 합리적 의사결정, 브렉시트(Brexit, 영국의 유럽연합 탈퇴), 제주도 영리병원 도입 논란, 지하철 노년층 무임승차제 논란, 미·중 G2 무역전쟁, 공유지의 비극, 공유경제, 최저시급 인상(2019년 8350원 / 2020년 8,590원 / 2021년 8,720원 / 2022년 9,160원), 최저임금 보장, 파레토 법칙(20vs80) vs 롱테일 법칙(80vs20 / 역파레토 법칙), 원조의 딜레마, 인센티브 관광, 기본소득제 도입 논란(소득재분배/경제불평등 완화/경제 활성화/조세저항 완화 vs 막대한 재원/세금인상/노동의욕 저하/사회 생산성 저하), 지역화폐 지원 범위 논란, 재난지원금 지원 범위 논란(보편주의/보편적 복지 vs 선별주의/선별적 복지, 내수 시장 활성화/경제 부양책 vs 기본 소득 포퓰리즘), 비트코인, 가상화폐(암호화폐) 규제 정당한가, 블록체인 기술, MZ세대의 비트코인 열풍, 이더리움 열풍, 과도한 자영업자 비중 이대로 괜찮을까, 음식점 총량제, 임대차3법, 임대차보호법, 우주쓰레기의 문제점과 해결방안, 우주쓰레기와 공유지의 비극, 게임이론과 죄수의 딜레마, 종합부동산세(종부세) 논란 찬반, 디마케팅, 코즈 마케팅, ESG 경영, 달러환율 폭등, 기준금리인상, 영끌족, 가상화폐 시장 침체, 테라·루나 코인 폭락, 카피라이트(copyright)/저작권 보호 vs 카피레프트(copyleft)/공익 증진

COVID-19 Virus, 코로나19 팬데믹(Pandemic), 코로나19 확진자 동선 추적 조사(국민 알 권리/감염병 확산 방지 효과/선제 대응 vs 인권 침해/사생활 침해), 코로나 백신 기술, 코로나 블루, 포스트 코로나/위드 코로나 시대 장단점, 사회적 거리두기, 집단 면역/면역 우산, PCR 검사, K-방역, 코로나 백신 부스터샷, G7 코로나 백신 저소득 국가에 기부, 백신여권, 코로나19로 중국인 입국 금지 논란, 코로나 불평등, 오미크론 변이, 델타 변이, 코로나 변이 추적, 코로나19로 의한 '원격교육(온라인교육)'의 문제/장단점, 코로나 백신 접종 거부(안정성 미검증/백신 부작용/개인의 선택/기본권 제한/신체의 자기결정권 vs 국민 안전·국민건강권 차원의 공익/적극적인 미접종자 보호 정책/의료체계 붕괴 예방/선진국의 높은 백신 접종률), 방역·백신패스제(안정성 미검증/백신 부작용/개인의 선택/기본권 제한/신체의 자기결정권/사회적 왕따 유발 vs 국민 안전·국민건강권 차원의 공익/적극적인 미접종자 보호 정책/의료체계 붕괴 예방/독일, 프랑스, 이탈리아 등도 방역패스 확대), 청소년 방역·백신패스제(학습권 침해/안전성 미검증/백신부작용/개인의 선택/기본권 제한/신체의 자기 결정권 vs 국민 안전·국민건강권 차원의 공익/적극적인 미접종자 보호 정책/의료체계 붕괴 예방/독일, 프랑스, 이탈리아 등도 방역 패스 확대), 옥시 가습기 살균제 사건, 암 게놈 의학(분자 표적 치료제), 게놈 혁명, 유전자 가위, 유전자 조작 연구 규제, 인간 배아 연구, 과학자의 가치중립성, 유전자 교정과 윤리, 유전자 편집 아기(맞춤 아기), 홍역의 역습, 독감백신 상온 노출, 아프리카돼지열병(ASF) 발병, 조류 인플루엔자(AI) 발병 증가, 포모증후군(소외 공포증)과 소셜미디어, 사이버 불링, 사이버 왕따, 학교폭력 증가, 아동·청소년 자살률 증가, 상담에서 라포(Rapport) 형성하기, 저출산·고령화, 학령인구 감소, 다문화주의 vs

동화주의, 다문화교육 vs 한국어교육, 혐오와 차별 대응 교육, 차별금지법, 만 5세 초등학교 입학 연령 하향, 합계출산율 세계 최저 수준(0.81명), 워라벨, 동물실험 윤리적 찬반, 반려동물 건강보험/보유세 도입, 반려동물 안락사, 반려동물 공공화장장 필요한가, 반려동물로 인한 사고발생 대처방안, 후성유전학/후성유전체, 계면활성제, 미세먼지 재난, 2019년 '미세먼지 특별법' 시행, 황사, 미세플라스틱 문제, 생분해성 플라스틱, 요소수 사태, DNA와 미래 과학 기술, 에코투어리즘, 슬로우시티, 그린시티, 장기기증 옵트인(OPT-IN)-옵트아웃(OPT-OUT) 찬반, 유전자 제거(녹아웃, gene knockout, KO), 일회용컵 보증금제도, 약물오남용, 플로깅, 24세 이하 술광고 금지 바람직한가, 탈모약 건강보험 적용, 낙태 금지는 위헌(여성의/신체의 자기결정권 vs 생명존중/태아 생명권), 낙태죄에 대한 헌법재판소의 헌법불합치 결정, 가스라이팅, 2019년 WHO '게임 중독'을 새로운 질병으로 등록, 청소년 게임 셧다운제 폐지 후 보호자·자녀 자율 시간선택제로 변화(인권 침해 vs 청소년 건강권), 코로나19로 청소년들의 인터넷/게임/스마트폰 사용 증가 문제점, 의사파업, 의사고시 거부 의대생 구제 논란(잘못된 정책 추진/정부에 의해 강요된 선택 vs 집단이기주의/특혜·특례), 치매국가책임제, 수술실 CCTV 설치 의무화법 국회 통과/수술실 CCTV 설치(의사의 인권 vs 환자의 알 권리), DJ 정권 의약분업 실시, 문재인 케어(건강보험 보장성 강화 대책), 연명의료결정법, 포괄수가제, 서울·대형 병원 쏠림 현상, 공공부조, 제주도 영리병원 도입 논란, 간호사의 '임신순번제' 논란, 간호사 '태움' 문화, 2019년 직장 내 괴롭힘 방지법 시행, 최저임금 인상, 고용보험 확대, 기초연금 인상, 건강보험 보장성 강화, 원격진료, 공공간호사제도, 간호사 부족과 높은 이직률, 간호사 코로나 감염, 간호간병통합서비스, 인공지능 로봇의 치료·간호·간병, 스마트병원, 간호법 제정 논란, 심폐소생술(CPR)

모의면접 활동지

1 모의면접 문항 설계 양식

전형요소구분	학업역량		전공적합성		인성		발전가능성	
교과군	국어	영어	수학		사회	과학	그 외	
출제근거	항목							
	내용							
모의면접 출제문항								
평가기준	상							
	중							
	하							

[학업역량 모의면접 출제문항] - 국어교육학과 지원자 예시

전형요소구분	학업역량		전공적합성	인성		발전가능성
	○					
교과군	국어	영어	수학	사회	과학	그 외
	○					

출제근거	항목	세부능력 및 특기사항 / 1학년 1, 2학기 / 국어
	내용	장르 변용 과제 활동인 '아홉 컬레의 구두로 남은 사내(윤흥길)'의 후일담 창작 수행 평가에서 극갈래와 서사갈래의 특성을 이해하여 창의력 있는 대사와 지문으로 주제, 인물의 성격, 인물 간 갈등을 잘 표현하였고, 시나리오 용어를 적절하게 사용하여 긴 장감을 줌. 인터뷰 논술 수행평가 시 대본을 작성하여 인터뷰가 잘 이루어질 수 있도록 리더십을 발휘하여 진행하였고, '권 씨' 역을 맡아 정확한 논거를 제시하여 설득력 있게 인터뷰에 응함.
모의면접 출제문항		1. 극갈래와 서사갈래의 특성을 설명해보세요. 2. 알고 있는 시나리오 용어를 설명해보세요. 3. '아홉 컬레의 구두로 남은 사내' 인터뷰 활동에서 리더십을 발휘한 사례를 설명해 보세요. 4. 이 인터뷰 내용이 전공 선택에 영향을 끼친 바를 설명해보세요.
평가기준	상	
	중	
	하	

[전공적합성 출제문항] - 국어교육학과 지원자 예시

전형요소구분		학업역량	전공적합성		인성		발전가능성
			○				

교과군		국어	영어	수학	사회	과학	그 외
							○

출제근거	항목	세부능력 및 특기사항 / 2학년 1, 2학기 / 교육학
	내용	'가르친다는 것, 배운다는 것은 무엇인가?'라는 주제에 대해 쌍방향 실시간 화상 소그룹 토의 시 자신의 입장을 분명히 밝히고 친구들의 질문에 대해 타당한 이유와 근거를 바탕으로 답변하였으며, 고교생 입장에서 우리 교육 현실의 문제점과 원인을 찾아보고 핀란드 학교교육 정책에서 대안을 모색해보는 프레젠테이션 발표에서 설득력 있는 의견을 제시하여 친구들의 공감을 이끌어내고 지지를 받음. 교사의 설명에 경청하고 집중하여 교육 본질에 대한 의문이 생겼을 때 비판적인 질문을 제시하였으며, 우리 사회 문제를 교육학 원리나 개념과 연결하여 풀어봄으로써 온라인상 함께 소통하는 친구들에게 긍정적인 피드백을 받음. 본인이 평소 관심을 갖고 있던 교육학 분야의 관련 도서를 직접 선정하여 읽고 발제하는 독서토론에서 우리 교육이 지향할 바를 교육학 원리와 개념에 적용하여 탐구하고 적용해보려는 자세가 인상적임.

모의면접 출제문항	1. 쌍방향 실시간 화상 소그룹 토의 시 자신의 입장을 분명히 밝히고 친구들의 질문에 관해 본인이 답변한 이유와 근거를 설명해보세요. 2. 고교생 입장에서 우리 교육 현실의 문제점과 원인을 설명해보세요. 3. 핀란드 학교교육 정책에서 대안을 설명해보세요. 4. 우리 교육이 지향할 바를 교육학 원리와 개념에 적용하여 설명해보세요.

평가기준	상	
	중	
	하	

[인성 출제문항] - 국어교육학과 지원자 예시

전형요소구분	학업역량		전공적합성		인성		발전가능성
					○		

교과군	국어	영어	수학	사회	과학	그 외
						○

출제근거	항목	창의적체험활동상황 / 2학년 1, 2학기 / 동아리활동
	내용	동아리의 차장으로써 지역사회 유아들을 초청하여 놀이방을 운영함. 눈높이를 맞춘 소통을 위해 손 유희를 배우고 주제에 따라 놀이방 환경 조성 및 놀이감 준비에 참여했으며 매 시간 역할을 숙지하여 적극적으로 수행함. 책 놀이 때 동화구연을 했고 미니 운동회 사회를 맡아 유아들을 주의집중시켜 진행함에 어려움을 겪으면서도 포기하지 않고 목이 쉴 때까지 열정적으로 역할을 완수하였으며 송편 만들기 활동을 기획하고 진행함. 긍정적이고 진취적인 성향으로, 유아들과의 활동에 변수가 생기더라도 좌절하거나 불평하지 않으며 안 되는 것에 연연하기보다 할 수 있는 일에 집중함. 교사가 갖추어야 할 덕목으로 인내심과 존중을 꼽으며 이를 실천하고자 노력함.

모의면접 출제문항	1. 동아리활동을 통해 리더십을 발휘한 사례를 구체적으로 설명해보세요. 2. 유아들과의 활동이 교사가 갖춰야 할 어떤 덕목에 도움이 되었는지 설명해보세요. 3. 교사가 되었을 때 동료 교사들과의 협업의 필요성과 가능한 분야를 설명해보세요.

평가기준	상	
	중	
	하	

[발전가능성 출제문항] - 국어교육학과 지원자 예시

전형요소구분	학업역량		전공적합성		인성		발전가능성
							○

교과군	국어	영어	수학	사회	과학	그 외
						○

출제근거	항목	창의적 체험활동상황 / 2학년 1, 2학기 / 동아리활동
	내용	교사로서의 품성과 재능을 가진 동아리부장으로서 주제선정, 토의진행, 모의수업 등 활동이 원만하게 이루어지도록 리더십을 발휘함. '파생어의 형성'이란 주제로 어간, 어미, 어근, 접사의 의미와 기능에 대해 적절한 예를 들어 파생어의 개념을 이해하기 쉽게 설명하고 피드백을 주고받는 등 훌륭한 수업모델을 보여줌.

모의면접 출제문항	1. 자율동아리 활동에서 모의수업을 한 주제를 설명해보세요. 2. 모의수업을 하면서 얻은 교훈을 설명해보세요. 3. 이 경험이 국어교육학과를 지원하는 데 미친 영향을 설명해보세요. 4. 자신이 교사가 되었을 때 해보고 싶은 교수학습방법 또는 훌륭한 수업모델을 설명해 보세요.

평가기준	상	
	중	
	하	

2 | '동기 - 과정 - 결과' 학교활동 개요 작성지

연번	활동명	동기	과정	결과	배우고 느낀 점	변화된 점
1						
2						
3						
4						
5						

3 'S-T-A-R-L' 학교활동 개요 작성지

연번	활동명	상황(S)	과업(T)	행동(A)	결과(R)	배운 점(L)
1						
2						
3						
4						
5						

구 분	찬성 입장	반대 입장
근거(논거, 전제)		

구 분	찬성 입장에 관한 추가 질문 (예상 반론 질문)	반대 입장에 관한 추가 질문 (예상 반론 질문)
근거(논거, 전제)		

구 분	추가 질문에 관한 재반박 (예상 반론에 관한 재반론)	추가 질문에 관한 재반박 (예상 반론에 관한 재반론)
근거(논거, 전제)		

| 학생 성명 | | 지원 대학교 | |
| 지원 전형 | | 지원 모집단위 | |

5. 창의적 체험활동상황 - 자율활동 □, 동아리활동 □, 봉사활동 □, 진로활동 □
6. 교과학습 발달상황 성적 □ 교과, 세특 □
8. 행동특성 및 종합의견 □

	관련 항목	주요 활동
학생부		
예상 질문		
답변		
잘한 점		
보완할 점 어려운 점		

학생 성명		지원 대학교	
지원 전형		지원 모집단위	

구분	영역	내용
기본소양	도입	Ice Breaking ☞ 면접 유의사항 전달
	인성	자기소개/가치관(롤모델, 좌우명, 장단점, 책, 역경극복)
		지원동기(열정과 의지)
		준비와 노력, 경험(자기주도, 목표 달성 경험)
		리더십(자질, 발휘사례), 봉사(의미, 경험, 이유)
		학업계획(학교생활)
		졸업 후 진로계획(10년 뒤 모습)
		마지막으로 하고 싶은 말(포부), 준비한 질문, 선발 이유
전공소양	적성	지원한 대학교 '인재상, 교육목표, 특·장점'
		지원한 학과 및 전공탐색(흥미와 관심도), 전공 관련 시사 이슈, 관심 과목
서류 확인	학생부	
	자소서	

7 | 모의면접 양식 [3]

학생 성명		지원 대학교	
지원 전형		지원 모집단위	

자기소개

특기:

취미:

좌우명:

피드백:

지원동기, 입학 후 학업계획 및 진로계획

지원동기:

학업계획 및 진로계획:

지원 대학교 정보:	지원 모집단위 정보:

피드백:

8 | 모의면접 양식 [4]

학생 성명		지원 대학교	
지원 전형		지원 모집단위	

1. 지원동기

피드백:

2. 입학 후 학업계획 및 진로계획

피드백:

3. 가장 인상 깊은 활동과 그 이유

피드백:

4. 자기소개

피드백:

5. 마지막으로 하고 싶은 말

피드백:

9 | 모의면접 양식 [5]

학생 성명		지원 대학교	
지원 전형		지원 모집단위	

1. 지원대학교와 지원전공에 관한 지원동기와 자신의 어떠한 점이 지원대학교와 지원전공 특성에 부합하는지에 관하여 말해보세요.

2. 학업계획 및 진로계획
   *대학교 입학 후의 학업계획을 구체적으로 말해보세요.
   *이를 토대로 한 졸업 후 사회 진출의 방향과 목표를 말해보세요.

3. 대학교 생활 충실도 및 목표의식
   *대학교 입학 후 가장 하고 싶은 일을 말해보세요.
   *대학교 생활을 통해 꼭 이루고자 하는 목표를 말해보세요.

4. 전공적합성
  *가장 관심을 갖고 활동한 전공분야관련 자율/동아리/봉사/진로활동에 관해 말해보세요.
  *본인의 장·단점을 지원대학교와 지원전공과 관련하여 말해보세요.

5. 융합적 사고력
  *최근 신문이나 뉴스에서 가장 흥미 있었던 기사 또는 사회적 이슈를 말해보세요.
  *최근 감명 깊게 보았던 책 또는 영화를 소개하고 그 이유를 말해보세요.

6. 인성
  *좌우명이 있는지? 그 좌우명을 대학교 또는 사회에서 어떻게 실천할 것인지 말해보세요.
  *마음을 터놓을 친구나 존경하는 롤모델은 누구인지 말해보세요.
  *봉사와 협력, 희생과 갈등 관리의 구체적 사례가 있으면 말해보세요.

7. 지원동기를 말해보세요.
  *지원대학과 지원전공과 관련한 지원동기를 구체적으로 말해보세요.

8. 자신의 장·단점을 말해보세요.

　*단점은 극복과정을 구체적으로 말해보세요.

---

9. 자기소개를 해보세요.

　*자기소개를 할 때 본인의 이름, 학교명, 지역명, 부모님 직업을 말하지 않도록 유의하세요.

---

10. 마지막으로 하고 싶은 말을 해보세요.

　*본인의 이름, 학교명, 지역명, 부모님 직업을 말하지 않도록 유의하세요.

학생 성명		지원 대학교	
지원 전형		지원 모집단위	

연번	항목	준비 내용	평점				
			5	4	3	2	1
1	지원대학교와 지원전공에 대한 관심과 이해도						
2	지원동기와 노력과정						
3	인재상 부합도						
4	학업계획 및 진로계획						
5	인상 깊었던 고등학교활동 (자율, 동아리, 봉사, 진로 등)						
6	존경하는 인물						
7	감명 깊게 읽은 도서						
8	좋아했던(싫어했던) 과목과 이유						
9	장점과 단점 (단점은 극복과정 설명)						
10	마지막으로 하고 싶은 말						
종합 평가	평가항목	■ 학업역량 ■ 진로역량 ■ 공동체역량 ■ 창의·융합능력 ■ 논리적 사고력 ■ 의사소통능력	총 점 ( )				

학생 성명		지원 대학교	
지원 전형		지원 모집단위	

학생부 항목		면접 질문 사항
5. 창의적 체험활동 상황	자율활동	
	동아리활동	
	봉사활동	
	진로활동	
6. 교과학습 발달상황 (성적 & 세특)		
8. 행동특성 및 종합의견		
자소서		

12 | 모의면접 후기 양식

성명		학번	
지원 대학교		지원 모집단위	
지원 전형		면접 유형 및 면접 위원수	
면접 준비 시간		면접 답변 시간	
실제 면접 질문 및 답변 내용			
특이사항 및 유의사항			
잘한 점			
보완할 점 및 어려운 점			

13 | 모의면접 신청서 양식

	학년 ___반 ___번 _____
지원 대학교	
지원 모집단위	
지원 전형	
모집인원	
경쟁률	
면접일	
모의면접 후기	
잘한 점	
보완할 점	
어려운 점	

학년 ___반 ___번 _____

평가 항목		평가 점수	평가 내용
비언어적 표현	인사	5 / 4 / 3 / 2 / 1	
	표정 및 시선처리	5 / 4 / 3 / 2 / 1	
	자세 및 답변 태도	5 / 4 / 3 / 2 / 1	
	손짓 및 몸짓	5 / 4 / 3 / 2 / 1	
반언어적 표현	말의 어조	5 / 4 / 3 / 2 / 1	
	말의 속도	5 / 4 / 3 / 2 / 1	
	말의 고저	5 / 4 / 3 / 2 / 1	
	말의 강약	5 / 4 / 3 / 2 / 1	
	말의 음색	5 / 4 / 3 / 2 / 1	
내용	질문 의도 파악	5 / 4 / 3 / 2 / 1	
	표현 및 전달력	5 / 4 / 3 / 2 / 1	
	용어의 적절성	5 / 4 / 3 / 2 / 1	
	내용 및 주장의 명확성	5 / 4 / 3 / 2 / 1	
	내용 및 근거의 적절성(적확성)	5 / 4 / 3 / 2 / 1	
	자기주도적 문제해결능력	5 / 4 / 3 / 2 / 1	
	창의·융합능력	5 / 4 / 3 / 2 / 1	
	전공에 관한 관심 및 이해도	5 / 4 / 3 / 2 / 1	
	전공에 관한 학업 열정	5 / 4 / 3 / 2 / 1	

학년 ___반 ___번 _____

평가 항목		평가 점수	평가 내용
학업역량 / 탐구역량	학업성취도	5 / 4 / 3 / 2 / 1	
	학업태도 및 의지	5 / 4 / 3 / 2 / 1	
	탐구력	5 / 4 / 3 / 2 / 1	
전공적합성 / 계열적합성	전공 관련 교과목 이수 및 성취도	5 / 4 / 3 / 2 / 1	
	전공에 대한 관심과 이해도	5 / 4 / 3 / 2 / 1	
	전공 관련 활동과 경험	5 / 4 / 3 / 2 / 1	
인성 / 사회성	협업능력	5 / 4 / 3 / 2 / 1	
	의사소통능력	5 / 4 / 3 / 2 / 1	
	나눔과 배려	5 / 4 / 3 / 2 / 1	
	리더십	5 / 4 / 3 / 2 / 1	
	학교생활충실도	5 / 4 / 3 / 2 / 1	
발전가능성	자기주도성	5 / 4 / 3 / 2 / 1	
	문제해결능력	5 / 4 / 3 / 2 / 1	
	경험의 다양성	5 / 4 / 3 / 2 / 1	
	창의·융합능력	5 / 4 / 3 / 2 / 1	
	전공에 관한 학업 열정	5 / 4 / 3 / 2 / 1	

학년 ___반 ___번 _____

평가 항목		평가 점수	평가 내용
학업역량	학업성취도	5 / 4 / 3 / 2 / 1	
	학업태도	5 / 4 / 3 / 2 / 1	
	탐구력	5 / 4 / 3 / 2 / 1	
공동체역량	협업과 소통능력	5 / 4 / 3 / 2 / 1	
	나눔과 배려	5 / 4 / 3 / 2 / 1	
	성실성과 규칙준수	5 / 4 / 3 / 2 / 1	
	리더십	5 / 4 / 3 / 2 / 1	
진로역량	전공(계열) 관련 교과 이수 노력 / 전공에 대한 관심과 이해도	5 / 4 / 3 / 2 / 1	
	전공(계열) 관련 교과 성취도	5 / 4 / 3 / 2 / 1	
	진로 탐색활동과 경험	5 / 4 / 3 / 2 / 1	